U0165729

台灣
涉外關係史
概說

林呈蓉 著

目　録

導讀：大航海時期以前的台灣

台灣的定位：近代文明發展進程中的海洋史觀

對於人類文明的進程，一般多認為是從原始社會，逐步經由農業社會、工業社會演變而來的。當代美國社會學家Immanuel Wallerstein（1930.9.28-）提出一套「近代世界系統論（The Modern World-System）」，強調在廣義的十六世紀前後（即1450-1640），近代文明是以環大西洋周邊之西歐為核心，其他的區塊則被邊緣化成為邊陲或半邊陲地區，在這三層結構基礎上所發展起來的。

若從區域史的角度解析，在所謂廣義的十六世紀以前，人類的文明多以歐亞大陸之中間地帶為核心，極東的日本與西歐則是分別處於東、西兩端之相對邊陲的存在。然而，1450至1640年期間，在醞釀「近代世界系統」化過程中，極東地區的日本正位處於日本史上之近世時期，即造就江戶社會成立之前後；而西歐社會則位處在大航海時代，伴隨新航路、新大陸的發現而影響十九世紀政治、經濟、文化之轉型，並造就了日後名實相符的近代社會。

在此一時期的初起之際，無論是西歐的大航海時代，抑或是極東日本的朱印船貿易時代，*皆意圖透過海洋換取物資。而廣義的亞太地區之海域可謂是二者的共同舞台，但西歐國家主要是以環印度洋海域為其活動中心；相對地，日本則是以環中國海周邊為其主要的活動區塊。然而十七世紀之後，西歐列強的活動空間不斷地朝往世界外擴；但日本則逐步在鎖國

---

* 十六世紀末至十七世紀初，日本商船出海貿易前需向主君請領海外渡航許可證，因其上按押有紅印，史稱「朱印狀」，而持有「朱印狀」之貿易船則稱之為「朱印船」。

體制下將其活動舞台自限於國內社會。

即使從歐亞大陸舊文明圈（Eurasian civilization）的角度觀之，無論西歐或日本都是位處邊陲的後進地區，長久以來，在文化、文明過度依存於舊歐亞文明，導致貿易失衡，而為求打消貿易赤字，從近世時代開始西歐國家則有效運用歐洲、亞洲、非洲之三角貿易關係而結構出海洋自給圈；而日本則透過「身土不二」、「地產地銷」的概念在國內發展出陸地自給圈。同時，為了有效解決社會經濟問題，即使同為生產導向型的經濟社會，套用當代日本經濟學者速水融（1929. 10. 22-）的說法，西歐社會演化成資本集約但勞動節約的產業革命（industrial revolution），在領域開拓之大義名分下，大量消耗煤炭資源，自然環境不斷地招致破壞；而日本社會則發展成資本節約但勞動集約的勤勉革命（industrious revolution），在嚴重物資不足的環境下，有限資源如何回收與再利用則是日常的生活課題。位處於歐亞大陸兩端之日本與西歐，皆試圖脫離對舊歐亞文明的依存而自立，包括政治、經濟與文化，於是擺脫舊歐亞文明乃意外地成為兩者共通之平台。

而台灣的歷史發展，則在前述日本的近世江戶時期與西歐大航海時代下揭開序幕，無論是日本模式生產革命的思惟，抑或是西歐模式產業革命之實踐，對台灣社會文明發展史而言，二者皆存有舉足輕重之意義。

台灣的地理、地形與族群

目前我們所謂的「台灣」，其位置大致是在東經119-123度、北緯21度之間；南北最長380公里、東西最寬144公里，總面積約35,750平方公里；台灣的近海周邊則有十四個附屬島嶼，東瀕太平洋，北隔琉球群島遠望日本，南有巴士海峽對應菲律賓，西臨台灣海峽遙望中國。

台灣四面環海，周邊區域的族群在不同時期藉由洋流媒介，而移居島上，再相互通婚，逐步形成今天多元社群的台灣社會。有研究指出，在距

今五萬至一萬五千年前的舊石器時代晚期，島上便留有人類活動的遺跡，在台東的長濱與台南的左鎮，皆可找到相關之出土化石；到了新石器時代以及金屬器時代，則有更多相關考古遺跡出土。而分佈於島上各別的考古文化遺跡之間，目前無法找到可相互連結的淵源。換言之，這些各自獨立的文化層可謂是來自不同區域，在不同時期，人類移居台灣的佐證。

時至今日我們所見到的先住民，無論語言、文化、社會組織等多所差異，但多半都屬南島語系人種。在十七、十八世紀亞洲大陸上的漢人移民台灣之前，南島語系人種早已分佈於全島各地。日本學者移川子之藏的研究指出，台灣的先住民不僅多元，且是在不同時期是因黑潮或颱風而輾轉渡台。而台灣社會的諺語「有唐山公、無唐山媽」，即海外移民定居台灣之後，與在地女性通婚，幾代之後乃逐漸演變成今天我們所認知的「台灣人」；而高雄醫學大學陳順勝教授經由「人類淋巴球組織抗原」交叉比對之研究，發現台灣民眾88%是混有南島語族血統，更驗證了今天台灣社會族群人種的涉外性與複雜性。

史料上台灣的歷史記載

到底台灣的相關記載最早出現於何時？至今尚無定論，劉宋・范曄的《後漢書》〈倭傳〉、沈瑩的《臨海水土志》等古籍中的「夷州」是否就是今天的台灣？其後，又有《隋書》〈流求傳〉的出現，〈流求傳〉中的流求國到底是指台灣，抑或是日本的沖繩，依舊莫衷一是，論爭不斷。但果真如此的話，《隋書》〈流求傳〉可謂是開啓台灣涉外關係的第一頁。

接著，南宋趙汝適的《諸蕃志》〈毗舍耶〉則記載台灣與三嶼（今呂宋島）有貿易往來。而《元史》〈瑠求傳〉則有大元兩次派員以武力招撫之記錄，一次是在1292年（世祖至元29），另一次則是在1297年（成宗大德元），但皆無太大斬獲。

時至明朝，台灣島則以「東蕃」之名出現，無論是張燮的《東西洋

考》、何喬遠的《閩書》、周嬰的《東蕃記》等典籍，皆可見台灣島內地名出現，如大員、打狗、魍港等，由此可以推知，明代的中國社會對台灣已有一定程度的接觸與瞭解。中國華南地區的漢系河洛或客家人，為求生存，在信念與力量驅使下，乃於明朝中期後逐漸無視「海禁」政策，東渡台灣，也與島上的先住民有所交流。

1623年，明朝政府為驅離荷蘭人遠離澎湖群島（Pascadores），乃直接建議荷蘭人前往台灣發展，並表示會遣商船到該地與其貿易，亦造就了荷蘭人墾殖台灣的契機。在大量勞動力的需求下，荷蘭人雇用中國華南地區的住民前往協助墾殖，華裔移民者的人口不斷成長，而逐漸繁衍成島上不容忽視的族群。

第一篇

大航海時期的台灣：
日、荷、西之於台灣的角力

橫行於東亞區域的海盜

伴隨新航路、新大陸的發現，位於東亞樞紐的台灣從此在國際政治史上打開重要的一頁。1511年葡萄牙人攻略麻六甲海峽，並獲得廣東附近的媽港（澳門）爲據點，逐步展開遠東貿易。對葡萄牙人而言，日本亦是重要的貿易市場，自1540年以後便年年北航，持續維持對日貿易關係。在北航途中會經過今台灣島，葡萄牙人對這綠意盎然的島嶼不自禁地感嘆眞是「福爾摩沙（Iiha Formosa）」！意指「綺麗島嶼」，並在海圖上以Lequeo Pequeno之名標注。從此以後台灣便以「福爾摩沙」聞名海外，其他國家的船舶行經於此，無論是遭遇風難抑或是取水屯糧都會登陸上岸，並進而對此島嶼產生非份的野心。

十六世紀末值豐臣秀吉的時代，亦是日本對外關係史上的「朱印船貿易」時代。到了十七世紀初，伴隨日本商民的海外進出，在東南亞各地如雨後春筍般地出現了日裔移民的聚落，史稱「南洋日本町」，從西人所繪製古台灣地圖中，在今台南安平附近亦可見到兩處日人聚落。

當時東亞海域海寇猖獗，「無主地（non-territory）」台灣則成爲各方海寇停泊休憩之最佳處所。此一時期惡名昭彰的海獠集團，如林道乾、林鳳之徒皆曾因失利而避走台灣。當然這對島上的先住民族而言，都是災難與浩劫。《閩書》便記有「東蕃之夷，始皆聚居海濱，明嘉靖末，遭倭焚掠，避難於山」，然而，此處的「倭」並非專指日本海寇，而是在東亞海域流竄之海寇泛稱。當時海寇的世界多以華人爲中心，如海寇頭人李旦、顏思齊，以及後來的鄭芝龍等皆爲華人；而以四海爲家的海寇集團內部，則相當地國際化，必要時多以葡萄牙語溝通。位居東亞海域中繼點的福爾摩沙島，便自然成爲海寇短暫停靠或永久居留的最佳適地。

在「朱印船貿易」盛行的十六世紀末，因剿倭奏功，東亞海域相對安定，明朝政府正式解除海禁，華南地方與南洋地區貿易交流繁盛，福爾摩沙島位處中繼要地，從今天的中國大量的漢人渡台短期居留。

日本與荷蘭之於台灣的野望

荷蘭殖民統治時期的開始

　　另一方面，伴隨西人東來，支持東亞國際社會傳統的國際體制「華夷思想」變得相對薄弱，華夷體制的「天下」，僅世界之一角罷了。當大明意圖向「日本國王」豐臣秀吉冊封時，意外地開啓了豐臣「經略大明」之念頭，更派人招諭包括福爾摩沙島在內的南方諸國。

　　1593年，在長谷川宗仁（僧位「法眼」）的獻策下，豐臣秀吉遣原田喜右衛門帶著豐臣之親筆函赴台，意圖招諭福爾摩沙島上的「高山國」。然而，學界的通說認爲此一時期福爾摩沙島上先住民部落林立，並無一統合之政權，在覓尋不到對口單位的情況下，乃不了了之而作罷。

　　豐臣秀吉的台灣招諭行動引發位處菲律賓馬尼拉的西班牙勢力之警戒。然而，伴隨豐臣秀吉、原田喜右衛門的相繼辭世，暫時了卻了西班牙對福爾摩沙島的隱憂，同時也讓西班牙在馬尼拉當局清楚意識到該島之於東亞航路所具有的安全優勢問題。

　　十七世紀初，德川幕府初起之際，對外關係走「善鄰外交」路線。日本社會與福爾摩沙島之間的走私貿易相對活絡。末次平藏、中村四郎兵衛、平野藤次郎、津田紹意、李旦等經常藉由福爾摩沙島而與大明商人進行貿易往來。1609年，幕府曾令位於今日本九州長崎縣的島原藩主有馬晴信攻略該島。有馬晴信遣部屬千千石采女率艦大舉壓境，但依當時旅日英籍傳教士之報告顯示，千千石采女雖遭先住民抵抗而敗走，但亦擄獲幾名土著獻與將軍德川家康，其後再遣送回島。

　　1615年，德川幕府再度命長崎代官村上等安攻略福爾摩沙島。等安乃遣其次子村山秋安率艦十三艘、兵員二千人赴台。無奈航行於琉球海域時，遠征軍中途遭致颱風侵襲，船艦四散，唯獨一艘有航抵福爾摩沙島，卻因先住民之攻擊以致全軍覆沒。

　　歷經兩度征台卻都鎩羽而歸，德川幕府遂放棄占領福爾摩沙島的念頭。然而，此一時期不僅是西班牙人、葡萄牙人，大航海時代的新貴，新

教國的荷蘭、英國等亦開始在東亞海域嶄露頭角，西人更體認到該島之於東亞航路與貿易的重要性。

十六世紀後期的1585年，西班牙國王因荷蘭的獨立所引發的怨懟，乃嚴禁荷蘭船隻使用伊比利半島之港口，迫使荷蘭商船無法繼續經營中歐諸國的仲介貿易。無奈之餘，荷蘭政府乃於1602年以全民入股的模式，創設「聯合東印度公司（VOC）」，致力於東亞貿易。並在今稱雅加達的印尼巴達維亞設立商館，做為東亞貿易之本部，全力開發大明與日本市場。

1603年，荷蘭艦隊司令韋麻郎（Wijbrandt, van Waerwijk）遣使向大明要求通商，但因葡萄牙人的作梗而失敗。翌年，韋麻郎親自率艦前往大明，但中途遭遇颱風而漂抵澎湖。在當地華商的建議下，意圖占領此島以方便對明貿易。大明對此舉反應強烈，並派明將沈有容率軍前往，要求荷蘭人全面退出澎湖，韋麻郎自知不敵，僅能照辦。

雖然荷蘭意圖在澎湖建立據點失利，但1609年卻成功地在日本平戶設置商館。而鑑於福爾摩沙島經常是走私貿易的中繼地，在平戶荷蘭商館長布勞維爾（Hendrick Brouwer）的建言下，荷蘭政府意圖占有該島，並於1620年訓令巴達維亞當局執行攻占使命。

1622年4月，巴達維亞當局命司令官雷約茲（Cornelis Reijersz）率領艦隊，目標是攻略澳門、澎湖與台灣。在葡軍的堅守反抗下，荷蘭艦隊放棄了澳門朝往澎湖進擊，並登陸媽宮灣附近。接著，又派兩艘船艦前往福爾摩沙島西岸探勘，且認為台員一帶（今台南安平）有發展潛力。

另一方面，大明眼見荷蘭船艦再度來到澎湖，豈能坐視不管，強烈要求荷蘭人撤離該島。1623年1月，雷約茲親赴廈門與明吏進行交涉，而大明為了取回澎湖，乃慫恿荷蘭人占有福爾摩沙島，並同意會派船過去進行交易。既是如此，同年10月雷約茲乃率荷蘭兵與巴丹島上的土著先行前往福爾摩沙島，構築要塞。然而，大明卻是食言，不僅嚴禁明船與荷蘭人通商，並於翌年2月遣船艦五十艘，滯留在澎湖群島北端，雙方關係驟然變得分外緊張。

　　1964年8月，當新任司令官宋克（Martinus Sonck）抵達澎湖履薪時，以八百餘名的荷蘭軍，欲與數以萬計的明軍對峙，可謂是比登天還難。宋克乃直接與明將俞咨皋交涉，並達成三項協議：

　　(1)荷蘭軍需從澎湖群島撤退。

　　(2)大明可以接受荷蘭擁有台灣。

　　(3)大明同意明船與荷蘭通商。

於是，荷蘭乃自行摧毀位於澎湖群島的要塞，並於翌月前進福爾摩沙島上的台員，開啟了台灣史上的荷蘭殖民統治時代。

日荷之間的衝突：濱田彌兵衛的決斷與勇氣

　　當荷蘭「聯合東印度公司」的商館勢力進入福爾摩沙島之後，首先在台員建設熱蘭遮城（Zeelandia），做為荷蘭在該島的行政中心；又於今赤崁建設普羅民遮城（Provintia），做為該島的商務中心。接著，則對所有出口品進行課稅，所有貨品出口時皆需繳交一成的關稅。這對原本就在此地進行貿易的商家而言，有如晴天霹靂，而首先起來發難的即日籍商民。宋克扣押日船的生絲九百斤，以嚴懲日商拒絕繳交關稅之過。荷蘭的巴達維亞當局擔心會影響位於日本平戶商館的貿易，乃暫行阻止台員當局的課徵行為，並遣使訥茲（Pieter Nuijts）前往日本進行說明。

　　1627年6月，訥茲以荷蘭的台灣長官之姿，正式走馬上任，此時台員港內另有兩艘日籍商船被商館當局扣押。其中的一艘則是在前一年6月入港之後，便陷入無法卸貨與裝載的苦境。船長濱田彌兵衛乃向新任長官訥茲陳情，無奈遭致訥茲的冷淡對待。眼見事態無法解決，濱田船長乃勸誘新港社先住民理加（Dijcka）等十六人一起搭船，脫離台員。回到日本長崎之後，濱田彌兵衛乃向長崎代官末次平藏控訴荷蘭人的妄為行徑，並強調新港社先住民亦願意把福爾摩沙島獻給幕府。當這個消息傳至位於江戶的幕府時，府方對荷蘭的態度驟然豹變，亦導致當時人在日本的訥茲立場尷尬，在使命未達的前提下只能悻悻然地離去，訥茲乃將一切歸罪於濱田彌兵衛。

　　1628年，濱田彌兵衛再度來台，訥茲見機不可失，乃直接逮捕濱田、監禁理加等新港社先住民，並扣押船隻與船上之運載物品。無奈之餘，濱田彌兵衛與其他船上幹部乃請求晉見荷蘭長官，意圖與荷方進行後續交涉。當訥茲以評議會之決議爲名而強加拒絕之際，濱田等一行則以迅雷不及掩耳的速度挾持訥茲，並提出五點要求：

　　(1)雙方互換人質各5名；(2)釋回新港社人，並歸還相關物品；(3)賠償因中止在台貿易所蒙受的損失；(4)荷艦艾拉慕司號（The Eramus）需一起陪同前往長崎。

　　爲營救被挾持的台灣長官訥茲，荷方只得配合辦理。然而，當諸船到達長崎港，荷方人員隨即遭致長崎代官末次平藏監禁，平藏並向江戶幕府指控荷方之惡行，甚至導致位於平戶的荷蘭商館被迫關閉，來港的荷蘭船隻亦遭扣押。荷蘭在巴達維亞當局得知此事，乃連忙派遣特使楊森（Willem Janssen）赴日表達歉意。不料江戶幕府竟接受平藏之見言，下令驅離楊森一行，並放話要求荷方交出熱蘭遮城，或自行破壞。

　　眼見事態嚴重，1630年巴達維亞當局再度遣使楊森赴日，承認訥茲做法之不當而導致誤會，願讓訥茲前往謝罪，並請求釋放人質與重開貿易。值此之際，末次平藏突然病故，幕府乃將此事定調爲平藏與訥茲之間的個人恩怨，隨即釋放人質與重啓日荷之間的貿易。然而，訥茲卻因此而被拘禁在江戶直至1636年下旬。

荷西間之於福爾摩沙島的競爭

　　眼見荷蘭「聯合東印度公司」對於福爾摩沙島的占領躍躍欲試，西班牙的馬尼拉政廳憂心這將成爲西國之於大明、日本貿易之一大掣肘，必須先防範未然。馬尼拉政廳乃派瓦提斯（Don Antonio Carreno de Valdes）率艦攻略北台灣，在今澳底上岸，並把東北角的海山甲命名爲Santiago，即今「三貂角」地名之由來。接著，率艦進入雞籠（今基隆），命名爲Sanctissimo Trinidado；又直接登陸附近社寮島（今和平島），並建造一堡壘稱之爲San Salvador。1628年，瓦提斯再沿北海岸西行，進入淡水，

又建設一堡壘San Domingo，即今淡水「紅毛城」。

　　1641年，荷蘭當局為了斷絕舊教國西班牙與葡萄牙之間的連結，乃向西班牙的台灣長官波特里奧（Goncalo Portilio）招降。此時，盤據在北台灣的西班牙勢力相對薄弱，主因在於駐留人員一直苦於風土病的感染，且礙於1635年日本的海外渡航禁令，做為貿易中繼點的北台灣之戰略價值明顯銳減。當時西班牙的馬尼拉政廳把精神專注於菲律賓諸島的經略，而輕忽了福爾摩沙島的政經價值，不斷縮減佈署於該島的防備。1642年，在不敵荷蘭的強勢軍力下，西班牙的台灣長官波特里奧被迫投降，亦結束了西班牙在北台灣十六年的殖民統治。

　　從此以後，荷蘭人在福爾摩沙島的活動直到國姓爺出現為止，暫時可謂是沒有後顧之憂。福爾摩沙島在荷蘭人的殖民統治期間，除了積極向大明招商之外，更鼓勵華南地區民眾前來移墾，於是來自中土的漢人移民定居者日漸增多。然而，移民者不乏以荷人之統治管理為苦，屢屢尋釁，滋事反抗。其中最嚴重的一次莫過於1652年9月的「郭懷一事件」，反抗規模幾乎擴及了所有的漢人移民，也深化了荷蘭當局與移民之間的鴻溝，更間接導致國姓爺勢力日後的順利進駐。

東寧王國的出現

國姓爺的荷蘭攻略

　　所謂「國姓爺」即台灣社會一般所稱的鄭成功，乃海獠鄭芝龍與日婦田川氏的所出之子。1628年，鄭芝龍接受南明政權招撫，被授以海防游擊之職，專司海賊討伐的任務，鄭氏則藉朝廷名號打擊異己，甚至因而累升至三省總戎大將軍。其子鄭成功小名「福松」，21歲那年因流寇李自成攻陷北京，大明崇禎皇帝於煤山自縊而死，結束明朝國祚。而明室諸王此時落難江南，鄭芝龍乃迎唐王聿鍵即位福州，改元隆武。福松隨父入朝，授以忠孝伯，官拜御營中軍都督暨招討大將軍，賜姓「朱」，改名「成功」，這是人稱國姓爺之由來，並坐享駙馬之待遇。

　　然而，1646年鄭芝龍卻因利欲薰心，竟變節北行，意圖引軍降清。而其子成功卻不為所動，更遣使遠赴廣東奉桂王之正朔，即其後的永曆帝（原稱「肇慶帝」），背離父親的期待而自成一格。永曆帝感其忠義，鄭成功初被冊封為「漳國公」，其後更被晉升為「延平郡王」。

　　鄭成功志在反清復明，在擊退同為鄭氏一族的鄭彩而正式成為集團接班人之後，乃於1658年揮師北上，率軍二十八萬人，意圖反清復明。奈何策略有誤，不僅失去攻略良機，更慘遭敵方的乘隙突圍，幾乎是全軍覆滅，最後是狼狽地逃歸廈門。就在此時，巧遇荷蘭通譯何斌，何斌建議鄭成功先退居於福爾摩沙島不失為上策，其道理無他，因「台灣沃野千里，雞籠、淡水硝磺有焉，橫絕大海，肆通外國，耕種可以足食，興販銅鐵可以足用，十年生聚，十年教養，真霸王之地也」，這對已是山窮水盡疑無路的國姓爺鄭成功而言，可謂是柳暗花明又一村，在窮途末路中突然出現一道曙光，鄭成功乃決意攻略台灣。

　　另一方面，荷蘭的台灣當局則鑑於1652年「郭懷一事件」之教訓，乃於今赤崁另建一堡壘，稱之為「普羅民遮城（Provintia）」，並向巴達維亞當局提出駐兵一千二百人的呈請。然而，1656年新任長官揆一（Frederick Coijet）赴台履薪，巴達維亞當局對福爾摩沙島的重視突然降溫，更以該島的安全無虞甚至意圖縮減熱蘭遮城的守備。何以如此呢？一般的說法是揆一與巴達維亞當局的參事官費爾保（Nicolaes Verburch）交惡；另有一說則是揆一乃瑞典人，因而遭周邊的荷蘭人同僚排擠所致。

　　1660年7月，巴達維亞當局曾派范德蘭（Jan Van der Laan）率艦十二艘、兵員一千四百五十三人赴台增援。然而，身為奧援部隊司令的范德蘭卻否定國姓爺可能攻台的看法，而於翌年（1661）2月不顧評議會的指令，率艦自行離去。國姓爺見狀確認機不可失，乃於4月親自督軍，在何斌的獻策下，以兩萬五千大軍由鹿耳門登陸，直接突襲福爾摩沙島上的普羅民遮城。普羅民遮城周邊的漢族移民不禁大喜，乃以小船、牛車協助登陸接駁。國姓爺軍乃於四日後攻陷普羅民遮城，位於安平的熱蘭遮城隨即陷入孤立無援之局面。何斌的戰術要領，就是出奇不意地隔絕熱蘭遮城與

普羅民遮城的補給聯繫，再迫使熱蘭遮城因孤力無援而投降。

即使福爾摩沙島的存否已陷入危急存亡之際，巴達維亞總督瑪茲克（Joan Maetsujker）仍聽信范德蘭讒言，改派克倫克（Hermanus Clenk）赴台接任揆一的台灣長官之職。1661年7月，當克倫克抵達福爾摩沙島附近海面時，眼見旗海飄揚，戰雲密佈，乃連忙往北經基隆逃離該島，再繞經日本長崎返抵巴達維亞。

得知國姓爺已攻陷福爾摩沙島，巴達維亞總督情急之下乃改派卡烏（Jacob Caeuw）率艦十艘、人員七百二十五人赴台救急。熱蘭遮城方面看到援兵已到，猶如荒漠中的甘泉。然而，荷方終就是寡不敵眾，且卡烏亦無戰意。於是，他以意圖與清廷交涉共同對鄭交戰爲由，而倉促離台，逃回巴達維亞。

卡烏離開後，嚴重影響熱蘭遮城守軍的補給與士氣，1662年2月，荷蘭的台灣當局乃正式向國姓爺乞降，結束爲期十個月的對峙局面。然而，國姓爺大勝荷蘭軍後未久，竟於同年7月因染熱病急逝，可謂是壯志未酬身先死。

東寧王國的崛起

國姓爺鄭成功攻略台灣之後，首先將赤崁改名爲「東都」，設有「承天府」；又把熱蘭遮城改稱「安平」，另在今台南周邊各地施以屯田，並以今台南爲界，以北設「天興縣」，以南設「萬年縣」。接著，鄭成功挾著戰勝之餘威，竟意圖招諭西班牙的馬尼拉當局。然而，天不從人願，鄭成功驟逝後，於廈門傳教的義大利籍宣教士李科羅（Victori Ricci）乃向鄭成功的接班人鄭經強烈建議，此時應與西班牙和平共處乃爲上策。鄭經鑑於對內有其隱憂，而對外更有來自清、荷的威脅，亦認爲此一時期不宜另啓干戈，而願與馬尼拉當局修好關係。鄭氏集團與西班牙之間的紛爭亦暫告一段落，即使其後的1672年與1683年皆曾有遠征呂宋之議，但終究是不了了之。

1664年3月，因鄭經的勢力難以與清、荷聯軍匹敵，乃棄守閩南沿岸

各島，全面退守台、澎。而此番之退守也代表南明勢力正式瓦解，因為鄭經不再奉明國祚，1669年他寫給清吏率泰信中表明「（略）全師而退，遠絕大海，建國東寧，別立乾坤，自以為休兵息民，可相安於無事」，從此鄭經以「東寧國王」自稱，而海外則以「The King of Tyawan」稱之。

在謀將陳永華的輔佐下，東寧王國的發展方針，對內走漢化路線，而對外則朝國際化方向發展。鄭經改東都為「東寧」，改天興縣、萬年縣為「天興州」、「萬年州」，並引進傳統的坊里制，建聖廟（即孔廟）、設學校，定期辦理科舉考試；利用台灣位於東亞樞紐位置，有效發揮海洋國家的特質，強化與海外之間的貿易交流。1672年，英國因與東寧王國互簽通商協定十三條，而得以在安平設立商館。清代郁永河的《俾海紀遊》〈鄭氏逸事〉中記載「我朝嚴禁通洋，片板不得入海，（略）凡中國各貨，海外皆資仰鄭氏，於是海洋之利，惟鄭氏操之，財團益饒」，東寧王國亦可謂是延續荷蘭時期重商主義路線，奠定日後台灣社會資本化特質的基礎。

第二篇

清廷與東寧政權之間的傾軋

鄭經對中土的野望

1664年至1674年，經過十年的苦心經略，東寧王國累積了一定的基業，亦引燃鄭經對攻略中土的野望。

1673年清廷國內爆發「三蕃之役」，或稱「三蕃之亂」。翌年，起事者之一的耿精忠揪集鄭經協同出兵，並允諾事成之後將漳州、泉州二府分予東寧王國。鄭經不疑有他，乃率部眾御駕親征，參與抗清戰爭。雖曾一度在福建、廣東一帶結構出吳三桂、鄭經、耿精忠三足鼎立的氣勢，但三者之間自始至終，同床異夢、各懷鬼胎，最後在耿精忠兵敗降清後，戰局瞬間轉趨敗勢。鄭經在閩南的七個據點紛紛落敗，最後退至海澄、廈門與金門。

清廷除了施以遷界故計之外，更以「修來館」招狙鄭經旗下部屬，導致東寧陣營人心惶惶、士氣渙散。1680年2月，在不敵清軍的情況下，鄭經乃全面退出中土。然而，經過六年的征戰，財力、物力、人力幾已耗損殆盡，民心潰散，連海外亦不再看好東寧王國，英國乃撤銷他們在台灣的商館。

清廷深知東寧王國已籌碼盡失，乃數次派人前往招降，即使一如〈平南將軍貝子賴答致鄭經之諭文〉所載，「（略）若能保境息兵，則從此不必登岸，不必薙髮，不必易衣冠，稱臣入貢可也，不稱臣入貢亦可也，以台灣為箕子之朝鮮，為徐市之日本，於世無患，於人無爭，而沿海生靈永息塗炭，惟足下圖之」，鄭經仍不為所動。然而，伴隨1680年7月謀將陳永華的過世，鄭經則於翌年3月離世。東寧王國再度陷入鄭氏集團在政權交替時慣有的政治鬥爭當中。

清廷用兵台灣

鄭經在世時已確立之接班人「監國」鄭克臧被殺，改由12歲的胞弟鄭克塽即位，而國政權力則掌握在馮錫範、劉國軒等人手中。於是，整肅異己的政治風潮再度上演，導致人心思危，清廷乃伺機招狙離間。

　　1683年6月，明鄭時期的降將施琅奉清廷之命，率艦三百餘艘、兵員兩萬餘，大舉入侵澎湖。澎湖守備劉國軒雖亦稱名將，但旗下成員不僅訓練不足，且兵力有限，經一週之激戰，東寧陣營早已潰不成軍，劉國軒只能嘗試突圍，逃返台灣。而得知澎湖失守，東寧朝廷上下皆以台灣已危，多主張出兵呂宋，另闢基業。然而，以劉國軒為首的另一批將官則以大勢已去，不如投降施琅，避免無謂的紛擾與不安。結果，最後的共識竟是改勸鄭克塽主動降清。

　　同年10月，施琅大軍從鹿耳門登陸，以不戰之兵屈敵。當台灣史上最早自主建國的東寧王國於焉結束後，清廷面臨了「台灣棄留」之論爭。清康熙皇帝之於台地的思考，依《清聖祖實錄選輯》之所記，即「（略）台灣僅彈丸之地，得之無所加，不得無所損，（略）日費天府金錢而無益，不如徙人而空其地矣」，畢竟從地大物博的中土觀點思考問題，有其閉關自守的條件。然而，棄守台灣的背後亦代表降將施琅已經沒有剩餘的存在價值，因此施琅力主留台論。施琅的〈陳台灣棄留利害疏〉中強調「中國東南形勢在海而不在陸，陸之為患有形，海之藪奸莫測，台灣雖一島，實腹地數省之屏蔽，棄之則不歸番，不歸賊，而必歸荷蘭，彼恃其戈船火器，又據形勢膏沃為巢穴，是藉寇兵而資盜糧，且澎湖為不毛之地，無台灣則澎湖亦不能守（略），棄之必釀成大禍，留之誠永固邊疆」。由於施琅的主張亦不無道理，1684年4月清廷決意將台灣納入版圖，隸屬福建省下，開始為期二百一十一年的清領時代（1684-1895）。

第三篇

清廷治下的台灣

第一章　英國對台灣之覬覦：鴉片戰爭與台灣

台英關係之沿革

　　1600年，英國爲拓展遠東地區的貿易市場，乃成立東印度公司。1632年，曾任職於該公司之William Cambell向公司建議，從事對明貿易之前提，莫過於奪取荷蘭領下的福爾摩沙島。然而，礙於當時英國的實力無法與荷蘭匹敵，只能暫時靜觀其變。

　　待鄭氏集團入主台灣之後，1670年6月英方首次派船前往貿易，並於兩年後的1672年10月締結通商條約，重點是英方對東寧王國之貿易須繳納3%的關稅，並提供軍需物資販售。在荷蘭的掣肘與東寧政府的專賣壟斷下，英方的實質獲利不大。

　　然而到了1675年，鑑於荷英間的紛爭漸緩，東寧王國亦趁三藩之亂而意圖反攻，英方乃伺機遣艦Flying Eagle號滿載武器，前來貿易，同年有效獲取在台灣、廈門設置商館的機會，直至1681年爲止。

　　其後，東寧王國爲清所敗，又因對台貿易之獲利有限，1686年英國東印度公司乃關閉台灣商館，除了鴉片走私之外，台英間的關係近乎空白。

鴉片戰爭與台灣防務

　　另一方面，1664年清廷開啓對台領有之新紀元，初設一府三縣，即台灣府，府治位在今台南市東安坊；而三縣是指台灣縣（縣治在今台南）、其南的鳳山縣、其北的諸羅縣（縣治在今嘉義）。

　　即使從北京的觀點看台灣，是相當邊陲的存在；然而，從世界的角度看台灣，卻是東亞的輻輳。伴隨十九世紀初蒸汽船研發技術的純熟，強化西人對遠東貿易的興趣。位於中國東南沿海要衝的台灣，再次受到列強青睞而紛擾不休。

　　清道光年間（1839. 9-1842. 8），清廷為嚴禁英商的鴉片販賣，處置失當，而引發兩國間的征戰。1840年清英之間因鴉片貿易而引發「鴉片戰爭」，值此之際，不乏英商建議英國政府應伺機占領台灣。英國船艦因而藉故窺探台島，偶爾施以砲擊，調查防務之虛實。而清廷亦注意到英艦對澎湖、台灣的企圖，同年7月鎖定廈門、台灣為南海警備之第一線，派遣閩浙總督鄧廷楨嚴加防範。「台灣鎮」達洪阿、「台灣道」姚瑩、「台灣知府」熊一本等與提督王得祿等共同商討台灣的防衛要策，而分中路府城、南路鳳山縣、北路嘉義縣，以及彰化縣、淡水廳等五大區塊，以十七個海港為中心確立防衛體系。

　　即使鴉片戰爭在中土之役可謂是屢戰屢敗，清廷最後不得不下令沿海各省撤銷防衛，然而台灣道姚瑩卻認為台島孤立於海外，有恃無恐，反而愈益強化防衛體系。問題在於人員的調度上，守備全台的兵員水陸軍共一萬四千名而已，倘若不徵調鄉勇協助，恐怕會陷入杯水車薪之憾。然而，即使提督王得祿、淡水廳的曹丞認為清兵驕傲怠惰不足以用，但姚瑩卻認為給在地鄉勇施以武器與軍事訓練，恐利於日後之反亂，兩造意見僵持不下。然而，伴隨戰爭的激化，兵員調度困難，清廷只得強化在地鄉勇之訓練，以為因應。

　　1841年9月，英國船艦在台灣海域出現，偵查地勢；同年10月，英艦Nerbudda號突如其來地砲擊基隆港，兩軍武裝衝突正式開始。然而，英艦因不敵守軍，正當撤離時，船身觸礁，導致船上成員二百名半數溺死、半數被俘。英方獲知消息，另派船艦前往基隆，意圖以洋銀交換俘虜。由於清方遲遲未予答覆，該艦乃對二沙灣施以砲擊後離去。

　　翌年3月，三艘英艦出現於彰化縣五汊港（今台中梧棲港）海面，清軍開砲示警，英艦雖隨即往北方離去，但其中一艘Ann號卻意圖強行進入淡水廳與彰化縣邊界之大安港（位於今台中大甲與清水間），清軍巡檢高春如、謝得琛乃命附近漁船協助，迫使該艦在土地公港（位於今苗栗苑裡）附近觸礁，而有效俘虜艦上五十七名船員。

　　閩浙總督怡良得知此事，乃建議以Nerbudda號與Ann號的俘囚百餘人

交換廈門鼓浪嶼失地，然而台灣鎮道卻認為「俘虜百人有餘，欲不露行跡，平安送抵廈門，恐有困難之處」而作罷。最後，這批俘囚在清吏的仇英心態下，除了病死外，多遭處刑，僅留九名軍官存活。最後，在清英談和的過程中，清廷則被迫必須追究台灣鎮道的殺俘責任。

1842年8月清英代表在英艦Cornwallis號簽定和約，史稱「南京條約」，或稱「江寧條約」。其中，根據條約內容規定〔第八條〕，要求釋放與引渡英籍俘虜。

清英「南京條約」對台灣的影響

同年10月，英方派遣停泊於廈門的Serpent號船長Nevill赴台，處理俘虜事宜，但卻遭台灣鎮總兵達洪阿回絕。最後透過閩浙總督怡良之安排，重新取得清廷上諭後，同年11月才得以與台灣道台姚瑩，就俘虜問題展開會談。

然而一如前述，當英方得知除了九名軍官外，全數皆已死亡，憤恨難耐，乃向閩浙總督提出嚴正抗議。英方談判代表Henry Pottinger主張這些俘囚多為非戰鬥人員，照理依「大清律例」應保護恩待，若不追究台灣鎮道之責，將不惜再率軍北上京城。

清廷為求息事寧人，顧全大局，已做了犧牲台灣鎮道的準備。翌年（1943年）2月，閩浙總督銜命赴台，調查殺俘事件始末，同年6月，台灣鎮道則以迫害海難船人員之罪，被押解福州、北京赴訊並予以處分。然而，道光皇帝卻以「達洪阿、姚瑩二人僅依地方文武士民之報，未赴現地，不察實情，率爾陳奏，罪有應得，惟念其在台多年之功績，且於英船騷亂之際，鎮定南北兩路匪徒，處置機宜，不煩本土兵力，許其微勞之功，今二人業已革職，可免治其罪」，而獲准出獄。英方代表Henry Pottinger雖不滿意，但仍接受。待台灣紛爭解決後，台灣鎮道的冒功之罪一筆勾銷，兩人又獲朝廷重用。

受到鴉片戰爭之激勵，美國亦汲汲發展太平洋航線，而在蒸汽船時代發展航線首重煤炭補給。1847年，美國多次來台探勘台灣北部的煤炭

資源，同年英國亦有戈登（Lieut Gordon）少校赴台調查煤炭之品質與藏量。換言之，即使以往英國在台灣的貿易獲利不多，但英方對台島的興趣卻從未減弱，此時更不能讓美國奪取先機。1850年3月，英國駐清公使兼香港總督Bonham向清廷提議，讓英國開發台灣的煤礦，英方願以打擊橫行於南中國海之海賊以為回報；甚至更進一步提議，期待把南京條約中的「福州開港」一項，修訂為「台灣開港」，但這些建議皆遭清方婉拒。

天津條約與台灣開港

　　咸豐年間的1856年，因一艘華船亞羅號（Lorcha Arrow）掛有英旗，卻遭致清廷水師人員扯下，結果引發英法聯軍攻占廣州，並順勢揮軍北上，進而迫使清廷與兩國簽定「天津條約」，實現了英國之於台灣開港的野望。1858年，依條約內容之規定，台灣（今台南）與滬尾（今淡水）兩地開港，台灣社會再度回到國際貿易的舞台，對外接觸的層面不再侷限於兩岸之對口關係。

　　1868年3月，英商怡記洋行意圖避開腦館與買辦，走私台灣樟腦，而遭清廷扣押。怡記洋行代表畢麒麟（W. A. Pickering）欲前往梧棲港向清吏說明，卻在途中遭分巡台灣兵備道梁元桂之官兵襲擊負傷。清、英雙方雖試圖以談判化解紛爭，但不得要領。自開港以來，英商被毆、宣教活動遭致迫害等文化衝擊下的各種新仇舊恨一湧而上，同年11月，英方乃遣將領戈登率艦二艘砲擊安平，清軍潰敗，鎮守安平之水師將領江國鎮畏罪自盡，情勢大亂，安平陷落（Camphor War）。安平地方士紳黃景祺等人見狀，乃主動出面協調，以募金四百萬兩送交英方，使英軍承諾不再砲轟府城，以免勢態擴大，戰事乃得以中止，史稱「樟腦事件」。清廷除了賠償英商損失外，更被迫停止樟腦專賣，並承諾保障海外人士在台灣島內的旅行安全與宣教自由（Contest of Camphor）。

　　同年5月，以英籍人士James Horn為首等六名歐洲人，在駐淡水的德國領事James Milisch的後援下，逕行開發台灣東部的南澳地區，由於涉及清廷主權是否有效涉及台灣東部，即所謂的「後山」地區，兩造的主張莫衷一是，乃成為懸案，直到這些外籍人士在一夜之間突然人間蒸發為止。

第二章　美國的台灣思考與覬覦

　　因鴉片戰爭、英法聯軍的失敗，清廷在對外關係史上開放自由貿易，在列強的要求下，台灣、滬尾相繼開港。台灣島位處東亞中樞，是煤炭、樟腦、砂糖、硫磺與稻米的產地，列強相互覬覦，進而在國際社會引發了主權的歸屬爭議。

美國社會對台灣的認知

　　太平洋對岸的美國，在1840年代美國社會的西部拓荒已經來到西岸的加州（California），一如前述，建設太平洋航線乃成為當前之要務。太平洋的海域遼闊，確立煤炭補給地則為該航線成就與否之關鍵。1847年，美國海軍即對台灣的煤礦資源進行調查，而美國一家半島東洋汽船公司（The Peninsular and Oriental Steam Navigation Company）亦與台灣方面簽定七千噸煤炭的買賣契約，然而礙於清令反覆不一，最後僅獲取三百噸的煤炭交易。該公司駐清之外交委員Alexander Everett為抗議清方之作為，而向美國政府尋求奧援，並向美國國務院提出報告，強調如能獲取台灣良質煤礦，則應積極與清廷交涉以獲取開採權。

　　1848年1月，美籍商船the Kelpie在台灣南部海域發生海難，一名船員家屬深信，船員可能漂流岸上而遭先住民擒獲，乃再三請求政府派員調查。其後不久，1849年5月，美國東方艦隊司令Commodore Geisinger奉命調查船難漂流者的下落，以及台灣的煤炭儲量。翌月，旗下the Dolphin艦在Captain Ogden指揮下從澳門出發，前往基隆。

　　雖然Captain Ogden在台停留期間並未獲取任何有關海難者的訊息，但卻有效取得台灣煤礦之相關樣品回國。在Captain Ogden的報告書中強調，台灣煤礦的優勢在於「埋藏豐富，品質優良……煤礦及其附近的土地幾乎處於自由登記占有的狀態（略），據去年曾使用台灣出產煤炭之船主

指稱，台灣煤炭較英國利物浦所產的更為優質」。而當時的媒體《華文匯報（*Chinese Repository*）》對此曾做出評論，強調「盡可能不依賴來自遙遠歐洲的供應，就近從遠東取得煤炭的願望，指日可待；同時，如此容易取得的台灣煤礦，勢必成為列強相互競爭角逐之對象」。

翌年（1850年）3月，美國駐廈門領事Charles W. Broadley就清美航線的連結問題，對煤炭資源進行調查。他向當時的國務卿John M. Clayton提出報告，認為與廈門僅一日航程的台灣，煤炭儲量豐富，品質亦不亞於英國的Newcastle upon Tyne（泰因河畔的新堡）。

1854年3月，「日美和親條約」簽定後，美國首任的駐日總領事Townsend Harris亦著手調查鄰近的台灣島。他遞交一份報告書給當時的國務卿William L. Marcy，強調台灣的氣候溫暖，盛產米、砂糖、樟腦、硫磺、煤炭等，亦適合栽種咖啡與養殖牲畜；此外，該島與鄰近之大清、日本等一衣帶水，無論從基督教之宣教活動，抑或是物流中心、商務交易而言，勢必有其經濟價值，因此積極主張美國應擁有該島。事實上，清廷並沒有從台灣獲取應有的收益，而西岸海盜之頻繁出沒，更是造成清廷財政上的損失。

雖然美國政府並沒有馬上採納Townsend Harris的建議，但卻派遣東印度艦隊司令Marther C. Perry提督前往台灣，再度進行實地探勘。提督Marther C. Perry乃1854年迫使日本開國的關鍵人物，當時美方的遠東思考是以日本做為太平洋航線的煤炭貯藏地，而這些煤炭則採掘自鄰近的台灣。同年6月，Marther C. Perry提督派旗下兩名大將Captain Abbot與Lieutenant Commander Sinclair分別率艦the Macedonian及the Misisippi（補給船）從日本下田出發，前往基隆，並指派Lieutenant Preble進行港內測量，牧師George Jones進行煤礦調查。雖然兩艦最後是平安抵達基隆，但受到暴風雨的影響，兩艘船艦在航行途中一度失聯。

這兩艘船艦到達基隆時，受到當地官憲的熱情招待。理由無他，清廷在台的統制力量薄弱，當地憲吏經常為反亂勢力或突如其來的海寇侵擾所苦，而美國軍艦停泊此處，其背後的意涵是可獲取暫時的安寧。清廷駐防

基隆的長官，即協台李竹鷗，意圖藉由美方的威勢鎮壓島內的反亂勢力。他謊稱幾年前有黑人與白人所共乘之船隻在基隆以西約50海浬處遇難，並願意協助搜尋，但這樣的說詞被Captain Abbot識破後，李竹鷗乃直接表示願提供滿船的煤炭，以尋求破獲反亂勢力之奧援。這樣的思考邏輯，不禁令美方人員瞠目結舌。

在滯台期間，Lieutenant Preble有效完成基隆港及其周邊地區之測量，並製作精確的海圖；而牧師George Jones則在海軍軍校學生及海員的協助下，對基隆一帶的煤礦資源做出詳盡的記錄。他們提交給Marther C. Perry提督的報告書中強調，「台灣的煤礦資源十分豐厚（略），調查結果顯示，礦層均未超過3英呎，但多在28英吋以上，（略）該處煤質屬易燃性，對蒸汽船而言雖非最上品，但因純度高，且不易凝固或溶化，若能混合較難燃燒之煤炭一起使用，勢必可發揮加值的效用」。

基本上，從提督Marther C. Perry對東亞的認識觀之，今後美國將如同其他的列強一般，為保護相關利益，就必須在太平洋與東亞地區設置若干個據點，而美國與日本締結條約，是美國擴大對亞洲貿易的第一步，其次則須有效維護美國本土至亞洲的通路暢行無阻，因此如何確保夏威夷、Bonin Islands（小笠原群島）、琉球與台灣等航線，則是重要關鍵。

提督Marther C. Perry強烈主張應該占領台灣，他曾為文發表看法，認為台灣之於美國的存在，「可控制大清國的南部沿海一帶，亦可牽制東海船舶的出入，該島在東亞的戰略價值，一如古巴足以控制美國的佛羅里達南部沿海與墨西哥灣出入口的道理」。

然而，即使自十九世紀中葉以來，美國社會有識者多認為美國之於太平洋地區的發展，台灣絕對是不容漠視的存在，但礙於其國內黑奴的存廢爭議，美國政府無暇他顧，外交政策相對保守，乃以「無國會同意，不得占領偏遠之地以為領土」回應，並未接受Marther C. Perry提督的占領建議。

然而，Marther C. Perry提督遣艦赴台之事，卻引發美國社會對東亞蕞爾小島台灣的關心。美國駐清全權代表Robert M. Maclane接獲Captain

Abbot呈給Marther C. Perry提督之報告的副本，喜出望外，並訓令太平洋艦隊司令H. K. Stevens若有美籍人士抑或是相關代理人，在台灣開採煤礦遇有困難時，務必給與及時援助；更有美籍商人如Williams. A. Robinet（羅賓芮）、Gideon Nye Jr.（奈伊）等人赴台，進行商業活動。對商務投資者而言，他們更期待美國政府能擁有台灣，甚至對台施以保護措施。

亞羅號事件引發美方人士對台灣的野心

　　1856年9月，美國駐廈門領事Thomas Hart Hyatt向當時的美國駐清全權代表Dr. Peter Parker提出報告，強調基於台灣的煤炭資源之於太平洋航線的重要性，因而有必要取得台灣煤礦的開採權。Dr. Peter Parker一如前任之Robert M. Maclane，亦非常重視這個思考。

　　1856年10月，前述之華船亞羅號（Lorcha Arrow）從澳門駛入廣東時，遭清吏上船臨檢，船上所懸掛的英旗被扯下，英籍船員亦遭逮捕；而同一期間，又有法籍傳教士Piere Auguste Chapdelaine在廣西被殺，清廷對這些問題的處置失當，結果引發英法聯軍以武力究責。

　　值此情勢混亂之際，美商奈伊認為美國政府應伺機占領台灣。同年11月，清軍砲擊美艦San Jacinto，又有美籍船the High-Flyer在台灣海峽遇難。同年12月，Dr. Peter Parker乃建議美國國務卿William Marcy，不妨由美、英、法共同行動，要求清廷修訂現行條約，否則法國便占領朝鮮、英國占領舟山群島，而美國則占領台灣，以後再靜觀其變。

　　同年（1856），前述的提督Marther C. Perry發表了其監修之著作《*Narrative of the Expedition of an American Squadron to the China Seas and Japan*》，台灣更成為列強眼中之禁臠，各國爭相為自己擁有該島之理由與行為尋求正當性。

　　翌年（1857）2月，商人奈伊向當時美國駐清全權代表Dr. Peter Parker陳情，要求美國政府應關注台灣的問題，更應占領與保護台灣東海岸的紅頭嶼（Botel Tobago，今蘭嶼）。Dr. Peter Parker不僅回復了奈伊的呈情，強調處理台灣問題，須採行高明的思慮與合法的措施，同時以民意為後盾

再度致函給國務卿William Marcy，以「台灣與許多美國實業家的利益息息相關，亦為西歐列強所重視，而美國政府無論從人道、文明、航海以及商業等角度觀之，均應毫不猶豫地占領台灣」，主張應強勢進軍台灣。

而一如Dr. Peter Parker所憂心的，台灣問題「亦為西歐列強所重視」，英國對台灣的野心從未停止，甚至隨著情勢的演變，日益白熱化。Dr. Peter Parker乃於同年4月發函給美國東洋艦隊司令James Armstrong，強調列強皆對這個蘊藏豐富礦產與資源的島嶼虎視眈眈，倘若美國有意占領台灣，目前已到了急需採取行動的時候。

事實上，除了煤炭資源的重要性之外，台灣位處於美國西岸與日本、大清的航線要衝，這是有目共睹的。換言之，以Marther C. Perry提督為始，全權代表Dr. Peter Parker、美商Gideon Nye Jr.，以及James Armstrong司令，對於應使台灣成為美國的殖民地皆有志一同。

美國的對台行動，基本上有幾點原則，而以James Armstrong司令與Dr. Peter Parker全權代表磋商後之共識為例，(1)美國的行動必須符合國際法原則；(2)美國在台灣的行動是為了報復清廷未履行國際法之義務，導致美籍民眾遭受生命財產損失之所致；(3)擁有發展潛力之島嶼台灣，對美國而言具有特殊價值；(4)然而，不容諱言地，美國海軍尚未擁有占領台灣的實力，亦無法有效保護在五大開港地活動的美籍僑民；(5)因此，James Armstrong司令同意美國政府無法占領台灣，不應該究責於全權代表Dr. Peter Parker。

然而，從商人的角度觀之，以Gideon Nye Jr.為首，他與同僚Williams. A. Robinet皆認為即使美國無法有效占領台灣，至少也應把台灣納入美國的保護之下。同年3月，他向老友且擔任美國政府司法部長發函表示，「美國政府無必要另外採取直接行動，美國政府只要以保護僑民權益之名義，進行干涉或採行報復措施即可」。

在此同時，全權代表Dr. Peter Parker繼1856年12月、1857年2月之後，3月時再次以在台美商Williams. A. Robinet的調查報告致函給美國政府國務院，並強調「從商務或政治戰略的觀點來看，台灣對美國而言是個

非常重要且理想的島嶼。（略）台灣未來必從大清分離出來，而為了維持
列強間的平衡，美國必須擁有台灣。（略）即使美國占領台灣，我認為英
國絕不會提出反對」。

Dr. Peter Parker的占領計畫受挫

然而，即使此時的英國在大西洋擁有聖赫勒拿島，在地中海有直布羅
陀與馬爾他兩島，在紅海有亞丁，在印度洋有錫蘭、可倫坡、新加坡，在
東亞這邊則有香港，但美方人士在台灣的活動與潛在的野心，卻刺激了英
國敏感的政治神經。

英國派駐香港的總督Sir John Bowring邀請前述之在台美商Williams.
A. Robinet向英國駐清艦隊提督Sir Michael Seymour介紹台灣的情勢，英
方則期待Williams. A. Robinet能否為英國引路攻台。

雖然Williams. A. Robinet婉拒，但此舉自然引發美、英之間的齟齬。
Dr. Peter Parker全權代表向英方人員表示，「何以美國當然且必須擁有占
領台灣的最優先權，在於美國國旗已飄揚於該地區長達一年以上」！而英
方的香港總督Sir John Bowring則回應「美國國旗已飄揚於台灣長達一年
以上之事，前所未聞」！

Dr. Peter Parker全權代表與美商Gideon Nye Jr.等人對英國之於台灣的
野心，感到憂心忡忡，他們寫信給包括Marther C. Perry提督在內，以及其
他在波士頓對白宮當局有影響力的人，不斷強調台灣之於美國在東亞地位
的重要性。然而，此一時期白宮當局仍為了國內的黑奴問題焦頭爛額，在
對外關係上維持基本盤，即不妨礙美、清間的友好關係，以及避免捲入
英、清間的紛爭，他們對Dr. Peter Parker全權代表的建議無暇他顧，乃直
接終止Dr. Peter Parker的派任，改派William B. Reed出任駐清全權代表。
至於美商Gideon Nye Jr.、Williams. A. Robinet等人則在失望之餘，把他們
在台的特殊權益讓與英商之後，黯然離開。

羅發號（the Rover）事件與李仙得（Charles W. LeGendre）

美國國內的黑奴爭議最後演變成美國史上的南北戰爭（1861-1865

年），直到內戰結束為止，美國政府完全無暇分心於台灣問題。引發美國社會再度對海外事務與台灣問題感到關心，重要的契機之一即1867年美籍船羅發號的海難事件。

1867年3月，美籍船羅發號從福建汕頭航向牛莊途中，遭遇暴風雨而漂流至台灣南部海域，可能是誤撞今屏東附近七星岩導致船隻下沉。雖然船長J. W. Hunt夫婦以及幾名船員乘坐救生艇而暫時倖免於難，然而在台灣東南部上岸時，遭受當地先住民之攻擊，除了一名漢人死裡逃生外，全體漂難者皆慘遭殺害。該名漢人躲躲藏藏，晝伏夜行，終於來到打狗（今高雄）尋求救援。

駐台灣府的英國領事Charles Carroll得知此事，乃報告英國駐北京公使轉知美國公使Anson Burlingame。Charles Carroll領事同時委請停泊港內的英艦the Cormorant就近至遇難處搜尋，然而該船靠近海岸不久即遭受先住民的發砲攻擊，乃中途撤離。

同年4月，美國駐廈門領事李仙得在得知此事後，隨即拜會閩浙總督吳棠尋求相關官憲協助。在獲得應允之後，李仙得乃乘坐the Ashuelot赴台，並與台灣兵備道吳大廷會談，請求出兵協助處理，但卻遭拒。無奈之餘，李仙得只得搭乘the Ashuelot直搗黃龍，親赴蕃地試與先住民酋長面談。然而，在慘遭襲擊後，只能先返回廈門。

李仙得向閩浙總督提出控訴，抗議吳大廷的不配合態度，不料總督大人竟回應「先住民之地非屬清國版圖，礙難用兵追究責任」，意圖逃避相關責任。值此之際，駐香港美國領事Issae J. Allen亦向美國政府報告，台灣之於美國的意義已日趨重要，特別是在東亞貿易上，意圖慫恿美國政府出兵占領台灣。然而，白宮當局雖要求駐清公使Anson Burlingame調查羅發號事件，卻無意占領台灣。Anson Burlingame乃向大清總理各國事務衙門發出通告，美國亞洲艦隊在Admiral H. H. Bell提督率領下，將赴台進行羅發號事件的調查。

同年6月，在英商W. A. Pickering的嚮導下，Admiral H. H. Bell提督率the Hartford與the Wyoming兩艦赴台，打算與先住民進行溝通。然而，在

不黯地勢的情況下，美國的遠征隊員遭受先住民暗箭襲擊，被迫鎩羽而歸。美國政府認爲要解決後患的唯一途徑，即「除了將沿岸先住民族趕往內部，或讓其他有力盟國占領之外，別無他法」。因此，李仙得乃向清廷表示「倘若清廷不願承擔羅發號事件的責任，不如讓英國占領台灣」！此時清廷終於意識到事態嚴重，而不得不正視問題，乃責成閩浙總督與台灣道台調查處理。

同年9月，李仙得搭乘閩浙總督的座船the Volunteer來到台灣府，其目的是要監督清吏對羅發號事件履行承諾。李仙得與台灣當地官憲，總兵劉明燈、南路海防兼理蕃王柳莊等人率兵員五百人往瑯橋出發，該地已超出清廷的有效轄區。事實上，無論是當地住民，抑或是清廷兵吏皆不願爲了羅發號事件而干戈相向。李仙得見狀，瞭解欲訴諸武力有其不可行之處，乃決定以雙層的外交手段解決爭議，一層是要求劉總兵履行承諾；另一層則是直接與先住民部落十八社大酋長卓杞篤（Tauketok）和談。

爲了避免再度發生漂流民被先住民殺害之憾事，李仙得要求清廷在台灣南端的南灣修築堡壘與觀測台，並協助取回J. W. Hunt夫婦之相關遺骨與遺物；另一方面，與大酋長卓杞篤會談，瞭解先住民殺害漂流民之原委，並在誤解釐清後約定以旗章爲信，欲登陸之漂難人員需掛上紅旗，表示友好，迄岸上亦出現紅旗，方可上岸，就這樣羅發號事件亦可謂是塵埃落定，告一段落。

然而，李仙得並未就此罷休。1869年2月，李仙得爲了追蹤台灣南部的先住民是否確實遵行雙方之約定，再度前往瑯橋，並不同於前次的口頭約定，此番則以白紙黑字寫下備忘錄，雙方簽字，正式完成「親善盟約」。另一方面，清吏在南灣所設之堡壘，不出兩年便已棄置不用，亦無守軍駐留，雖然清吏有其推拖之說詞，但並無法有效說服李仙得。要求設置砲台與駐紮守軍，是爲了有效威嚇先住民，清吏對先住民地區疏於管制，除了無法有效證明這些地區應屬清廷保護下，亦讓先住民對落難的漂流民有造次妄爲的機會。

第三章　日本對台灣之覬覦：牡丹社事件與台灣出兵

　　1871年12月，琉球宮古島船兩艘與八重山船兩艘，在完成對琉球國王年貢上納的義務後，從那霸的首里府出發，歸途中突然遭遇巨大風雨，其中的一艘宮古島船漂流到台灣島東南部的八瑤灣（位於恆春半島東南部）附近，而倖存上岸的六十六名乘員中，由於一場文化誤解，其中的五十四名竟被島上先住民所殺，琉球史上稱之為「台灣遭難事件」，或簡稱「台灣事件」；無獨有偶地，1873年3月，又有日本舊小田縣備中國淺口郡柏島村（現，岡山縣倉敷市一帶）的船頭佐藤利八等四人，在前往紀州尾和瀨（今和歌山縣附近）買賣的回程中，亦遭逢暴風雨侵襲而漂流至台灣東岸馬武窟附近，衣物慘遭先住民掠奪。為了解決長久以來台灣島周邊遇難的漂流船屢屢遭受先住民侵擾的問題，日本政府曾試圖以外交途徑謀求解決之道，但一如過去歐美遭難船的經驗，清廷總以「化外之地、化外之民」為由推諉責任，日本乃在「清廷無法處理此等情事」的認知下，自行出兵懲戒滋事的台灣先住民。

台灣出兵的問題意識

　　首先，我們有必要先釐清事件受害者的身分與加害者的逞兇動機。第二，事件既然是發生在1871年底，何以拖延至1874年春，日本才對逞兇的先住民施以懲戒？第三，日軍實際出兵台灣的1874年，是明治政府成立的第七年，不僅是近代基業的初始之際，且日本國內從農民到士族，反亂頻仍，在政權尚未穩固、外加英美強權亦表達反對之意的情況下，何以日本膽敢出兵台灣？對明治新政府而言，這是首次的海外出兵，如果處理不得法的話，不只是政權倒台而已，日本也可能從半殖民地淪落為殖民地，到底新政府當局的著眼點擺在哪裡？而甘冒動搖國本的風險，只為了

「懲戒」肇事的台灣先住民？第四，從加害者台灣先住民的立場觀之，這場所謂「牡丹社事件」之於先住民的意義又是如何？第五，對於參與「牡丹社事件」的日本出征將士而言，鎖國三百年後，他們初次的「海外經驗」、抑或說是「台灣經驗」的意義是什麼？第六，日、清之間在東亞地區的國際紛爭，對經濟勢力已延展至東亞地區的歐美列強而言，又抱持著如何的觀點與立場？

遇害的恐怖經驗

　　1871年10月18日，有宮古島船兩艘與八重山船兩艘在完成對琉球王國繳交年貢的義務之後，回島途中遭遇了暴風雨侵襲，其中宮古島船一艘與八重山船兩艘偏離了正常航道。被暴風吹走的宮古島船隨著海流漂到了台灣島先住民蕃界處，而八重山船一艘則幸運地漂到清廷管轄的台灣府城，但另一艘則行蹤不明。

　　隨著海流漂到台灣的宮古島船，船上乘員的上岸地點乃今台東縣滿州鄉沿海八瑤灣一帶。這艘船原本有六十九名乘組員，但在上岸過程中，有三名不幸溺斃，而真正踏上台灣土地者共六十六名。「牡丹社事件」發生後，世間多以這些遇害者身分乃「漁民」，其實不然，從遇難者名簿之頭銜可以確知，他們的身分大多是宮古島的政府官員，另外還有幾位當地士族與商人。

　　當這些漂流至台灣島的六十六名乘組員好不容易上岸後，首先便是尋找附近是否有聚落人家，途中意外地巧遇兩名漢人。原本漂難之一行人與這兩名漢人同行，但途中他們身上一些重要物件竟被這兩名漢人強行取走，待入夜之後又逼迫他們一群人擠到一小洞穴內過夜。一行人越想越是不安，便離開了那兩名漢人走自己的路。

　　回想那兩名漢人曾對他們說，不能往西走，只可往南走，因為往西會遇上有馘首風俗之「大耳人」。然而，漂難者一行對那兩名盜匪行徑的漢人失去信心，眾議之下還是覺得往西走比較安心。走著走著一行人便迷了路，途中雖一度改為南行，但最後還是遇上了最不想見到的大耳人。

　　八瑤灣介於南邊的九棚溪與北邊的馬農望溪之間，而這一群悲慘的宮古島人原本是往九棚溪方向走，但後來又折返而往馬農望溪方向的山路行進，結果誤闖入了大耳人的部落。漢人口中所說的大耳人，其實就是高士猾社（或說「高士佛社」）先住民。根據琉球人之體驗談，他們說大耳人的身高無異於一般人，但「耳大垂肩」。事實上，高士猾社先住民的耳朵並沒有那麼地大，「大耳人」稱呼的由來是因為他們習慣上會在耳垂上穿孔並戴上貝殼加工飾品，讓人有耳大的錯覺，漢人便稱他們是大耳人。當宮古島人遇上了高士猾社先住民時，心裡很害怕，而受到之前「大耳人」的刻版印象，目光焦點自然全都集中在先住民的耳朵上。

　　高士猾社的部落有茅屋十五間左右，從聚落規模觀之，算是先住民部落中比較大的。高士猾社先住民雖提供吃住給漂難的宮古島民，但也把他們身上的剩餘物品，包括內衣在內，搜括一空，這個舉動令宮古島民心生恐懼。一夜之後，高士猾社先住民要去打獵，臨行前吩咐宮古島漂流民在他們回來之前不可擅自離開，並派幾名人員留守看管。

　　宮古島漂難民眼見大部分先住民走遠了，便以兩、三人一夥的方式，避開留守人視線，逃離部落，並約定一處集合。待大夥兒都到齊之後，漂難民便繼續往前走。一行人在雙溪口遇上了一名漢人老翁陵老先，是專門從事先住民產品交易的貿易商。眾人向老翁尋求協助，並在老翁住處稍作休憩。漂難民一行原以為遇上陵老先便有救，哪知先住民竟從後面追殺過來，二話不說，不只強行剝取他們身上的衣服、頭上的髮簪，還把他們一個個給殺了。漂難民一行見狀乃四竄逃逸，有的躲進陵老先的寢台下，有的則從後門往山裡逃去。雖然不解何以先住民要殺他們，但在漂難民一行的認知中以為，先住民殺人的理由是要吃人的肉，或取人腦漿以為藥用。

　　最後，漂難民一行六十六人中，有五十四名死於先住民刀下，還有一名雖逃到了竹社但卻被生擒。九名躲在寢台下以及兩名逃到附近山裡的漂難民，總算躲過了一劫。第二天，陵老先打算把九死一生的漂難民十一名送至清廷管下的台灣府（台南）保護，乃輾轉聯絡鄰近保力庄的楊友旺父子前來協助。楊友旺拿著酒肉向先住民交換那名被生擒的宮古島漂難民

後，便連同躲在陵老先家的十一名，讓長子楊阿才帶著他們從車城灣經海路到枋寮，再從枋寮走陸路經東港、鳳山，進入台灣府。最後僥倖生還的宮古島漂難民共十二名，從台灣府被護送到福州琉球館，當他們被送回琉球那霸時，已是翌年（1872年）的6月2日。

無獨有偶地，1873年3月8日，又有日本備中國小田縣（今岡山縣小田郡）船運業者佐藤利八等四人遇上暴風，而被吹到舊台東廳新港支廳成廣澳沿岸的先住民蕃地，結果四人的所持物品全被洗劫一空，就在性命旦夕垂危之際，被一名60來歲的漢人所救，在台灣府的清吏協助下，7月20日被送到上海的日本領事館保護。

根據佐藤利八之口述，他與隨行的水夫佐藤兵吉、權吉、次助共四人，在紀州尾和瀨進了線香粉、椎茸（香菇）等貨品後，於1873年1月9日解纜出行，由於風雨殊惡，乃暫避於附近之MAGI（マギ）島等待潮候，14日再度將船漕轉而出。然而，其日大風依舊不停，船身被吹往南方，而迷失了方向，在汪洋中任其漂流。到了2月4日，遙見一艘蒸汽船航行通過，乃燒篁揚煙，而彼船亦曾揚煙回應。不一會兒該船便駛靠過來，但途中卻突然停止其車輪運轉。彼船長似乎有什麼顧慮，乃直接轉向駛開。此時利八等人已是力墜氣消，而附近又沒有暫以為居的島嶼，在波濤萬頃中只乘小舟繼續在海上浮沈漂流。到了3月4日，海天彷彿，突然遙見一島影，心中以為這裡總該是日本之地吧！即使一行人已連續四天連一粒米亦未進食，但依舊死命地推櫓使船前進。到了8日午後4點半左右，好不容易地才將船漕近該島。

豈料此地乃台灣島內一處被稱為MABOKE（マボケ）之地，一些形體怪異者二、三十人聚集過來，把四人之所持物品掠取一空。正當四人彼此一陣詫異錯愕之際，又有兩、三百人麇集過來，各竭其力地搬走船上的積載貨品，甚至破壞船身，剝取他們身上衣物，使得漂難客頓時呈裸體狀。

正當性命垂危旦夕之際，千鈞一髮、刀光一閃，現場突然出現一名老翁，不斷地向眾人請求，才救出四人性命。四人被帶回彼老翁家中時，恍

如做夢般地，雖僥倖能夠九死一生，但全身已無寸衣蔽身，全部財產亦僅剩船隻出航許可之船鑑一張、金比羅宮的護身符一只、以及五兩紙幣一枚而已。9日上午10點左右，老翁把他們護送至一個稱為KANEBA（カネバ）之地，在此休息一宿。翌日，老翁只帶著利八一人回到MABOKE，與先住民進行貨物取回之談判，但在先住民不與回應的情況下，交易無望地回到該屋住上兩宿。而滯留期間，該屋主曾命令四人去搬運木材，但由於前日之疲累，四人予以回絕，屋主因此大怒，並做勢要將他們捆綁，四人無奈之餘只好勉為其難地去搬運木材。

　　3月12日，從十里遠的BALAGAO（バラガオ）地方來了一名稱為安生的漢人，把四人帶回自己家中。沿途經過不少在地人的聚落，當地民眾看到漂難客經過時，有的表示憐憫並贈與食物；但亦有人意圖對四人撫頭叩背藉機侮辱。在安生的家暫住的百日期間，四人致力於牧牛、採樵、耕耘，以報安生之救命恩情，待安生的麥作收成時，便以幫忙拿到打狗港去賣的機會再輾轉回國。好不容易地等到6月14日，安生帶著四人同船，從BALAGAO出航，經由海路，費時五天，才終於到達打狗港。其後在清廷官員陪同下來到台灣府，並在台灣府見到了日本駐廈門領事福島九成，獲取銀錢後，再回打狗，從打狗搭乘火輪船經福州到上海，抵達日本領事館時，已經是7月20日了。

加害者並非牡丹社先住民

　　從以上漂難者的遇害經驗推知，琉球人遇害時的加害者是高士猾社先住民，而佐藤利八等人遇到的則是花蓮南部一帶之先住民。換言之，從頭到尾並沒有見到牡丹社先住民身影，何以大清史書卻以「牡丹社事件」為此事命名？而讓牡丹社先住民背上惡名，其中有三種可能原因。

　　其一是，據說一名叫做劉天保的通譯，他目睹琉球人在雙溪口被殺的慘劇，由於他才新來雙溪口不久，還無法分辨先住民的分屬部落，恰巧在肇事現場他見到一名他所識得之牡丹社先住民，乃趕緊向楊友旺通報此事。那位牡丹社先住民原本是與劉天保約好要在雙溪口從事物品交易，到

底他有沒有參與行兇行列，則不得而知。

其二是，慘案發生的第二天，楊友旺父子爲了援救逃到山裡的兩名漂流民，見到很多的牡丹社先住民在雙溪口附近徘徊，他們正愁自己沒有拿到像高士猾社那般的戰利品，楊友旺便拿出酒肉給牡丹社先住民，以交換那些躲過一劫而尚未被犧牲的漂難民。當時出來交涉並領取補償的則是牡丹社先住民，因此楊友旺父子深信加害者應該就是牡丹社先住民。

其三是，日本軍在瑯橋登陸後不久，各先住民部落都前來和談，惟不見高士猾社與牡丹社身影。不久之後，在石門的突襲戰役中，以牡丹社酋長爲首，死傷者以牡丹社先住民占了多數。根據上述兩項徵兆，日本軍亦確信肇事者應該就是牡丹社先住民。

不過，肇事之元兇其實是高士猾社，而非牡丹社。根據日後高士猾社一名先住民耆老的說詞，原本他們對宮古島漂難民並無殺害之意，他們小心地保存琉球人身上的織服，只爲了確定他們是哪國人，到底是可以直接交易，抑或是必須把他們送到漢人通識那邊以筆談方式進行溝通。因此他們在出發前曾告知琉球人在他們回來前，絕不可擅自離開。然而，到最後他們所得到情報卻是不知道這一群漂難民是從哪裡來的，因而當下認爲殺了亦無妨。這個說詞與高士猾社酋長後來對日本軍之說詞，即以爲這一群漂難民是平素他們所不喜歡的清國人，因而誤殺之，多少有些弔詭與矛盾之處。不過，卻可以證明高士猾社先住民的確是事件的加害者。

國際媒體的報導

在台灣海域上因船難漂流至台灣島，而慘遭先住民殺害之案例，屢屢可見。琉球民的遭難經驗，並非是史上頭一回。前述1867年3月美籍漂流船所引發的羅發號（Rover）事件，就是案例之一。歐美列強經常爲了諸如此類之情事而向清廷尋求公道，要求他們出面解決，然而在交涉過程中始終不得要領。不過，羅發號事件之所以比其他的船難事件引人矚目，主要是慘遭台灣先住民殺害致死的船長夫人胞弟據聞是白宮要員，因此羅發號事件就不能如其他遭難船一般地以意外結案。就算清廷政府不能給個交

代，至少也得想辦法拿回遇難者的遺骸。因此，羅發號事件發生後，美國駐廈門領事李仙得在求助無門的情況下，乃毅然決定直搗台灣與先住民頭目，即瑯𤩝十八社大酋長卓杞篤見面會談。結果雙方建立共識，並與先住民締結船難救助約定。

眞的是不入虎穴，焉得虎子。從羅發號事件的處理過程中，已清楚展現出台灣島上二元政權共存的特質。李仙得亦基於這個經驗而提出「蕃地無主論（non-territory）」之見地，即先住民的活動空間是不屬於任何政權的。李仙得甚至出版一本著作，題爲《*Is Aborigines Formosa a Part of Chinese Empire?*》，以「台灣先住民區域是中華帝國之一部分嗎？」如此聳動的字眼與質疑的態度，提醒世人對清廷之於台灣主權問題的注意，而李仙得對台灣主權的認知，亦成爲日後日本膽敢出兵台灣的重要行動依據。

李仙得對台灣主權的認知有錯嗎？傳統上凡中華帝國的行政權力所及之處，必然會出版相關該地風土民俗之情報誌，即所謂的「地方志」。然而，台灣南部先住民居地在1874年以前並無「恆春縣志」出刊，而清廷在台灣所設之官衙機構最南也僅止於枋寮而已。由此可見，今屏東縣枋寮以南區域，是清廷行政權力所無法有效掌控的地方。其實，不只是枋寮以南的區域，還包括東岸宜蘭以南，即所謂的「後山」地區，在當時都可謂是non-territory的「無主地」。

而近代以來，清廷經常爲了台灣先住民逞兇事件而遭國際社會抗議，當時清廷的外交官僚總以該處乃「化外之地、化外之民」爲藉口，推諉責任。不過，該處畢竟是清廷的行政權力所不及之處，清廷對逞兇之先住民無法有效管理，亦是想當然爾。

針對1871年琉球人船難漂流民遭台灣先住民殺害事件，西方媒體則做如下報導。〈*New York Times*（紐約時報）〉1872年10月24日記載，有來自舊金山的消息說「數名的日本人船員在台灣遭遇船難，並被先住民吞食了。琉球國王派遣使節前往江戶，試圖在報復措施上尋求援助」；而發行於上海的〈*North China Herald*（北華導報）〉則在同一天亦轉載

〈*Japan Gazette*（東洋公報）〉的消息說，「最近從薩摩國送來了台灣食人事件的報告，令日本的政府高官不寒而慄。被認為是隸屬於薩摩侯所管轄的琉球群島，有數艘戎克船（junk）漂流至台灣海岸。根據傳到日本的消息是，戎克船上的乘員被島民吞食了。此一事件到底發生在台灣的哪裡？目前尚未獲悉該處之地名。此外，日本方面卻另有苦情，即日本對琉球的領有權等相關方面之疑問。然而，在一般的印象中則認為，日本對琉球的領有應該是可被國際社會所承認的」。

　　從上述報導中，可以確知歐美人士對台灣先住民存有很深之畏怖與誤解，因為至少台灣先住民是沒有食人肉的習慣。另一方面，針對琉球遭難船的台灣遇難事件，從肇事責任的歸屬開始，不僅牽引出台灣的主權問題，其中亦包含琉球王國的土權歸屬問題。在歐美強權的概念裡，清廷政府是可以擁有台灣島的主權；但即使清廷不同意，日本政府仍有資格擁有對琉球王國的主權。

台灣出兵論的思考原點

　　何以歐美強權對日本之於琉球王國的主權具有一定程度的共識？則必須從歷史上琉球王國與日本薩摩藩（位於今鹿兒島縣一帶）的關係談起。琉球本島原來是山北、中山、山南三國鼎立的局面，1429年琉球的地方豪族尚思紹與尚巴志父子篡奪中山國的王位後，順道攻滅山北國與山南國，並以舊中山國為主體，成立了琉球王國。而向來便有「島嶼情結」的日本九州薩摩藩，在藩主島津家久領導下，1609年以迅雷不及掩耳的手段占領琉球群島，琉球王國成為薩摩藩之附庸，此後琉球國王的統帥權則必須在薩摩所指派的「在番奉行」監督下才得以施行。

　　於是，即使在江戶「鎖國」體制時期，薩摩藩仍可透過琉球王國之於大明國、抑或是以後大清國之朝貢貿易，有效獲取來自亞洲大陸的物資與情報。而薩摩藩主再把這些物資與情報轉呈給遠在江戶（今東京）的幕府。因此，曾在日本東京大學史料編纂所擔任客座研究員之荷蘭學者Ronald P. Toby氏，便發表題為〈双眼鏡でみる世界—動揺する東アジア

における幕府の情報活動と日本の安全〉一文，以「用望遠鏡看世界」的幕府將軍，有效否定習慣上以「鎖國」定義江戶時代，即此等用語的合理性。

在Marther C. Perry提督迫使日本開國以前，法國船與英國船就曾前往琉球群島，試圖與琉球王國通商交流。歐美強權的此一舉動的確為薩摩當局帶來相當的衝擊，但亦造就出日後薩摩人國際觀的拓展。日本開國之後，琉球王國與歐美強權所簽訂之「琉‧美條約」、「琉‧法條約」、「琉‧蘭條約」等，基本上都是在薩摩藩監督下所完成的。這也是日後明治政府內舊薩摩藩出身者之所以關心琉球漂流民在台灣遇難事件之背景，以及歐美強權基本上同意日本對琉球擁有主權的原因。

當苟延殘存的琉球船難漂流民被清廷當局送回那霸時，正巧當時從鹿兒島縣派來的使者伊地知貞馨，因負責「琉球王國施政改革」任務而滯留在王都首里。換言之，伊地知是日本政府中最先獲悉慘案消息的人。當時琉球王國為了對明治新政府表敬意，打算遣使東京，而伊地知則必須先行前往聯繫。他離開首里後，在上京途中經鹿兒島，而把這個駭人聽聞的消息報告給鹿兒島縣參事大山綱良得知，並順道將大山針對此事之相關建言書呈交給時任外務卿的副島種臣。

然而，當這個消息傳至鹿兒島時，在地舊薩摩藩之士族從陸軍少佐樺山資紀開始、樺山的上司熊本鎮台桐野利秋、鄉黨之大前輩亦是陸軍元帥兼參議的西鄉隆盛、隆盛之胞弟陸軍少輔西鄉從道等，一舉譁然，而這些人以後都成為1874年出兵台灣之重要關係人。

鹿兒島縣之縣令人選尚未決定，因此大山綱良以縣參事身分暫行代理鹿兒島縣令職務，他委託伊地知貞馨呈遞給外務卿之事件相關「建言書」的內容，以一言蔽之，即大山打算向政府借用軍艦，派遣「問罪之師」前往台灣向當地先住民究責。而為什麼得向政府借用軍艦呢？因為明治新政府成立後，根據「版籍奉還」之規定，舊薩摩藩所擁有的軍艦都須獻納給政府，因此倘若縣政府要為琉球民討公道，就必須向政府申借軍艦。

當時明治新政府成立未久，日本社會仍欠缺統合的「民族國家」觀

念，在多數人的思考邏輯上，明治新政府僅是替代江戶幕府的另一權威之存在。在近代國家體制下，這類問題應該是由中央政府透過外交途徑統籌處理，然而「明治人」在觀念上卻完全闕如。

事件幕後的影武者：李仙得

　　十九世紀對台海地區情勢最爲瞭解者，恐非李仙得莫屬。李仙得理應是法裔美國人，一如前述，他曾被派任爲美國駐廈門領事，在羅發號事件處理過程中，亦明顯展現出他個人的膽識與對蠻荒島嶼台灣之理解。李仙得不僅是對台灣社會有相當程度之瞭解，亦可能做過環島旅行，因爲李仙得之著書《李氏台灣紀行》共五冊，亦曾以日文《ル・ジャンドル台湾紀行》之名在日本出版，書中清楚介紹十九世紀台灣的風土與人文。在《李氏台灣紀行》中，李仙得針對日本若想擁有台灣蕃地之所有權，於理有據與否等問題提出自己的見解。

　　李仙得認爲在文明諸國中，最有資格坐擁台灣的應該是與台灣關係久遠的國家，以常理而論，則非清國莫屬。然而，清廷向來對先住民居住的蕃地一無好感，甚至對蕃地的領有顯現出怠惰與懦弱，因此清廷無法執行此等權力，亦是自行放棄權益之明證。李仙得提出清廷早已自行放棄權益之佐證，他強調清廷不僅從未領有過先住民蕃地，且其政令不僅是不及、亦從未打算及於此地，如今欲前往先住民居住區必先申請清國護照，護照上則清楚明記「台蕃之地，乃政府權限之外的區域」，甚至在清廷政府藍皮書公文集抑或是職員錄中，對於駐守此地之吏員名簿亦記載闕如。

　　而一如李仙得之所述，旅客要進入先住民蕃地是得申請「護照」的，然而「護照」申請單位則是由英國駐守打狗（高雄）或台灣府（台南）領事代爲辦理。這亦是李仙得的認知中，何以視清廷對先住民蕃地之領有，表現怠惰與懦弱之主因。

　　相對地，李仙得認爲綏撫台灣先住民是非常重要的，因爲對船難漂流民逞兇之先住民生蕃，實爲世間禍害之一。在清廷怠惰的情況下，倘若日本能從自我防禦的角度考量，而以文明、仁慈之道化育台灣先住民，則再

適當不過了。因為台灣島位於宮古島附近，相當靠近日本，如果由其他歐美強權來綏撫先住民，甚至坐擁此島的話，對日本而言並非好事；而台灣島位處軍略樞要位置，倘若由中立的日本占有台灣，亦不會對其他強權形成威脅。李仙得認為針對台灣的問題，倘若因日本畏縮而無以成事，遲早英、美強權亦會進入台灣蕃地，懲戒逞兇之先住民。

而當日本當局正為著是否應出兵台灣而不知所措時，李仙得正好辭去廈門領事，在回國途中經過日本橫濱。在當時美國駐日本公使Charles E. Delong引薦下，當時的日本外務卿副島種臣乃有機會，得以與「中國通」李仙得針對台灣問題交換意見。當時活躍於大清的歐美人士都需取個漢文名字，李仙得亦不例外，從1866年就任美國駐廈門領事以來，Charles W. LeGendre便以「李仙得」、「李禮讓」或「李善得」等漢文名字，而成為熟悉中國事務之「中國通」；又因前述羅發號事件之處理得當，更以「台灣通」而聲名大噪。

在美國駐日公使以及一名受僱於日本政府之美籍法學專家的坐陪下，外務卿副島種臣與李仙得相談甚歡。根據日本外務少丞鄭永寧所編纂之「副島大使適清概略」得知，副島對這次會談的感想是「半日下來，真是相見恨晚！」李仙得也在會談的契機下，轉換跑道而成為日本外務省的外籍顧問。

在聽完李仙得對台灣歷史、地理、物產、人種、與先住民之風俗、人情等說明之後，副島種臣對於台灣問題明顯表現出積極態勢，但美國公使Delong則試圖勸阻副島的「派兵論」，乃主張先採行李仙得模式，直接與先住民進行和平交涉。日本的台灣領有勢必會影響東亞區域國際勢力之消長；而站在美國的立場，亦不鼓勵新興小國日本輕啟對清戰爭，何況在這件事上亦不能不尊重十九世紀的強權英國之意向。

然而，經過幾次會談，副島種臣與李仙得兩人不僅相談甚歡、意見一致，且大膽激進，不一會兒就朝往「台灣領有論」路線靠攏，相對地，Delong的意向則顯得消極、退縮。而經過幾番沙盤推演後，副島與李仙得確立了今後在台灣問題處理上，日本對清之外交方針。兩人在對清外交方

針上所建立之共識，史稱「李仙得備忘錄」，一共有五份，其內容大略如下。

　　〔第一備忘錄〕，主要是針對對清交涉時之議論模式，即，有效迫使清廷必須正視問題。在談判中首先強調由於清廷在先住民事件上之怠慢，先住民區域遲早會落入歐美強權手中。為了預防此種情事發生，在不得已的情況下，日本必須出手來保護這裡的區域安全。倘若清廷不願坐視情勢演變成如此結果，那麼清廷便得在先住民問題上有所處置。

　　〔第二備忘錄〕，則已超越外交領域之範疇，對清廷的可能回應預做最壞的考量。針對日本所提出領有台灣之提案，在清廷嚴正拒絕的情況下，預設一套軍事作戰計畫。

　　〔第三備忘錄〕，則是提出有關占領先住民區域的幾項具體策略，並對該區之地理形勢、風土人情等詳加描述。

　　〔第四備忘錄〕，主要是從十九世紀國際社會權力政治的觀點，為日本之領有台灣建構理論基礎。即，日本在東亞的稱霸過程中，從戰略要地的角度觀之，朝鮮、台灣與澎湖的取得絕對有其必要性。因此，善用琉球民之遇難事件，一舉將台灣、澎湖據為己有。清廷則因其本身內政混亂，勢必對日本的「占領」行為難以有效遏阻。另一方面，英、俄間的對立日益白熱化，相互之間皆不願看到對方占有台灣，因此最後終將會默認「中立」日本之占領行逕。

　　〔第五備忘錄〕，試行上述幾項策略之後，外務卿大臣再以欽差身分前往北京，進行交涉談判。

　　李仙得的出現對日本外務省而言，有如虎添翼的助力作用，亦給剛成立五年左右的明治新政府在對外交涉與海外出兵等問題上，打了一劑強心針。事實上，「李仙得備忘錄」即未來針對「牡丹社事件」，在對清談判

時所預作之沙盤推演。雖然副島種臣在這之後便被調離外務卿職務，但在「台灣出兵」問題上，日本當局卻始終遵循「李仙得備忘錄」之共識，亦可推知當局對李仙得意見之重視。

　　而第一備忘錄確立之後，1872（明治5）11月，日本高層「正院（內閣）」隨即下了一項裁示，派遣樺山資紀前往台灣視察。翌年8月23日，樺山從淡水登陸，展開為期三個月的島內踏查，並與島上先住民交流；1874年3月樺山再度赴台，此次則從打狗（高雄）登陸，潛入先住民區域活動，直到5月7日才與載運征台兵員之日進艦會合，而樺山的台灣體驗記更以鉛筆寫在隨身小冊上。

　　台灣坊間傳說樺山資紀在台灣的踏察過程中，多以百變造型現身，或以化緣和尚、或以買賣人之造型出現，四處蒐集台灣的社會情報。到底這項傳聞的信憑度有多高？在新史料出現以前，難以追蹤。不過，樺山在手冊上對變裝等情事隻字未提，且在其他相關人士的書信或日記上，亦是敘述闕如。倒是他和身旁隨扈經常在旅行途中遇到當地人誤以為他們是傳教士而向彼等求醫、求藥，由此推測，樺山一行應該是身著近代日本軍裝在台地活動的可能性，相對較高！

歐美強權的立場

　　當初美國駐日公使Delong已隱約察覺出，新政府內的薩摩派軍人對「出兵台灣」之意見呼聲高漲，因而特意把李仙得介紹給日本外務卿副島種臣，目的是希望日本政府在處理台灣先住民問題上採行「李仙得模式」，以和平談判收場。但出乎意料地，會談結果完全背離Delong的預期，副島與李仙得在「台灣領有論」上意氣相投，這場會談不僅不能有效打消副島派兵之念頭，反而確立了日後的出兵策略，盤算錯誤的Delong亦因此被調離駐日公使的職務。

　　當初，把李仙得介紹給日本政府的是美國駐日公使Delong，然而當出兵台灣的策略底定後，日本方面萬萬沒想到美國政府竟然追隨英國腳步，反對日本的出兵行動。基本上，這並非是美國在遠東事務的政策搖擺不

定，而是日本當局在判讀美國意向上的錯覺。對於日本的出兵行動，十九世紀世界的強權英國極度擔心，清日間紛爭所造成東亞區域的不穩定局勢，可能會對英國資本在該地區的經濟活動帶來負面效應，甚至傷害英國商民之於該地區的經濟權益。在強權英國的反對下，以美國為首等其他歐美強權對於日本的出兵意圖採取高度警戒態勢，齊聲批評這種出兵行逕基本上違反萬國公法，並強調以安全保障為由所訴諸之武力行動，將不會被國際社會所承認。

此時，美國派駐日本的公使職務則改由John A. Bingham擔任，新任公使對於日本的遠征台灣則採強硬姿態，並追隨英國做法，禁止任何美籍船與美國人參與此項出兵計畫。然而，日本甫開國不久，在鎖國三百年情況下，當時日本海軍船艦與與運輸能力不足之處頗多，倘若真要出兵台灣的話，則有必要租借歐美商船載運將士。對日本而言，這項禁令對日本的出兵策略，著實是當頭棒喝，不僅無法順利租借英、美商船載運兵員，亦無法讓李仙得以領航員角色共同前往台灣先住民蕃地懲蕃。

歐美列強對於出兵行徑抱持反對意見之思考，其邏輯在於，日本的台灣出兵好比是「某一個國家突然派遣部隊三千名登陸北海道」的道理一樣，欠缺說服力。縱然李仙得提出的「先住民蕃地無主論」在地理上有其正當性，而清廷也的確無法清楚說明自己的「領有權」，但卻沒有任何證據顯示清廷已放棄對先住民地區的權益關係。因此，倘若有一個國家試圖要占領先住民蕃地，則清廷絕對可以在安全保障等理由下訴諸武力，而該項行為基本上是會被國際社會所接受。

早在出兵行動的一個半月前，滯留在日本的歐美人社群便籠罩於一股東亞區域可能會有戰亂發生的陰霾中。他們以為日本政府把軍隊送至清帝國境內的台灣，將可能成為引發兩國宣戰的原因。即使如此，日本政府對於出兵之舉，並沒有馬上發表公告，因此外界對相關事態亦不明瞭。此外，歐美輿論界認為外國公使應嚴守局外中立，Bingham絕不能縱容日本政府僱用美國人與美籍船以圖謀便利。這股來自國際社會的輿論壓力，亦是促使美國及其駐日公使Bingham在對日態度上轉趨強硬的關鍵因素。

　　上海發行之《申報》耳聞日本有意出兵台灣等風聲後，同年4月16日則以「東洋之興師其意僅在報讐而已乎？抑或尚有他圖乎？未可知也」，評論此事，甚至轉載了中國方面的說法，「我大清朝所自闢之疆土，豈有一朝甘讓之於他國哉」！而當國際輿論站在「台灣乃屬清廷版圖」的認知上提出評論時，著實令當時日本外交界倍感震驚與意外，畢竟這與先前從李仙得那方所獲得之訊息多所出入。

台灣出兵之始末

　　自從美國的培理率領黑船越過太平洋，迫使日本開國之後，便種下日後日美之間在亞太地區互爭盟主的宿命。然而，畢竟日本無論是國土面積、人口、資源等各方面，都不是美國對手，因此日美之間的勢力消長，日本多數時候都是位處劣勢。當美國態度突然轉強之際，首當其衝的日本外交界，不免一陣錯愕。在出兵行動上，不僅李仙得無法同行之外，原本作為載兵目的而承租的美國商船「紐約號」，亦在陣前慘遭停擺命運。情急之下，明治新政府內部之實力重臣大久保利通（內務大臣）與大隈重信（參議兼台灣蕃地事務局長官）等，分別緊急通知在長崎的征台軍都督西鄉從道，請他先暫緩軍隊進發。然而，以西鄉從道、坂元純熙為首等舊薩摩出身之鹿兒島士族，自遭難事件發生以來便摩拳擦掌，準備遠征台灣懲戒先住民。即使大久保利通握有「軍隊進退」之大權，然而西鄉從道仍以軍隊早已進發，如今已無轉寰餘地為由，凜然地表現出抗命態勢。

　　面對西鄉公然違命，大久保卻毫無一絲予以懲戒之打算，反倒是以「既成事實」模式處之，事後再加以追認，因此有不少研究都認為，其實大久保私底下亦屬「征台派」的一員。換言之，日本對台出兵之計畫已是定局，即基本不變之方針，難怪日後西鄉從道的兒子西鄉從德強烈主張，外界說其父是違反政府旨意出兵台灣，那是「子虛烏有」的！

　　普遍受大眾喜愛的日本國民作家司馬遼太郎用他的「司馬史觀」，評論西鄉從道「台灣出兵」乃「暴舉」作為，是「官製倭寇」。司馬的理論依據在於，西鄉要派三千多名遠征軍出去，既無知會各在外公館、亦沒有

向國民大眾公示，就這樣如「夜盜」般悄悄地使載兵船出發，這豈是近代國家應有之作爲？而大久保的做法又何異於「詐欺」呢？司馬遼太郎以官方版「倭寇」形容明治新政府成立後首次的海外出兵。其實，類似的案例在近代日本歷史上屢屢可見，另一個典型的歷史名案，則莫過於1941年的「珍珠港事件」吧！

　　根據1874年2月內閣會議所確立之「台灣蕃地處分要略」九條，針對台灣先住民問題採「軍事力優先路線」，以爲國策。首先，在正院內新設一個「台灣蕃地事務局」，由參議大隈重信擔任事務局長官；李仙得則以外務省二等出仕身分擔任事務局之「準二等出仕」，相當於事務局副長官；陸軍中將西鄉從道被任命爲台灣蕃地事務都督（遠征軍總司令），陸軍少將谷干城（陸軍司令官）與海軍少將赤松則良（海軍司令官）雙雙被任命爲參軍；陸軍中佐佐久間左馬太與陸軍少佐福島九成則任職參謀；另外，李仙得推薦了兩名美國軍人，即，中校Lieutenant Commander Douglas Cassel與工兵James R. Wason參與軍事策劃。而征台軍之兵員組成，主要是以熊本鎮台軍爲主體，另外又在鹿兒島地方徵募兵員，總數共三千六百餘名，其中三千名是戰鬥人員，其餘則是後勤人員。

　　在兵員與物資運送上，光憑日本船稍嫌不足，因此另外租借了英國商船「約克夏號」與美國商船「紐約號」。然而，在列強的強烈反對下，李仙得與兩艘外籍船皆無法參與征討行動。無奈之餘，日方臨時向美商買了一艘舊船「新約克號」以爲應急之用。Cassel與Wason則根據事前計畫，仍與遠征軍一起登陸台島，參與懲戒先住民戰役。根據李仙得所設計之作戰計畫，基本上採行鎮撫「熟蕃」、孤立「生蕃」之做法，Cassel與Wason則負責指揮「撫民」工作。

　　雖然台灣近在咫尺，但對鎖國兩百六十年的日本而言，如果沒有這些外籍顧問協助與嚮導的話，征台軍的派遣仍有其困難。另外，爲出征台灣的將校與士卒三千人服務之後勤作業，則由大倉組商會承包。在大倉喜八郎率領下，從負責輜重物品的搬運工、木匠、鍛冶工、船頭、裁縫師、可供使役之傭工、乃至攝影師等，共約五百人同赴這場海外戰役。

今天在屏東縣牡丹鄉石門附近立有一個紀念石碑，記錄著「牡丹社事件」始末，碑文上是這樣寫的，

「同治十三年（1874）四月派兵於瑯橋社寮港（今車城鄉射寮）登陸，以精銳武器裝備攻打所到之處極盡燒殺，後因七社不克強敵降附，唯有牡丹不屈外侮未降遂再進軍，劇戰於石門要隘，我山胞誓死抗敵戰伐木塞或崩矮崖斷路或埋伏叢林與日軍肉搏，由於弓箭難敵槍炮，最後頭目阿祿父子等三十餘人犧牲成仁」。

倘若用最簡單之文句說明「牡丹社事件」，則應是指在1874年的5月到7月中旬，日本遠征軍與台灣先住民之間一連串的議和與交鋒過程。事實上，不少史料顯示，整個「牡丹社事件」的戰役始末，並非如紀念碑文所寫的那般「單純」、「壯烈」。翻開實際參與戰事行動之日本將士之手記或回憶錄觀之，便可發現整場戰役的過程根本是一場「迷糊仗」。牡丹社頭目阿祿父子早於日本軍登陸後不久，在一場襲擊日軍之戰役中便已遭難，但即使阿祿父子的首級被日本將士馘取下來，日軍人員仍不知頭目阿祿父子亦羅列於死者當中，直到後來牡丹社主動前來議和，才知道事件原委。

日本軍5月7日登陸瑯橋灣之後，便派赤松則良海軍少將帶著兩三名士官與Cassel中校、華裔美籍翻譯Johnson等人到網砂，向當地小麻里社酋長Yisa表明來意，進行溝通。Yisa允許日軍的小船可自由在海岸邊進行測量，不過堅持表達不願日本人上岸之意旨。

5月中旬，日本軍為躲避洪害，乃沿著四重溪上溯，尋找佈營高地，卻遭致先住民突襲，在意外衝突中，日方馘取了先住民首級十二，其中亦包括牡丹社頭目阿祿父子的首級，不過當時日軍似乎還在狀況外。日方人員折損了十四人，其中包括一名伍長，伍長的首級則被先住民馘走。5月底時，瑯橋十八社大頭目周勞束酋長胞弟率領小麻里社、蚊蟀社、龍蘭社、加知來社等酋長，跟隨社寮頭人Miya，手捧牛雞向日方示好。

　　6月初，日本遠征軍根據軍議之結論，決定兵分三路，從風港、石門、竹社口等處對牡丹社進行總攻擊。風港軍團由谷甘城少將領軍、石門軍團由佐久間左馬太中佐領軍、竹社口軍團則由赤松則良少將領軍。整個攻擊計畫是，三路軍團分別進擊，最後在牡丹社會合後再一起回瑯橋本營。

　　雖然在進擊過程中亦遭先住民之零星侵優，但幾乎都不見先住民蹤影，且山路險阻導致補給糧食運送不易，軍團經常陷入飢餓狀。三路攻擊作戰計畫結束後，7月初周勞束酋長率領牡丹社、爾乃社、高士猾社、蚊蟀社、傀仔角社、小麻里社等六社酋長及其配下先住民七十餘人，在統領埔頭人林阿九等之斡旋下，前往保力庄楊天保家中，與日方人員見面議和。

先住民在議和中之答辯

　　在「牡丹社事件」過程中，雖然沒有正面大衝突，但仍有兩次零星之小衝突與兩次的議和。兩次的議和都是先住民主動釋出善意，並對襲擊事件發生之原委做出「適當的」說明。為什麼用「適當」這樣的語詞形容呢？日方人員對於先住民在自我行為上之釋疑與答辯，雖多少感覺有理不盡之處，即使明知那可能是瞎掰說詞，但在邏輯上難以找出破綻的情況下，仍勉為接受。從這個角度觀之，倘若看到以後針對「牡丹社事件」清廷官憲與日方人員外交酬斡之模樣相比，肇事之台灣先住民在對外的答辯辭令上，顯然比清吏靈活許多。

　　以5月25日日本軍在石門受到先住民襲擊，在第一次的敵對交鋒後，幾位先住民酋長前往社寮向日軍示好為例，日方人員便以日前曾在南部海岸進行測量時，慘遭傀仔角先住民發砲攻擊一事提出質問，顯然這是先住民違反了當時小麻里Yisa酋長與日方人員之間的約定。小麻里酋長便當場指示傀仔角酋長針對此事出列回應，傀仔角酋長則辯稱那次的發砲全然是一個失誤，其實是「遊獵野鳥的兒童之所為」。

　　西鄉從道都督在與幾位先住民酋長面談過程中，再度表達日本遠征軍

想征討的對象惟肇事的牡丹社與高士猾社而已，至於其他無辜之先住民蕃社則賜予日本號旗以為保護之標章。事實上，用一面特定之號旗作為判別敵我之別，這種做法並非出自西鄉都督之構想，而是受高人所指點。一如前述，過去李仙得在處理羅發號事件時，便是利用特定之旗號作為與先住民之間的敵我區別。

先住民理解了日方人員之善意後，小麻里酋長Yisa亦很義氣地表示，同意從此以後日方人員可在此島南部任一地方自由上岸，倘若日軍因而遭致攻擊，則Yisa願挺身而出為討伐惡徒盡力。從這一段日方人員與先住民之間的對答酬酢過程中，顯然南台灣的先住民地區實質上的確是清廷所無法插手之區域，清廷以「化外之地、化外之民」一詞推諉其對因先住民逞兇而遭難之外邦人所應負之道義責任，顯然亦有其不得已的苦衷。

而日本遠征軍在6月初以兵分三路之模式，對牡丹社及其周邊地區進行掃討後，7月1日在保力庄楊天保家中，先住民周勞束頭目率領以牡丹社為首等六個部落頭目前往，表達議和意願，日方則派出佐久間左馬太中佐出來與先住民應答。佐久間中佐針對兩點要求先住民說明，一是殺害琉球船難民之理由；另一則是對5月初日本軍在四重溪慘遭狙擊之理由。

由於這兩件事背後的主導者皆為牡丹社，因而牡丹社頭目乃出列回應，過去由於誤認琉球漂難民為仇敵之清國人，而愚驚地了斷了若干人性命，今後若再遇有遭風之破難船漂流過來，對於船上難民不僅不會加以傷害，反倒會竭盡其能地善盡保護之責；至於日前在四重溪邊對日本兵員之狙擊，則是誤信了日本軍打算將把蕃社悉盡剿滅之傳聞，在前任頭目阿祿父子命令下，乃嘯集了牡丹社、爾乃社等兩社先住民百餘人，對日軍逞亂暴之所業，如今自己被推舉為新任頭目，將不再坐視這種情事發生。

接著，高士猾社、爾乃社亦分別表示，過去是在阿祿酋長教唆下，導致社內有二十餘人被日本軍討死，外加屋舍等悉為日本軍的之炬下灰燼，才會對日本軍發砲反擊，如今在周勞束頭目的勸諭下，期待既往之罪行能被寬宥。

雙方把話講開、釐清誤解之後，佐久間中佐便要求提出包括對琉球遭

難民、以及狙擊日本軍之肇事者名單，以及被害者首級之繳交、被害者遺體埋葬地等，皆應細查稟報；另外，又嘉獎小麻里頭目Yisa過去對西鄉都督之誠實懇待，邀約小麻里頭目Yisa與周勞束頭目相伴，一起到日軍新設之龜山大本營造訪，並相互約定後會之期。

　　在瑯嶠十八社等部落前來表示議和之後，其餘的台灣南部先住民蕃地則以「內大龜文社」為首等三十九社，亦主動前來表達友好之意。日軍方面除了準備紅木棉、耳環等以為禮物之外，又發配日章旗、以及印鑑等給各部落酋長，作為他日相見時之標記。值得注意的是，佐久間中佐在先住民的處分作業上條理分明。1895年日本領台之後，佐久間左馬太曾擔任台灣總督府第五任總督，他任內重要業績之一便是「五年理蕃事業計畫（1910-1914）」，這應與他在「牡丹社事件」中之先住民經驗有絕對關係。

　　瑯嶠十八社大頭目周勞束社卓杞篤有一名養嗣子，以後取了漢文名字，稱之為潘文杰。這位潘文杰無論是在「牡丹社事件」期間、清領後期、抑或是日本治台時期，皆為政權「當局者」盡瘁貢獻。日本治台以後的1897年12月，潘文杰則以蕃族身分破格受勳六等封號與瑞寶勳章。

　　「牡丹社事件」發生至今亦有一百四十年，如今屏東縣射寮村地區仍流傳著牡丹社事件後日本人留下一些物資在當地等傳言。據說當時日本人雖然走了，但在山上的樹林中埋藏一些物資，等到1895年因馬關條約領台，才靠著地圖精確地把這些東西重新找出。這個說法的真實性雖然存疑，但「牡丹社事件」對當地人之「日本經驗」而言，依舊是「日語世代」共同的歷史記憶。

第四章　法國對台灣之覬覦：清法戰爭與台灣

　　法國人對台灣的關心，最早可追溯至十八世紀初，1704年有法人George Psalmanazaar出版大作《台灣島誌》，其內容針對台灣島之描述竟是杜撰，因而近年曾以《福爾摩啥》為題被翻譯成中文。即使該書可謂是偽作的代表之一，但亦是當時法國社會對福爾摩沙島感到關心與好奇的一個佐證。

　　1715年，又有三名法國宣教士，包括P. de Maila（馮秉正）、Jean-Baptiste Regis、Romain Hinderer等人奉清康熙皇帝之命，赴台進行土地丈量。其中，馮秉正在返回清國之後便在法國出版著書《台灣訪問記》，介紹福爾摩沙島的大要，並在歐洲社會引發迴響，在其後的百年之間，舉凡觸及大清管轄的台灣時，多參考該書資料。

　　1771年8月，有匈牙利人M. A. A. G. Benneowsky在俄波戰爭期間，被俄羅斯軍隊俘虜，因脫逃而輾轉來到台灣島東岸，即今秀姑巒溪口附近，並曾與當地先住民發生正面衝突，相關史料被記載於1892年出版之《The Memoirs & Traval of Mauritius Augustus Counte de Bennyowsky》一書。在Benneowsky的台灣經驗中，他偶遇了兩名滯留於該島的西班牙人，在他們的協助下，從今花東附近北上，來到八斗、瑞芳一帶，然後離開台灣前往澳門，再從澳門搭乘法籍船到達法國。翌年（1772）7月，他以台灣的經歷與理解，向法國國王路易十五獻策，提出一套殖民計畫。雖然Benneowsky的台灣殖民計畫一直未受到國王之青睞，但卻刺激了法國社會對台灣的關心與想像，因而有1785年的葛羅西亞《福爾摩沙見聞錄》的出版(?)；或是1809年據聞曾有梅布倫（Mebrun）向法國皇帝拿破崙提供台灣殖民策之思考，不容置疑地，此舉亦可謂是為了替拿破崙的經略歐洲鋪路。而這恐怕也成為1858年清英法天津條約簽訂時，向清廷要求台

灣開港的重要思考源流，更為其後1884年清法之間因安南問題攻占北台灣，預留伏筆。

清法之於北台灣的攻防戰役

1884年6月，因安南發生法軍襲擊駐北黎之清廷守軍，史稱「北黎事件」，亦間接強化清廷之於法國企圖的警戒，乃任命劉銘傳以福建巡撫身分督辦台灣軍務。翌月（7月），在視察雞籠之軍事要塞後，劉銘傳認為應將島內的防務體系分為幾個區塊，包括所謂「前路」的澎湖群島、從曾文溪以南至恆春的「南路」、曾文溪以北至大甲溪之「中路」、大甲溪以北至東北角蘇澳之「北路」，以及所謂後山之「後路」等，分別由水師副將周善初、台灣兵備道劉璈、台灣鎮總兵萬國本、提督曹志忠、副將張兆連等統領，並設大本營於台北，以台北府與台南府做為軍需補給站；此外，又於滬尾港放置水雷與地雷、於打狗港建設要塞、於媽宮港以鎖鍊建構障礙；並透過台灣的社會士紳，在島內各地設置團練，訓練民兵。

法國政府為有效解決法清間於安南的權益紛爭，乃由提督孤拔（Anatole-Amédée-Prosper Courbet）出任司令，另組遠東艦隊，以備不時之需。同年8月，當清法間的談判面臨決裂之際，提督孤拔乃臨危受命，率艦隊赴台，意圖占領基隆附近的煤礦。8月5日，當得知法軍已經登陸，並控制基隆砲台要塞之際，劉銘傳隨即下令破壞基隆煤礦，除了往礦坑灌水之外，更燒掉一萬五千噸的貯煤，意圖破壞法軍之大計。即使法軍一度搶灘成功，並占領市街，但礙於人力有限亦不得不放棄，在援軍到達以前，僅能對基隆港進行長期封鎖。

另一方面，清廷以談判尚未結束，而向國際社會控訴法國逕派兵攻打台灣，乃違背國際慣例。法國方面則要求清廷必須履行解決攸關安南獨立之「李福協定」，並賠款八千萬法郎，即1884年4月17日李鴻章與法國駐北京公使福祿諾於天津，為安南獨立問題所簽訂之協議，或稱「清法會議簡明條款」。然而，兩國之間無法達成共識，以致談判破局，法國駐北京公使福祿諾乃戲逕自離去。孤拔乃再度受命，攻擊福州，並破壞造船局。

然而，即使清廷正式對法宣戰，但法國方面仍採局部性破壞以為上策。

因此，即使孤拔看不出襲擊福州、占領基隆等作為，對位處遙遠北京之清廷而言，可以發揮影響力；但法國政府卻執意以談判模式取得權益，且認為一旦將軍隊撤出，會讓清廷誤以為是法國敗北，因此設法以兩千兵員半永久性占領基隆而不失為上策。

孤拔對於攻占基隆的隱憂在於該地港面狹隘，大型船艦難以停靠，特別是在東北季風時節，波濤險峻異於平常；若欲取台灣，則應先控管澎湖，但整體而言，則需比目前增加三倍兵力。

1884年10月，法軍順利登陸基隆仙洞，接著占領市街，但仍無法有效奪取煤礦地區。而鎮守煤礦地區要衝之獅球嶺守軍，乃中部士紳林朝棟所率之台灣民兵。至於清軍駐守基隆的防衛軍則多被調至滬尾，以保障台北的安全，而一如預期地，法軍在滬尾之戰明顯失利，也給法軍的信心帶來致命一擊，充其量僅能維持「和平封鎖（blocus pacifique）」模式。而遭致「和平封鎖」的區域包括從鵝鑾鼻（Cap Sud）至烏石鼻（D'ome）之沿岸起算5海浬內區域，各國船隻滯留此地者，限三日內須從指定處出航，違者將依國際公法與現行條約處置。

如此一來，此時仰賴兩岸貿易之台灣社會，物資匱乏，物價變得高騰不下。台灣兵備道劉璈曾試圖尋求外援，卻不得要領；而即使清廷曾令南洋艦隊與北洋艦隊救援，終不得法。無奈之餘，清廷僅能委由英籍船隻協助，從台灣東岸運送軍需物資救援。

此一時期，法國的宿敵英國，在遠東地區擁有最大的貿易占有率，並在台灣保有最緊密的通商關係。英國對法國的封鎖行徑倍感不滿，繼而禁止法籍船隻在殖民地香港裝運煤炭或修繕船艦，以為報復。

即使清廷之軍勢不敵法軍，但在長期封鎖戰中，台地的氣候、風土卻讓法軍陷入不利之境。兩個月下來，病死者多數，侵台法軍之可用兵員竟不足千人。結束封鎖已成定局，而從基隆撤退之最後一搏，則是襲擊滬尾，威嚇清廷，然後再占領澎湖，尋求談判籌碼。

1858年3月，法軍攻下獅球嶺之後，再沿五堵、六堵、七堵，然後進

擊滬尾。在河水暴漲的情形下，法軍不再繼續攻入台北府，而把船艦轉向結集於台灣府，直搗澎湖。清廷派駐於澎湖的守備在毫無警戒下，除了兩次零星衝突之外，守備通判鄭膺杰可謂是在未經交戰情況下，便乘船離去，幾乎可以不戰而敗形容。此後，直至清法合約正式簽訂完成，孤拔的軍勢一直有效掌控台灣沿岸與澎湖群島。

第四篇

日治時期的台灣

第一章　明治初期，日本朝野之於台灣的探勘與偵查（1872-1895）

日本南進思考之源流

　　一如前述，1871年12月，琉球船漂流民在台灣慘遭原住民殺害的消息傳至日本。翌年（1872），日本當局隨即派遣兒玉平輔、成富清風、樺山資紀、城島謙藏、水野遵、黑岡季備、福島九成、松野某等，分成幾組，前往台地進行踏查。其中，官拜少佐的樺山資紀把踏查過程的所見所聞，順手筆記在隨身小冊上；而譯官水野遵則於日後以回憶錄形式，把當時的台地體驗口述下來，因此後世得以一窺十九世紀台灣社會之實態。

　　一如前述，「牡丹社事件」的契機成為近代日本南進思考之源流，而位處日本國境南端的台灣，則時而扮演南方鎖鑰、抑或是南方前進基地等不同角色。套用矢野暢氏在《南進の系譜》書中，以「南方關與」一詞概括「南進」相關之一切，以下則試從近代初期日本朝野之於台灣的踏查活動，以表列概要介紹所謂「台灣關與」之源流。

　　依岡部三智雄氏之研究推知，明治初期來台踏查的日本人士，大致可分為三類，即政府軍方與外交人員、實業界人士，以及以媒體記者為主體之知識界人士。而這些人之所以對台灣深感興趣，有些是立基於國家安全之考量，抑或是為尋求商機，以及對海外珍奇異聞之好奇等種種不同的理由。

近代初期來台人士一覽

來台者姓名	滯台年代	任務與事蹟
美代清濯 （軍職）	1879.7-1880.12	在福建廈門蒐集資料，調查台灣社會實態
小澤德平 （軍職）	1886.5-1888.5	以香港為據點，針對包括台灣在內的南清各地，進行視察，並於1888年5月，完成滬尾港市街與兵備圖之繪製 1900-1901年期間，曾任台灣總督府官房副官
東鄉平八郎 （軍職）	1884.10	清法戰爭前後，1884年10月5日率領船艦，靠港淡水，7日則改於基隆下錨，並於翌日與下屬山根武亮上岸，視察戰線 1895年5-11月，曾參與台灣征討
山根武亮 （軍職）	1884.10	1884年10月8日，曾與艦長東鄉平八郎靠港基隆，上岸視察 1885年，曾擔任臨時台灣鐵道隊長，並協助台灣縱貫鐵路的調查，以及島內輕便鐵路之修建
黑田清隆 （軍職）	1885.5	清法戰爭期間，時任內閣顧問的黑田清隆帶領陸軍中尉小澤豁郎、海軍少尉田中綱常、吉井幸藏、相良長綱、倉　靖次郎等人於5月14日登陸淡水，翌日離開轉向基隆，並與小牧昌業、澤八郎、吉井幸藏、倉　靖次郎等人上岸視察後，於16日駛離基隆
安原金次 （軍職）	1888.7-11 1891.4-5 1894.9 1895.1 1895.5-8	1888年7月，以海軍諜報人員身分進入基隆港，並上岸視察 1891年4月，則與七里恭三郎等人來到淡水，調查台北 1894年9月，以甲午戰役作戰大本營「御用掛」身分，調查台灣的地理與兵備狀況 1895年5月-6月，協同樺山資紀總督進入台北城
上野專一 （外事人員）	1890.12.-1891.2	1891年12月20日至1891年2月14日，曾以福州副領事之姿，兩度滯台視察商機
稻垣滿次郎 （外事人員）	1893	1893年，搭乘日本郵船會社所屬「酒田丸」之澳洲首航，回程時途經台灣的打狗、安平，而在南台灣短暫滯留

辻謙之助 （移民會社人員）	1893	1893年，搭乘日本郵船會社所屬「酒田丸」的澳洲首航，回程時途經台灣的打狗、安平，而曾在南台灣短暫滯留
朝比奈正二 （商界）	1873 1895	1873年，曾協助參與奇萊山占領征討 日本領台後，則永住台灣，經營旅館
平委喜壽 （商界）	1886.4-9	與二木友委、岡本錦七、鈴木德一郎等人，受日本「中央茶業組合」本部派遣來台，進行茶業考察
藤江勝太郎 （公職）	1887.7 1888.3 1888.6 1895-1910.11	近代初期，從茶商轉型為茶業技師，多次來台學習製茶技術。其後，又以茶業技師身分，前後在台灣總督府民政局、台灣總督府殖產局安平鎮製茶試驗產等單位任職 1910年3月辭去公職之後，改任日本台灣茶（株）董事兼技師，直至同年11月離職為止
宮里正靜 （公職）	1888.4-6.6	1884年4月任職於鹿兒島縣金久支廳時，曾來台進行糖業考察
波江野吉太郎 （商界）	1894.1 1897	1894年，因友人之建議與邀約，而到台灣去考察製腦事業 1897年，受大谷嘉兵衛延攬，應聘為「台灣貿易會社」職員赴台 1920年，被邀請擔任日台人士合資之「台灣炭業（株）」監察人
松本龜太郎 （商界）	1885.3-11 1886.5-1918.11	1885年，曾以「樂善堂」福州支店長身分，協同黑田清隆等一行，上岸台灣，進行視察 1886年，改以行商身分來台，在淡水一帶尋找商機，並與滬尾的順發號簽定代理合同 1887年5月，因旗下事業中和洋行、大阪洋行之業務所需，而往來台灣與南清兩地，進行貿易 1892年，旗下事業東華洋行，派駐人員在淡水與台北，探尋商機 1895年，甲午戰爭期間以翻譯員身分加入陸軍，其後擔任台灣總督府台北縣財務課長心得、民生局附等職 1896年4月，在北投開設溫泉旅館「松濤園」；1897年，又在該地設立窯場，奠定日後北投陶瓷之發展根基，直至1918年11月病逝止

名倉信敦 （原公職人員）	1888-1889	受台灣巡撫劉銘傳之聘催，在台北城內協助鑿井
七里恭三郎 （軍職）	1889 1891.4 1897-1901	1889年，為協助台北城的鑿井工程，七里恭三郎以翻譯之名，協同名倉信敦、宮匠佐藤甚太郎等人滯台 1891年4月14日至17日，陪同海軍大佐安原金次郎來台訪查，曾於台北、淡水、基隆等地短暫停留 日本治台初期，曾先後擔任首任的台北辨務署、基隆辨務署之署長。由於對基隆市區的基礎建設多所貢獻，1928年基隆仙洞內的最勝寺，設有七里恭三郎的塑像，供人崇敬
門田正經 （報社記者）	1893.4 1896	1893年，搭乘日本郵船會社所屬「酒田丸」的澳洲首航，回程時途經台灣的打狗、安平，而在南台灣短暫停留 1896年，以大阪每日新聞社特派員身分，來台採訪台灣總督府民政廳之開廳儀式，並藉機巡遊台灣

作者整理，參自岡部三智雄氏碩論《日本治台前，來台日人之研究1874-1895》

日本社會「台灣論」的思考邏輯

　　據岡部三智雄氏之研究推知，繼牡丹社事件之後，再次吸引日本社會將目光焦點轉移至台灣的另一關鍵事件，莫過於1885年的「清法戰爭」。一如前述，1885年法軍對北台灣之侵擾，主要源自於清、法之於安南的宗主權之爭；而同一時期，日、清之間則針對各自之於朝鮮的影響力，而互別苗頭。換言之，清廷成為日、法在亞洲問題上共同的交涉對手。

　　原本立場一致的日、法兩國，卻因法國對北台灣之侵擾有延宕趨勢，繼而引發日本之於法國的不信任感。日本的隱憂在於，倘若法國對台灣內藏領土野心，從國家防衛線的角度觀之，則日本的南島之危，恐怕指日可待！不容諱言地，在其後的清、法議和交涉過程中，台灣問題一直都是兩造談判之攻防核心。

　　事實上，日、法間之於台灣的競合關係，造就了東鄉平八郎、黑田清隆等明治要人來台視察清法戰役中滬尾、基隆的交戰狀態。而與其說是戰

技觀摩，倒不如說是監視戰情，更爲適切。

　　1895年日本領台以前，上述這些有台灣踏查經驗者之於台灣社會的問題關心，多著眼於風土、民情，以及清廷的統治策等不同議題上。對於風土、民情等課題，以一言蔽之，台灣的氣候、環境與衛生狀況的確不佳，但仍可以技術性克服，且相較於日本，台灣可謂是物產豐饒、沃野遍地之寶山；至於清廷之於台灣的統治，則因吏治敗壞，建設匱乏，導致民生困頓。而這些台灣體驗心得，亦成爲日後日本之於台灣的領有，未來勢必有可爲之處的重要依據。

　　日本近代初期的台灣經驗者之於台灣社會的認知，亦成爲當時日本社會輿論領袖，如《時事新報》的福澤諭吉、《國民新聞》的德富蘇峰、《日本人》的陸羯南、《東京經濟雜誌》的田口卯吉等人之於「台灣論」思考的參考依據。無論從國家防衛線角度思考「台灣領有論」問題、抑或從力行日本「皇化」思惟切入台灣社會的移民殖產問題，或爲求台灣社會富源之有效開發，而須啓用文明新流之士推動合理化經營等議題，1890年代無論是「條件性認識」或「狀況性發言」，基本上日本社會之於台灣的認識，多著眼於殖產興業的發展潛力上，而這些相關認知勢必與近代初期來台人士的踏查經驗，緊密相結。

　　相對地，套用福澤諭吉之語，台灣的經營方針「單在其土地，島民之有無不置於眼中」。換言之，日本輿論界此時對台灣社會的關心，顯然是無視於島上占多數人口之土著、島民的存在。根據岡部三智雄氏之研究推知，台灣島民與原住民對待日籍人士的態度，基本上還算友善，除非是對方先動手，否則台灣民眾基本上是不會加害於海外人士；至於原住民見到日籍人員，更以「祖先」視之。換言之，這與近代初期來台進行踏查之日籍人士並沒有遭遇太多所謂的民亂或蕃害，明顯有關。

第二章　甲午戰爭與乙未割台

　　1894年朝鮮王國的全羅道地區因農民運動，進而引爆「東學黨之亂」，東學黨人要求朝鮮政府改革時弊，並反對外力干涉朝鮮內政。清、日兩國則依「清日天津條約」，共同出兵朝鮮，意圖協助平亂。當時大權在握的皇后閔氏見狀，連忙與農民代表達成共識，同意全羅道地區農民自治。然而，當反亂結束之後，清、日兩國間在互信不足的情況下，皆無意撤兵，進而引發清日之間的武力衝突，史稱「甲午戰爭」，或「日清戰爭」。

　　自同年（1894）10月日本對清宣戰之後，由於清軍在平壤失利，以及北洋艦隊潰滅，清廷意圖談和，乃求助於列強從中協調。日、清兩國代表曾於翌年（1895）初進行三次會談，皆難以達成共識。此時，日軍已從中國東北轉向台灣，展開攻擊行動。然而，就在第三次會談之後，清廷代表李鴻章從春帆樓的會議現場返回下宿旅館途中，竟遭一名暴漢襲擊負傷。日方為了表示歉意，乃同意清廷要求，即願意馬上無條件停止戰事，但不包括台灣及澎湖群島。

　　在日方所提之和解案中，何以特別要求清廷須割讓台灣及澎湖群島，這主要是來自於日本海軍省之要求。日本海軍的重要成員多來自於舊薩摩藩士族，他們自江戶時期在明君島津齊彬領導下，便抱持著「島嶼志向」，而掌控南中國海咽喉的台灣，不僅是重要的「南方鎖鑰」，更將扮演今後日本「圖南」之飛石，因此非納入日本國家版圖內不可。而當時官拜文部大臣的井上毅也向內閣總理大臣伊藤博文強調，「我們皆知取得朝鮮主權的利點，卻不知占領台灣的重要。（略）台灣鄰接我國沖繩與八重山群島，若台島落入他國掌控，則沖繩諸島的安全將受威脅」，這個思考與明治有識者福澤諭吉的「台灣論」，可謂有異曲同工之處，亦被認為是

明治政府要求割台的有力依據。

　　對於清廷而言，在和解案中被要求割讓包括遼東半島的奉天省南部各地，這是攸關清廷皇室基業，萬萬不可；但對於台澎的割讓，則沒有特別異議。然而，在雙方第五次會談中，清廷代表李鴻章針對台灣之割讓，提出了質疑，包括「台灣絕非易得之地，前年法國征台失敗一事，即為明證。台灣的風浪甚高，且民風十分強悍」、「台灣瘴癘之氣甚重，前番日本征台之際，即曾為其所苦，台灣人大都藉吸食鴉片以怯毒氣之害」。但日方對領台意志已堅，日方代表伊藤博文認為即使該島為難取之地，但日本的海陸軍並不以為意，而台灣社會的鴉片陋習將在日治以後全面被禁絕。而伊藤博文憑著「日本如占領台灣，必會全力禁絕鴉片」的這句話，竟意外地受到英國公益團體「反鴉片協會」的頒獎表揚！

　　此時清廷的總理各國事務衙門懷疑，何以日方堅取台灣，必定是垂涎於該島的天然資源，乃試圖以出讓天然資源開採權，換取領土主權的完整，作為交涉談判之手段。然而，日方則堅決表達倘若再意圖商改約款，故意延遲，則將依停戰款內「和議決裂、此約終止」等相關辦法處理，清廷欲保京城之安全，乃不得不屈服於日方之要求。

　　1895年4月17日，日方代表伊藤博文、陸奧宗光，與清廷代表李鴻章、李經方父子在日本下關的春帆樓，相互簽署日清講和條約，即「馬關條約」。其中，攸關台灣割讓問題事項，則擺放於條約之第二條與第五條，內容如表列。

| 第二條 | 清國將管理下開地方之權，並將該地方所有堡壘軍器工廠及一切屬公物件永遠讓與日本。
一、（略）
二、台灣全島及所有附屬各島嶼
三、澎湖群島即英國格林威治東經百九十度起至百二十度止，及北緯二十三度起至二十四度之間諸島嶼 |
| 第五條 | 本約批准互換之後，限二年之內，日本准清國讓與地方之人民，願遷居讓與地方之外者，任變賣所有產業退去界外，但限滿之後尚未遷徙者，酌宜視為日本臣民
又台灣一省應於本約批准互換後，兩國立即各派大員至台灣，限於本約批准互換後兩個月內交接清楚 |

三國干涉過程中的台灣問題

　　在甲午戰爭的契機下，包括英、美、法、德等在內，列強對台島的野心逐漸顯露出來，台灣之於國際社會形勢險峻。一如前述，自十九世紀中葉以後，位於東亞要衝之地的台灣，繼十六世紀以來，再次成為列強覬覦的目標。從鴉片戰爭、樟腦事件、羅發號事件、清法戰爭等，在在顯露出列強對台灣的野心。

　　而德國的崛起在列強中屬後起之秀，其之於台灣的需求雖起步較晚，然而進行的步閥卻不亞於其他國家。1859年，德國政府便曾試圖以台灣作為其發展東亞的立足點，乃遣地質學者李希霍芬（Ferdinand von Rich-thofen, 1833-1905）前往台灣，考察淡水河兩岸的地質特色；1860年，德籍艦艇亞伯號（Elbe）則在台灣沿岸港灣探勘，與當地原住民爆發武裝衝突。此後，占領台島，殖民台灣則一度成為德國社會重要的討論議題之一。

　　甲午戰爭爆發後，列強隱約察覺日本意圖占領台灣，而英國社會繼1894年10月5日〈倫敦時報〉揭露日本之居心，並提出警訊後，同年10月20日〈觀察家報〉亦做出如下之報導，進而引發列強對台灣的歸屬更形關注。報導中指出，

「根據最近的消息顯示，主和派在北京日漸得勢，他們主張，即使各國調停的提議已被否決，但仍繼續進行議和。目前清廷所提之條件內容雖尚未被證實，但被預期的是保證朝鮮獨立與對日賠款等兩項。然而，日皇的幕僚並不滿意上述的讓步，他們可能會要求割讓台灣。台島面積約一萬四千平方英哩，主要多為馬來語系原住民居住，而清國人亦占其中一部分。台灣與亞洲大陸相隔一百英哩，煤炭礦產藏量豐富，並有大片沃野谷地」。

當日本對台之居心被批露後，法國政府隨即言明，反對日本要求割台，並展現出屆時不惜出兵的強硬態度；而德國內部則提出因應對策，德國駐清公使紳珂（Freiherr Schenk zu Schweinsberg）則向國內政府提議，「倘若甲午戰爭的結果促使列強有機會強占清國土地時，為獲取在遠東之商業據地，建議占領膠州灣或澎湖群島」；英國駐東京之商務代表則送交一份調查員隆福（Joseph H. Longford, 1849-1925）所撰之〈有關台、澎問題之日英關係報告書〉，其內容除了分析台灣問題、強調台島之於英國在戰略位置的重要性之外，亦明言台島之物產可維持七百萬人口存活，以1892-1893年度為例，台島對英屬印度的貿易額超過八十萬英鎊。然而，這些內容並未被英國陸軍情報局所重視。

翌年（1895）2月，德國政府內部針對藉機取得遠東地區之海軍與商業根據地等問題，做出決議，即顧及國際情勢，倘若英、日間不存在任何秘密協定的話，德國的努力目標則是浙江海域附近的舟山群島。翌月（3月），德國政府並向德籍遠東情勢專家李希霍芬教授請益，李希霍芬的想法認為，除非英、奧兩國支持，否則斷然占領台島不僅與日本衝突，更與法國相互嫌隙，且該島沒有可停泊大船之良港，人口密度高，又有強悍原住民，非殖民適地。

至於法國則於翌月（3月），派遣兩艘巡洋艦前往澎湖群島的媽宮（馬公）通報清吏，日本可能會進攻澎湖，屆時可暫時將台灣交付法國，以避開日軍之騷亂，然而這項提議遭致台灣防務幫辦劉永福嚴正拒絕，畢

竟安南事件在前，他對法國並無好感。即使如此，清廷仍意圖藉由法國之
力來阻撓日本，南洋大臣張之洞委託欽差大臣王之春訪歐之際，再次與法
國商談此事。然而，法屬馬達加斯加島發生叛亂，法國政府雖有意出兵卻
無暇他顧，乃派駐清公使婉拒清廷的請託。

　　法國駐清公使A. Gerard在回憶錄《中國使節記（*Ma Mission en
Chine*）》中提及，「總理衙門王大臣等因討回遼東、滿州等地，出現一
絲希望而感到歡喜，至於滿州領土以外，就台灣問題向我方探尋意向時，
僅表達台人不願受日本統治，目前則企圖舉兵反抗。然而，此意向恐有礙
三國干涉還遼之進行，目前僅能明確拒絕」。

　　而當英國政府得知日本將要求清廷割讓台、澎兩地時，英國海軍部與
陸軍情報局的評估都認為，台地的開發較遲，至今尚無良港可用，從戰略
角度觀之，只要不落入其他列強之手，絕不致於成為英國的威脅，且各種
情報顯示，無論法國抑或是德國皆不會且亦無理由干涉台灣。當時英國的
外交部門認為，倘若把台灣割讓給日本，對英國而言，除了增加南中國海
地區艦隊的維修費之外，並無其他損失，因而不打算介入台灣問題。事實
上，英國政府的態度與前一年（1894）「日英通商航海條約」之簽訂，
不無關聯。

　　而清廷為了在馬關條約之割地賠款中設定停損點，1895年3月，乃試
圖以台灣為擔保品向英國貸款，藉此阻止台、澎的割讓，但希望未果。而
馬關條約簽定後，南洋大臣張之洞仍不放棄，乃委派台灣道台姚文棟渡
台，向英方尋求協助。姚文棟密訪英國駐淡水的代理領事L. C. Hopkins，
意圖把台灣交給英國保護，而台地士紳亦主動懇請英國託管台灣，強調
「台灣住民不願接受日本統治，懇請英國政府協助保全，而島上金礦、煤
礦、硫磺、樟腦、茶葉等相關之利權與稅收，均悉交付，以換取英國的保
護」。

　　一如前述，英國已成為日本的盟友，自然不會接受這項請求。然而，
國際間卻不斷有英國即將占領台灣的傳言出現。以故，1895年4月，英國
外相金柏利乃向日本的駐英公使明言，「台灣的歸屬問題的確攸關英國的

利害關係，而經過縝密審議，貴國因戰勝而要求割讓台島，乃明智且合理之做法」；翌月（5月），又訓令英國駐日人員向日方清楚表達「英國絕無占有台灣之意」！

而地處北方的俄羅斯，其利益主要著眼在滿州，對於台島的割讓與否不甚關心。然而，法國政府亦曾思考藉由法德俄三國的共同干涉，要求日本在澎湖群島限制軍備與禁建要塞，藉此興起東亞國際局勢之波瀾。

台灣主權爭議之關鍵

1895年5月4日，就在三國干涉還遼如火如荼地進行之當下，法國突如其來地拋出澎湖群島非要塞化的思考，即有效限制日本在澎湖群島建軍備與設要塞，初起之際德國以時機不對而婉拒，而俄羅斯則表贊同。俄羅斯對於日本擁有台、澎的隱憂在於，恐間接促使澎湖群島成為第二個直布羅陀，這勢必對往來此一區域的船隻與航行權問題，造成重大的影響與威脅。對於俄羅斯的隱憂，德國雖認為那是杞人之憂，但主張若有必要，亦需邀請英國參與討論。然而，眼看法國軍艦美檔號（Beautemps Beaupre）已出現於台灣，並派人與唐景崧巡撫展開磋商，恐其醉翁之意不在酒，最後在俄羅斯的協調下，由三國代表向日本提出台灣海峽公共航路化之要求，主要內容如下：

台灣海峽的航行完全自由化，此應是日本占領澎湖群島之必然結果，並期待日本政府不將此等島嶼讓渡第三國。

日本迫於俄、法、德三國的威嚇，乃於同年（1895）7月提出以下之聲明。

帝國政府承認台灣海峽為各國公共航路，並宣言此海峽非日本國所專有或管轄。帝國政府向各國保證不將台灣及澎湖群島讓予他國。

在三國的壓力下，日本國內輿論之於政府的上述兩項宣言，提出疑異，國會擔心上述的宣言會導致日本之於台、澎領有權無法完整。從國際政治的角度觀之，雖然表面上日本之於兩地的領有權受到三國的制約，的確有法理上的瑕疵，但卻是間接迫使列強正式承認日本之於台灣、澎湖具有領有權之手段。

當三國干涉的機制啓動之際，則引發在菲律賓之西班牙當局的隱憂，開始擔心日本勢力南侵的可能性。西班牙駐日代理公使Don Jose de la Ric-ay Calvo乃與日方洽商領土界線的問題。最後雙方確立以巴士海峽爲界，並於同年（1895）8月發表共同聲明，內容如下：

第一、以通過巴士海峽可航行海面之中央緯度平行線，作爲日本國與西班牙太平洋西岸版圖之國界線。
第二、西班牙政府宣言，不領有此界線以北與以東之諸島。
第三、日本政府宣言，不領有此界線以南與其東南之諸島。

從此之後，紅頭嶼（Botel Tobago）被視爲是台灣的附屬島嶼，而巴士群島（Bashi）則被納入菲律賓版圖。而從台、澎的割讓決議，亦讓國際社會不禁對日本的潛在野望有所忌憚，並重新正視台灣海峽的重要性。

台灣民主國：台灣史上的「住民自決」

1895年3月，清廷即將割讓台灣的風聲，甚囂塵上，民心浮動。同年（1895）4月17日馬關條約正式簽訂，台灣社會部分有力士紳拜訪巡撫唐景崧，謀求解套之道，乃提出能否暫由英國駐台代理領事霍普金斯（L. C. Hopkins）施以信託統治之方案，殊不知此一時期「日英通商航海條約」促使日英之間關係匪淺。而與其求助於英國，不如求助於對台、澎虎視眈眈之法國。一如前述，其後的5月中旬，法國軍艦美檔號（Beautemps Beaupre）出現於台灣，法方人員提出台灣自主獨立之建議，並強調「台能自主，可保護」！

　　1895年5月23日，在台灣士紳邱逢甲、林朝棟、陳儒林等人的發起下，發表「台灣民主國」獨立宣言，擁戴唐景崧爲大總統，並交付「台灣民主國總統之印」，充分展現出台民自決的態勢。「台灣民主國」的出現可謂是馬關條約決議之延長。一群完全不具「民主」概念的人，如何想出以「民主國」之設計，以迫使日本放棄台島？

　　一如前述，南洋大臣張之洞的處理模式，一如其致電北洋大臣李鴻章所說的「不如設法乞援於英俄，餌以商務利益」，即訴諸第三國之干涉，以藉此改變條約中割讓台、澎之規定，亦可謂是清末洋務派官僚典型的外交手段，例如將台灣利權交付列強，或抵押台島以向列強貸款，目的是引發列強因現實利益而插手台灣問題。然而，當張之洞的模式失敗後，台灣民眾乃深刻理解到必須以自己的力量拒日，否則已無轉圜之餘地。

　　根據《張文襄公全集》所載，出使法國之欽差大臣王之春雖無法說服法國直接插手台灣問題，但卻援引西例，以普法之戰後，普魯士索法國之阿爾薩斯（Alsace）及洛林（Lorraine）二省，法不得不應，而西人公論「勒占鄰土，必視百姓從違」，普亦不能駁，如今二省德、法兩籍相參之概念，這使得以台人爲主體，拒日護台的理論層級大爲提高。

　　透過台灣主體性做法，以「台灣民主國」模式來抗拒日本領有台灣，巡府唐景崧的背後，除了現實上受限於士紳民兵的劫留之外，來自恩師張之洞的支持與清廷的默許亦是因素之一，但前述法艦美檔號的承諾，更讓唐巡府吃下了定心丸。然而，一切並不如台島士紳所預期地那般順遂，對巡府唐景崧而言，儘速內渡最爲上策；而透過軍隊、吏員的派遣，在日本之於領有台灣已堅決表態下，列強皆不樂與日本兵戈相向。於是，拒絕日本統治台灣的問題，只能靠台民自己揭竿起義。

第三章　廈門事件與台灣

北守南進策：台灣領有之原意

　　甲午戰爭是源自於朝鮮半島的問題，但何以在領土割讓上，日本會想獲取台灣與澎湖？在戰爭末期兩國試圖和議之際，近代日本的先覺者福澤諭吉乃在《時事新報》上發表〈指命割讓台灣的理由〉，提出一套「台灣領有論」。即從國家防衛線的角度觀之，領有台灣主要是為了保障帝國南門琉球群島的安全，而台島經營的重點則在於島上的殖產潛力，使成為日本過剩人口移殖的去處。

　　台灣總督府首任民政長官水野遵則認為，「台灣占領的原意，與其說是著眼於國防意義，不如說更傾向於島內富源的開發」。在國防上與其說是帝國之屏藩，「應該說是帝國整體中的一項防禦設備，則來得較為貼切，因為單靠台灣是難以成為屏障的」。而依目前的情況觀之，台灣總督府所應著手處理的第一要務，就是開鑿道路、其次是修築鐵路、接著則是港灣的修建疏濬，而在這些公共工程事業基礎上，再循序漸進地去完成其他的相關工作。而無論是順應世界之風潮、或以台灣作為帝國南門之屏障，但亦毋需因而一時棄置工商業於不顧，而非僅限於軍事之所用。

　　或許是受到水野遵思考的影響，台灣總督府第二任總督桂太郎之於對外關係的思考，基本上被歸屬於所謂「南進策」之範疇。1896年（明治29）7月，桂太郎總督曾以他的台灣經驗發表〈台湾統治に関する意見書〉，並把自己之於台灣統治的相關意見提供給日本政府參考。他從台灣的地勢、地利，看到當時仍深陷在不平等條約桎梏中的日本，未來將透過台灣走向國勢伸張的可行性，並進而主張日本的對外方針應走「北守南進」策。畢竟台灣之於東亞的地理位置不僅位處南清，且遠制南洋，因此桂太郎總督在台灣統治相關意見書中，開宗明義地強調，台灣的施設經營

不應僅侷限於島內，更要有明確清楚的對外進取策。

雖然桂太郎總督的結論強調，「台灣的地勢不單僅針對華南，亦是將來往南洋群島伸展羽翼之合宜地點。目前從廈門往南洋出外謀生者已達十萬之眾，而南洋貿易多米穀、雜貨，未來若以台灣為根據地，把政商勢力往南洋延伸，亦非難事」。但不容諱言地，此一時期日本朝野對「南進」的認知，多僅止於海峽對岸的「南清」一帶而已。同年（1896）10月，呼應桂太郎的南進論，甲午戰爭的總參謀長川上操六、上海貿易研究所兼東亞同文書院負責人荒尾精，以及沖繩縣知事奈良原繁等乃連袂赴台，以台灣為據點，共商經營南清之大策。

1898年4月，美西戰爭爆發，美國遠東艦隊司令官Commodore George Dewey奉命伺機攻略菲律賓群島，一旁觀戰的日本艦隊，以支持菲律賓在地獨立軍之情報參謀坂本魯雄為首，乃建議台灣陸軍參謀部亦出兵干涉。然而，以總督兒玉源太郎為首，台灣陸軍參謀部考量了中央軍部之意向後，認為「目前尚非是經略南洋的理想時機」，因而作罷。在此同時，日本則有效迫使清廷同意保證不割讓福建省，讓與或租借給他國，完成了守護台灣政經利權之第一步，台灣的發展腹地在對岸。

當西班牙因美西戰爭而失去菲律賓群島時，德國政府伺機以兩千五百萬披索向西班牙購得太平洋三群島，包括Caroline Islands、Palau Islands、Ratak Chain等。美國占有菲律賓群島，以及德國購買太平洋群島等作為，必定成為今後日本南進發展的阻礙。

德國國王凱薩爾不禁臆測，為了遠東地區的勢力發展，今後德日恐將開戰，屆時必先占領台灣。在凱薩爾國王的認知中，德國以膠州灣為策源地，意圖進窺華北是事實，但思奪日本領下的台灣，以制華南，亦是事實。倘若對日開戰，凱薩爾國王的策略是，「日本必襲我根據地所在之膠州灣，此為明確可見之事，朕思以我東洋艦隊占領台灣，如此可在南方制日本於死命，且對將來欲經略華南時更大有作用」。

而反觀清廷之於甲午戰爭的失敗，亦讓列強看清了大清帝國的實力底線，於是開啟瓜分中國之契機。日本迫使清廷承認福建不割讓宣言，等於

間接確立福建省及其沿海一帶乃日本的勢力圈，以及南門鎖鑰之防衛線。

廈門事件之經緯

　　一如前述，當福建不割讓宣言確立之後，時任台灣總督的兒玉源太郎及其身旁的民政長官後藤新平，開始思索今後的兩岸關係。1899年6月，兒玉總督在其備忘錄〈關於統治台灣的過去與未來〉當中，提出兩大重點：

一、若欲完成南進政策，內需勵行統治，外則盡力睦鄰，盡可能地避開國際爭端，並研究與南清、南洋通商優勢的可行之策。

二、若欲有效統治本島，除了掌控島內與收攬民心之外，亦需注意對岸福建之民情動向。對岸之民心歸向，反映本島民情安篤於否，此乃完成統治目標之方針。

　　1899年春夏之際，中國山東省爆發以「扶清滅洋」為口號的排外民粹運動「義和團事變」，或稱「庚子事變」。翌年（1900），當義和團成員進入直隸時，清廷竟派軍隊聯合義和團圍剿北京的外國使館區，列強乃聯合出兵相互救援，演變成八國聯軍的混亂局面。

　　日本則以保護僑民為由，派遣船艦前往廈門。日本政府的思慮是福建廈門位處台灣對岸，不少反日派台人滯留該地，且亦憂心列強勢力伺機移入，基於南進國是，日本必須在福建地區隨時保有主導權，而一旦有事，必要時則從台灣抽調陸軍部隊前往救援。

　　同年（1900）8月24日，位處廈門的東本願寺被人放火，日軍隨即以保護僑民為由，直接上陸，並知會台灣總督出動軍隊救援。然而，日軍的單獨行動卻引發列強的不滿，英、法、美、俄各國艦艇趕赴廈門，而清廷亦曾派艦艇與守兵前往，展開防範態勢，而與日方對峙。

　　然而，眼見情勢緊張，日本政府乃決議中止占領廈門砲台計畫，亦停止抽調台灣陸軍前往。然而，政府中央的決議卻引發部分南進派人士的不

滿，包括台灣總督府民政長官後藤新平，以及廣瀨武夫海軍中佐、高千穗艦的武井艦長、駐廈門的上野領事等，他們原本想利用東本願寺燒毀事件，獨斷出兵，一舉占領廈門。最後，在南進派扼腕長嘆下，廈門占領計畫乃無疾而終。

第四章　日俄戰爭與台灣

　　甲午戰爭之後，在俄羅斯主導下，俄、德、法三國干涉還遼，導致日俄之間的關係惡化；而清廷的戰敗，亦明顯曝露出大清的弱勢所在，列強開始肆無忌憚地在中國競相擴張勢力，瓜分意圖明顯。1898年，先是德國占領膠州灣；接著，俄羅斯乘勢租借遼東半島的旅順、大連；英國租借了威海衛與九龍半島；法國則租借廣州灣。列強紛紛以租借地為中心，施以鐵路等近代相關工程建設。而此時的美國則忙於合併夏威夷與菲律賓群島，暫時無暇他顧，僅能提出「門戶開放」的呼籲，要求在各國的勢力圈內相互通商。至於日本，眼見俄羅斯竟順利地租借遼東半島，朝野不禁為三國干涉被迫放棄遼東半島而感到忿恨不平。

　　翌年（1900），前述高舉「扶清滅洋」的義和團包圍坐落於北京之外國公使館，而清廷竟與義和團唱和，對列強宣戰，進而引發「八國聯軍」，即包括日本在內的列強聯合軍合力把義和團趕出北京，迫使清廷降伏，簽訂「北京議定書」。清廷支付鉅款賠償，並承認各公使館的治外法權，且同意列強守備隊之駐守。俄羅斯則順勢，實質占領滿州，且有效迫使清廷承認俄羅斯在該地之獨占權益。

　　為了堅守在朝鮮半島的國家防衛線，日本政府憑藉1902年「日英同盟」關係之確立，而大膽要求俄羅斯撤出滿州駐軍，並不惜對俄羅斯開戰。翌年（1903），鑑於俄羅斯不僅沒有從滿州撤兵，反而增加兵員於南滿州以及朝鮮半島北部，日俄雙方乃展開外交折衝，但談判破裂，日本海軍隨即奇襲旅順，日俄戰爭於焉爆發。

台灣史上初次之「戒嚴令」

　　就在此時，原本奉命轉任內務大臣兼文部大臣的台灣總督兒玉源太郎，則暫時留守於台灣總督職務並補正參謀本部次長之空缺。兒玉總督向

台灣社會發出公告，安撫民心。公告內容如下：

目前對俄國之情勢，縱使到了不得不開戰之地步，我政府仍依文明國家之通義，絕不向軍隊以外的民眾徵伕，或增加軍事相關之負擔。各吏員須謹言慎行，固守職責，使一般民眾不生疑懼，各安其業，避免動搖民心。

不容諱言地，日俄開戰的風聲導致台灣社會民情不穩，流言蜚語頻仍，如「台灣可能成為俄羅斯領地，屆時目前通行之銀行券可能化為廢紙」、「俄羅斯人一旦登陸，日本人將被殺盡」等，台灣島內流言、傳聞讓總督府當局警戒，並發出取締通牒。然而，真正令台灣社會感到震撼的，則是俄羅斯波羅的海艦隊已航向東亞的情報，敵艦即將來襲的傳言讓不少日籍人士連忙趕回日本本土避難。1905年4月，日本政府中央發佈敕令第133號，澎湖戒嚴，劃定馬公港及其沿岸為臨戰區域；同年5月，又發佈敕令第160號，台灣戒嚴，劃定台灣全島及其沿海為臨戰區。

根據《台灣總督府警察沿革誌》記載，在日俄交戰前後，台灣島內便民情浮動，流言四起。台灣在地人在心態上多期待日本能在這場戰役中失敗，而其背後則隱含著在地社會傳統思惟之於近代體制所引發的不適與衝突有關，雖有零星的騷擾事件發生，但整體而言仍平穩無礙。

日本當局的隱憂在於，波羅的海艦隊到底是遠出太平洋，抑或是走台灣海峽，先一舉攻下台島，再勇闖日本海，進入海參崴（或稱「浦潮斯德」）？事實上，波羅的海艦隊並沒有攻占台灣，且在對馬海峽被日本的聯合艦隊個個擊破。在有效解除波羅的海艦隊的威脅後，台灣的戒嚴令亦隨之撤廢，台島的社會民心在感嘆日本以小搏大的驚人實力之外，也逐漸恢復平靜。

第五章　近代台灣之於東亞的定位

日美「路特・高平協定」與台灣

雖然日俄戰爭因樸資茅斯條約的簽訂而畫下句點，然而也引發英、美兩國對今後日本在滿州勢力的發展，感到疑懼。1905年，美國社會曾因「亞裔排斥同盟（Asiatic Exclusion League）」而引爆限制日裔移民與排斥日裔學童共學等問題；接著，1906年，美國又與英國聯手要求日本之於滿州地區，必須履行門戶開放與機會均等規範，甚至派人前往滿州，意圖插手滿鐵工程之規劃。這些現象在在顯示美國對日本的滿州經營，抱持忌羨與不安。

為求日美關係的轉圜與圓融，當時的日本外相小村壽太郎乃訓令駐美大使高平小五郎，以太平洋問題為中心，展開對美協商。1908年秋，高平大使乃主動與美國國務卿路特（Elihu Root）會晤，並展開會談，強調日美關係的重要性，並於同年11月，針對日美關於太平洋方面諸問題而簽訂所謂的「路特・高平協定（the Root-Takahira Agreement）」，建立雙方互信機制。

「路特・高平協定」內容共五點，而與台灣相關之內容則被放在其中之第三點，強調「兩國政府決議堅持相互尊重另一方在前述地區（即太平洋區域）所擁有之領土」。美國學者Alfred Whitney Griswold（1906-1963）認為，即使該協定並未把台灣、菲律賓、夏威夷等地名明確標示，僅籠統地定義相互尊重各自在太平洋區域的領土完整，即透過日本承認對美屬菲律賓毫無企圖，來交換美國承認日本在滿州可以行動自如。

「南洋道」構想之緣起

1908年12月，日本帝國議會第25次議會開議中，有議員提出設置「南洋道廳」的構想，意外地引發琉球社會輿論的嚴厲批判而作罷。所謂

「南洋道」構想的緣起，主要是從沖繩縣稅入不足的問題著眼，有識者建議把殖民地台灣與奄美大島等一起納入沖繩縣管轄，以有效減輕沖繩之於日本政府的財政負擔。而之所以覬覦把台灣納入沖繩縣管轄，著眼於台灣的財政價值。事實上，自1904年起，在日俄開戰契機下，日本政府的國庫補助金不再接濟台灣，台灣的財政開始朝往獨立自主的路線發展。因此，當設置「南洋道廳」的構想被提出時，當時的沖繩縣知事奈良原繁則樂觀其成。

事實上，從社會經濟的觀點考量，沖繩人的行動半徑與台灣息息相關。1945年，結束日本在台殖民統治時，有三萬名沖繩人回到本籍地，更有為數不少的沖繩人繼續留在台灣。然而，當設置「南洋道廳」的消息傳出，卻引發沖繩社會的軒然大波。以「琉球新報」為首，發表社論〈台灣直轄論〉，嚴正反對這項做法。翌年（1909）1月，「南洋道」構想計畫乃無疾而終。

到底沖繩社會之於「南洋道」構想的潛在隱憂是什麼？1903年日本舉辦第五屆的內國勸業博覽會，當時在「人類館」展示日本帝國領域內非「大和」文明者，即北海道的蝦夷人、台灣的「生蕃」，以及沖繩人，而引發沖繩人的不滿，即所謂「人類館」事件。換言之，沖繩社會擔心「台灣直轄」的結果，會導致沖繩的殖民地化；但更甚的是，過去沖繩之於日本帝國所扮演的「南門」角色，恐怕會被台灣替代，沖繩社會之於帝國的存在價值，將被日本社會漠視，進而喪失主體性。

現實上，即使台灣之於日本帝國依舊是殖民地，但隨著歲月之推移，近代日本之於台灣的經營卻愈顯重要。台灣總督府第一任民政長官水野遵自詡，台灣之於日本帝國的重要性，猶如和風庭園裡的石燈籠，惟因歲月推移而長出青苔，才能更顯古意與雅致。

另一方面，當1908年台灣之於「南洋道」等相關問題吵得沸沸揚揚之際，事實上，早在一年前的1907年，成立於1898年的文化團體「台灣協會」為因應新時代的來臨，已早一步改組為「東洋協會」。

而無論是「南洋道廳」的設置、抑或是「台灣協會」的改組，以一言

蔽之，其背後皆與1905年日俄戰爭的勝利息息相關，近代日本「與萬國對峙」之夢想指日可待，而日本之於東亞社會的國際地位，則需從台灣之於日本帝國的定位開始，重新佈局。

1897年7月水野遵的民政長官離職之後，仍心繫台灣。如何早日讓日本的本土社會與台地相連，甚至從台灣延伸至南清，更是水野對台灣之於帝國角色扮演的擘劃與理想。離台之後的水野遵乃結合二代總督桂太郎、大倉喜八郎、田川大吉郎、三枝光太郎等幾位台灣經驗者，相互協同組成一文化團體「台灣協會」，意圖成為強化日、台兩地交流之平台，而「台灣協會」亦奠定了日後「東洋協會」發展的根基。換言之，「台灣協會」的成立需歸功於台灣總督府的初代民政長官水野遵。

台灣之於近代日本，甚至東亞社會的定位又是如何？溯本清源，一如前述，水野遵認為「台灣占領之原意，與其說是著眼於國防意義，倒不如是傾向於島內富源之開發」。而「無論是順應世界強權擁有殖民地之風潮、或為了作為帝國南門之屏障，台灣的未來絕非僅供軍事方面之所用，而棄工商業發展於不顧」。

然而，即使水野遵從產業經濟的角度，注意到台灣社會之於海外貿易的潛力，但在日本治台的初起之際，欠缺電信、鐵路、郵遞等近代社會所應具有之軟硬體設施等情況下，社會經濟之大權則掌握於地方商人手中。同時，台灣社會看似商機無限，但商利惠澤卻僅蔽蔭於少數商人，絕大多數民眾仍以農民之身，被勞役剝削。而這種現象得等到第三代民政長官後藤新平來台履薪，推行產業革命，才得以使民眾將藏於土中之銀貨拿出，而在市場流通，台灣之於日本本土的移出入貿易，以及對南清與南洋的轉口貿易乃變得活絡起來。台灣之於近代日本、之於東亞世界的定位，從此扮演資本輸出入中心的角色。

「台灣協會」的成立

根據《台灣協會會報》第1號所載水野遵之演說〈台湾協会の經過に就て〉，內容清楚說明何以水野認為「台灣協會」有其成立之必要。其必

要性無他，主因於日本治台雖滿三年，但水野深感日本本土之於台灣社會的實態，既不關心且一無所知。台、日兩地之間的物產如何搬有運無，甚至懂得透過台灣作為跳板，讓日本商界進軍對岸福州、廈門等地，除了三井物產會社已涉足之外，當時一般日本企業可謂是所知闕如。因此，水野遂主張應該在台、日兩地之間成立「台灣協會」這樣的平台機構，以成為包括赴任官員在內之人流、物流往來互動的橋樑。

不容諱言地，台灣統治上最大困難，莫過於言語的溝通。在水野遵的構想下，「台灣協會」可協助日籍人士習得台語，以方便他們前往台地赴任、或開創事業；同時，亦可透過「台灣會館」之設立，為台灣人子弟或商務人士甫至日本時，提供住宿與相關資訊服務。

根據水野遵之構想，「台灣協會」的存在，是立基於實業層面，而非泛政治面上；至於相關之入會資格，除了有台灣經驗的日方達官顯要外，更希圖台籍士紳能參與其間。

事實上，水野之所以為「台灣協會」的成立積極奔走，與1897年「高野孟矩事件」背後台灣總督府官員所引發之吏治污職有關。三代總督乃木希典來台赴任時，為革新台灣總督府的吏治問題，乃雷厲風行糾舉污職現象，雖立意良善，卻使單純的司法案件演變成政治問題，以當時的民政局長水野遵為首，多位總督府高層都被牽扯在內，甚至引發日本帝國憲法是否適用於台灣社會的爭議。由於在做法上有些部分顯得牽強而不盡情宜，台灣史上初代高等法院法官高野孟矩自己也慘遭被罷免的命運。水野遵本人亦被牽扯其中，而遭致免職處分。

而一如〈設立台灣協會主意書〉之所述，台灣的經營「未得方針定說，眾心范乎」。對一生官途仕運與台灣緊密連結的水野而言，他看到了台灣之於日本帝國的重要性。因此，在〈設立台灣協會主意書〉中強調，「台灣之地也，土壤膏腴，地勢險要，干海干陸，產物豐饒，內足而可給於外，此天放之形勢，可以固近，可以威遠，誠東洋之咽喉，實我南方之富源也」，而這一席話更是一語道破台灣之於東亞、之於日本帝國，其地理位置的重要性。

　　為了讓那些社會多數的「不識所向之輩」，深切理解台灣在軍務、殖產、工業、與對外貿易等層面，之於日本帝國有其絕對正面之意義；又讓台灣社會三百萬民眾能為天皇之盛德謳歌，「台灣協會」有其存在之價值與意義。

「台灣會」與「台灣協會」

　　1897年，以台灣經驗者或關係者為中心，所組成的一個重溫舊情之親睦團體，稱之為「台灣會」，每年聚會一次。而這個構想根據同年（1897）4月16日〈東京朝日新聞〉之所載，「台灣會」的成員多為領台初期便渡航來台的軍人、政治家、學者、實業家、新聞記者等，他們共通點就是擁有篳路藍縷時期之台灣經驗。

　　翌年（1898）3月5日，「台灣會」部分成員則提議應成立一個拓殖經營之相關諮詢機構。透過成立一個「拓殖經營上可資之機構」的建議，進而衍生出設立一個超越總督府台灣統治而能扮演協助角色之團體，而這個提案隨即受到在場多數人士贊同，並當場選出了創立委員，包括水野遵、大倉喜八郎、三枝光太郎、田川大吉郎、加藤政之助、野村政明等人。但因水野遵自領台以來，便任職於總督府，可謂是最通曉台灣情事者，眾人乃決議在新設機關中，委請水野扮演總幹事之類的推動者角色。

　　事實上，當時以台灣為名之民間團體，除了前述的「台灣會」之外，另有兩個以「台灣協會」為名的團體：一為1897年10月成立，以滯台日本人官民有志者等為主體，為促進台灣與日本本土氣脈相連而成立的「台灣協會」，但從未舉辦過任何一場活動；另一則是以有台灣經驗，抑或是曾在大清留學者為中心，透過以政事或學術角度研究台灣為目的而設立的「台灣協會」，雖號稱有百人會員，但亦從未舉辦過任何活動。

　　而前述為求「拓殖經營上可資之機構」的「台灣協會」設立之議發起時，既存之兩個「台灣協會」乃協同合流。1898年4月2日，則依前述決議而有了日後眾所周知之「台灣協會」的成立；並於同年7月19日，在評議會中，眾人推舉桂太郎為創會會長。桂會長出身軍職，其背後意圖與所象徵之意義，則是凸顯台灣協會的存在是跳脫「泛政治」化之框架。

　　而協會基礎的鞏固與否，端賴資金取得之有無。為有效取得資金奧援，首要之務莫過於尋求實業家之援助。1899年，桂太郎會長以陸軍大臣身分前往日本關西地區，在巡察各新設師團之餘，亦分別出席「台灣協會」大阪支部、神戶支部、京都支部、名古屋支部成立大會。不同於台灣支部是以闡揚台灣社會實態為要務，日本本土各地支部的角色扮演，則是以向實業家爭取資金奧援為目的。很明顯地，「台灣協會」透過日本本土京濱、關西、名古屋等財經界，有效結構出一套協助與支援體系。換言之，桂會長除了向東京、橫濱的紳商尋求資金奧援外，更要求台灣當地財經界人士配合相關資訊的提供。

　　換言之，「台灣協會」的自我定位在於結合政治界、財經界人脈，協助日本殖民地擴張政策有效發展與推進之政府外圍團體。因此，該協會存立之課題聚焦於理解台灣、促進台日交流、支援台地殖民經營，包括培育殖民地經營之優秀人才、蒐集有益情報，以及向日本本土社會傳達台灣之於日本帝國的價值與重要性等。

　　根據「台灣協會立趣書」內容顯示，「台灣協會」的成立趣旨有二：

　　(1)台灣在地理上之便利性以及資源上能否被有效運用，與日本帝國之國益增進緊密連結。換言之，台灣經營之成就與否，將左右日本帝國未來的發展。

　　(2)經濟發展是台灣經營的要件之一，因此配合經濟發展的環境整備則成為台灣協會所追求之重要目標。台灣協會不能固步自封，而必須與台灣總督府之政策目標相互協調。

　　1899年5月28日，「台灣協會」召開第一次總會，出席人數超過三百人。當時的會員人數共一千四百一十人，而台灣支部便占了半數以上之七百三十二人。當時協會為了招募會員，在台灣當地如何地強勢推廣，可見一斑；同時，從名譽會員名單中，清一色是首相經驗者、歷任台灣總督、政界大員等，其背後意圖掃除日本大眾普遍認為領有台灣是「無用」

的刻板印象，平息批判政府領有台灣之雜音。

台灣協會之立意與相關施設

「台灣協會」正式成立以後，1899年4月10日〈大阪每日新聞〉登載一篇題爲〈台灣協會の施設〉的評論，展現出日本本土對「台灣協會」存在之需求與期待。評論中強調，日本本土之於台灣的理解，多數時候都陷入謬誤印象，因此眼前之急務有三：一、透過《台灣協會會報》正確介紹台灣社會風土、人情實態；二、應投台灣產業之所需與民衆之所好，蒐集日本本土商品轉賣台地；三、爲求兩地民衆相互往來利便，除了在兩地設置支部，提供正確資訊之外，更應設置如「台灣會館」等機構，方便滯日台人住宿所用；另外，除了發行會報，亦應經常召開講談會，向會員介紹台灣在地之現況，蒐集台灣相關書籍，提供彼找參考；對滯日的台籍留學生負起輔導與補助之責，以協助彼等知識之開拓。

依該協會「規約」之所記，「台灣協會」成立之目的，即規約第一條「裨補台灣之經營」，而其前提則是「闡發台灣之真相」，啓蒙日本人之於台灣的認識。因此，該會之定期刊物《台灣協會會報》則成爲提供台灣情報的重要參考資料，特別是針對經濟相關訊息。

「台灣協會」委請擁有東京帝大文學士背景的河合弘民擔任《台灣協會會報》編輯主任，協會成員對《會報》之於協會的深切期待，可見一般。該會報具有以下兩項特質：

(1)是傳達台灣相關情報的媒體，內容多以評論或產業介紹爲重。在台灣開發問題上，展現高度關心。

(2)會報執筆者多爲台灣總督府或台灣銀行等吏員或官僚，他們透過文筆傳達行政機構之問題認知與見解，該會報乃成爲台灣總督府問題思考的傳聲筒。

而從該會報所刊載內容分析，顯見「台灣協會」與其說是一民間團體，倒不如說是台灣總督府的外圍團體或御用團體比較接近事實。

1898年12月13日，獲得協會本部同意在台設置支部，而台灣支部之任務與東京本部相同，皆以闡揚台灣社會之實態爲要務。翌年（1899）

1月29日，「台灣協會」台灣支部成立，除了支部長後藤新平、幹事長石塚英藏，幹事木村匡等五名之外，另有一般會員加入，總數超過六百一十四名。

　　當然，對於台灣協會在台支部之成立，台灣社會亦寄予厚望。早在該年（1898）11月13日，〈台灣日日新報〉上便出現一篇評論，題為〈台灣協會支部設置に付〉，內容強調「台灣協會」存在之目的，不僅在政治上有其正面意義，對於台灣經營亦有其可資仰賴之處。因此，在台灣本地設置支部，對於該協會成立之終極目標，更能發揮強化推進之效果，特別是對於台地經營所需之資訊調查、蒐集台灣社會相關之無稽荒唐等謠言蜚語，藉以啓迪日本本土官民，俾使「台灣協會」的決議能成為台灣社會政治興論之代表。

「台灣協會學校」之創設與立意

　　鑑於日本治台初期，可用人才不足，而在台灣社會曾引發一些不必要的混亂與摩擦。在桂太郎會長的認知中，考慮台灣經營未來的發展方向，勢必會與南清之思考連結在一起，因此第一要務莫過於殖民地相關人才的養成。而桂會長的想法，也為「台灣協會」日後的事業發展，提供了清楚的面向，畢竟當時在台任職的官員欠缺熟練、誠實、嚴正之輩等問題，是有目共睹的；而試圖活躍於台灣社會的滯台日本商人，多為欠缺經驗與資本之徒，充其量不過是所謂的有志家或壯士罷了，他們的商法拙劣，屢屢錯失商機，基本上這些人是無法真正進入商人的行列。

　　而殖民地經營人才的養成，與其說是為了將來，不如說是現階段當前之急務。領台初期，台灣總督府所屬官僚之不正，以及素行不良而渡航台地之日人等，皆成為當時日本在台殖民經營困頓之要因。而無論是吏員或商民，滯台日人的共同特徵，就是無法有效使用台灣語。這也是長久以來水野遵幹事長不斷強調的，語言教育之於台灣經營的必要性。「台灣協會」規約第二條第五項有「彼我言語練習ノ便ヲ図ル事（促進台日民眾彼我語言練習之機會）」，即水野遵思考之體現。

　　1899年4月11日，在該協會的京都支部成立大會上，水野遵發表了設

置學校與教習台灣語之必要性等相關言論；而同年（1899）5月28日，召開「台灣協會」第一次總會時，水野遵再次重申自己之於設置殖民學校，教以台灣語的想法。身為幹事長的水野遵，其思考方針自然成為該協會運作執行的目標，這亦造就翌年（1900）5月26日，在「台灣協會」第二次總會席上，「台灣協會學校」設立具體案的成形。然而，主張設置「台灣協會學校」教習日本官民台灣語的水野遵，卻壯志未酬，在協會學校創立前夕，1900年6月15日因病過世。

「台灣協會學校」仍按照既定計畫，於同年9月15日舉行開學式，而該校即今「拓殖大學」的前身。顯見「台灣協會」之於日本近代史的另一角色扮演，即擔負殖民地經營人才養成之重責。

根據「台灣協會學校設立趣意書」之所載，「（略）台灣之地西控支那大陸，南望南洋諸島，不獨是通商貿易的策源地，其陸所產、其海所藏，若能開乎，則內養三百萬眾，外足充四鄰之需，真可謂是帝國重鎮、南方寶庫，惟其地接熱帶，不獨氣候風土，習俗言語亦異，（略）苟投此裡，從公私之業，欲全新領土經營之功，開發天惠富源，則非先通其語言，諳其事情不可（略）」，而基於前述理由，因此「設立台灣協會學校，培養經營新領土所需之往邁敢為之人才，彼我交情能潤和便安，以裨補殖產興業之發展」。由此推知，「台灣協會學校」的辦學內涵，主要著眼於定期培養可前往「外地」活動之人才，而活動的舞台更意圖從台灣延展至南清地方。

換言之，「台灣協會學校」的成立，可謂是近代日本「南進論」思考之落實，亦為日後「大正南進期」奠定基礎。依「台灣協會學校」規則第一條「本校ハ台湾及南清地方ニ於テ公私ノ業務ニ從事スルニ必要ナル學術ヲ授クルヲ目的トス」之所記，開宗明義強調，這所學校是為了俾使日籍人士能在「外地」活動之目的下，所設的專門教育機構。

該校的修業年限三年，在課程內涵中以語學最為重視，包括台灣語、清國官語、英語等語言之修習，便占了半數以上時段。其中，又以台灣語之修習最為重要，無論是行政科或實業科，皆為各年級學生必修課程之

一。換言之，將來可能派駐人員在台灣或南清地區活動之思考，一直存於主事者的腦海裡。

　　1900年第一批學生百名，是由一百八十多名募集者中篩選而來的。同年9月15日，在日本東京麴町區富士見町之臨時校舍舉行開校式時，兼任協會學校校長的桂太郎會長在新生訓辭中亦特別強調，他期待學生諸君畢業之後能活躍於台灣或南清地方，因此除了要有堅定之志望、足夠之學問外，更要有強健的體魄。

　　重點是不僅桂太郎會長，其他台灣關係者亦多把問題意識放在「台灣及南清地方」。換言之，從時人的眼界觀之，「台灣協會學校」的成立是為了有效拓展台灣，以及南清地方的市場，因而有人才培育之需求。由此推之，該校亦可謂是時人「南進」思考的具體展現。同年12月18日，當時的民政長官後藤新平在東京港區芝的紅葉館接受該協會款待時，亦強調人才養成問題乃總督府當前之急務。

　　在官立學校設置計畫尚未成形之際，對公私業務等相關人才的需求，總督府愈益仰賴「台灣協會」的人才助成，台灣總督府對協會學校寄予厚望，可見一般。而這也是何以該校的「入學誓約書」中，學員必須同意簽署畢業後永久從事台灣與南清地方之勤務的理由。

　　根據1903年「台灣協會學校」第一屆畢業生就職彙報顯示，已就職校友中，多數皆任職於台灣總督府，並擔任各廳雇員，而其餘者亦多在跨日、台、清等地之民營機構服務。換言之，當初「台灣協會學校」成立之目的著眼於「候補台灣總督府文官實缺，若有不願文官者，即聽隨意，或在台灣，或前往清國南方，買賣貿易，從事實業亦可，故在校學習之學術，是官商均為其用也」等設校宗旨，已被具體落實。

　　1902年11月1日，「台灣協會學校」有了自己的校舍。「台灣協會」向日本政府租借位於東京小石川區茗荷谷町三十二、三十三番地的五千坪土地，並由與台灣近代史有深厚淵源的愛國商社「大倉組」接手動工，完成校舍興建。1903年3月27日，依勅令「專門學校令」之公告，「台灣協會學校」被認可為專門學校。翌年（1904）4月，「台灣協會學校」乃改

名爲「台灣協會專門學校」。

　　1904年2月日俄戰爭爆發，因戰爭舞台位於清土，日本陸軍省極需覓得能通曉清國語（北京官話）人才，「台灣協會專門學校」所訓練之校友，隨即找到了用武之地。自此以後，該校乃與「戰爭協力」結下了不解之緣。「台灣協會專門學校」的校友與學生中，有不少是以通譯官身分，隨軍出征。爲了配合戰爭需求，1904年4月，「台灣協會專門學校」乃修訂學則，在現行的二十七條之外，又追加第二十八條「在学中戰時に於て陸海軍兵役以外の軍務に從事する者は其間休学することを得」，即在學期間，從事陸海軍兵役以外等軍務活動者，亦得以辦理休學。

日俄戰爭與「東洋協會」

　　伴隨日俄戰爭的勝利，遼東半島變成日本租借地，即所謂的「關東州」，而朝鮮半島則成爲日本帝國主義下的保護國，日本殖民地經營的範圍一舉擴大至亞洲大陸。因此，「台灣協會」的活動區間亦從台灣跨到海峽的對岸，協會名稱及其實質內容逐漸變得名實不符。

　　有鑑於此，1906年12月，在會長桂太郎的主導下，決議重新調整「台灣協會」名稱，並於翌1907年2月，把協會名稱修訂爲「東洋協會」；而原機關誌《台灣協會會報》改稱爲《東洋時報》；至於原「台灣協會專門學校」，亦改名爲「東洋協會專門學校」。其後，1909年創刊之《台灣時報》，乃成爲「東洋協會」台灣支部的機關誌。

　　何以把「台灣協會」改名爲「東洋協會」？而「東洋（the Orient）」又是什麼？簡言之，所謂「東洋」是相對於西洋的一個概念，主要區域含括中東地區、中亞細亞，以及東亞等地區。各種跡象顯示，「東洋協會」改名後不久，便成爲那些走大陸路線人們的一個期盼。援引近代日本政治家原敬的說法，畢竟移民事務是難以與通商事務切割處理的！

　　一如前述，日俄戰後日本如願以償地取得遼東半島租借權，並成爲韓國的保護國。日本帝國的海外進出一改過去「南進」之思考，而開始朝往亞洲大陸拓展。值此之際，「台灣協會」的事業內容因應時代氛圍乃有變

更，而協會組織亦隨之改組。換言之，協會本身不能僅自限於台灣經營人才之培育，而必須更進一步，把殖民地經營人才送往朝鮮半島、遼東半島等地發展。

包括當時的媒體人竹越與三郎在內，明治時期自由主義經濟論者如田口卯吉等人多主張，國家之於資源與財富的取得，應立基於貿易或移民等手段。換言之，既然已取得遼東半島租界權，「東洋協會」的事業發展自然與日本的大陸經營難以割捨。即使套用竹越與三郎之說法，今後日本將從「日本人的日本」或「東洋的日本」，朝往「世界的日本」豹變，然而此一時期「南進」的概念幾乎是不見於南洋地區，而僅一味地朝往南清一帶發展。更甚的是，「台灣協會」在日俄戰後轉型為「東洋協會」，雖說該協會是體現日本社會南方意識的文化團體，但以竹越為例，其之於南方的思考卻是跨越了南洋的範疇，而朝往中南美洲方向發展。

由於社會一般對「東洋協會」的大陸進出寄予期待，「東洋協會」改名之同年（1907）6月，在京城新設韓國支部、在旅順另設滿州支部；接著，同（1907）10月，更在京城創立「東洋協會專門學校」京城分校。而實業家團體「滿韓起業同志會」亦主動解散，原有的300名會員則集體加入「東洋協會」。在〈東洋協會定款〉中明定「東洋協會」存在之目的，即「本会ハ東洋ニ於ケル平和文明ノ事業ヲ裨補シ台湾、朝鮮及満州其他東洋ニ於ケル各般ノ事項ヲ講究シ共同ノ福利ヲ增進スルヲ以テ目的トス」，「東洋協會」存在之目的是為求東洋地區的和平與文明，謀取共同福祉，即使該協會之事業範圍，因應時局變化，而朝往台灣以外地區擴展，但原「台灣協會」事業重點之一的「人才育成」，不僅沒有因而改變，反而變得更為重要。換言之，在「台灣協會」時期便力主該協會必須辦理殖民學校，培育殖民地經營人才的水野遵，其高瞻遠見，已為其後日本的海外擴張預做準備。

以近代史角度觀之，非白人國家而擁有海外殖民地；且試圖以半殖民地國家而有效管理殖民地，日本之於台灣社會的殖民統治，乃人類史上之首例。草創之際的明治日本，百廢待興，經營台灣所帶來的財政負擔與人

員生命之付出，來自國內社會的批判目光，以及海外世界的冷眼態度，迫使明治政府必須與台灣總督府共同面對。明治政府應如何對處從甲午戰爭所獲取之「戰利品」台灣？又如何啓蒙日本本土社會，俾使國民大眾有效理解台灣之於日本帝國在東亞的重要性，在在攸關明治日本之於國際社會的地位能否提升。依水野遵之所見，這將影響明治日本的國家形象，只許成功，由不得失敗，不僅水野遵成爲擘畫台灣未來的第一人，亦成爲「台灣協會」所背負的時代使命。

第六章　歐洲戰爭與台灣

南進論：台灣經營策的思考原點

　　所謂的「南進論」，根據日本外交辭典之定義，基本上是從外交思考的觀點，把南洋置於日本國家利益圈之內，以促使日本的南洋進出能合理化解釋。而這個概念在1935年以後，更成為日本外交的主流思考。然而，自明治政府成立以來，「北進論」與「南進論」之間，即不斷處於相互消長的對立關係中。

　　1874年的「台灣出兵」，台灣史上稱之為「牡丹社事件」，可謂是自幕末開國以來，日本具體落實「南進論」思考的一個開始。「台灣出兵」的最大利點，不外乎是得以名正言順地把琉球群島納入日本帝國的版圖內，有效完成「琉球處分」作業。從國家防衛線角度觀之，即使當時日本國內社會的目光焦點多放在「北進論」問題上，但在具體行動的部分，如枝葉般不足微道的「南進論」，卻比「北進論」早先一步地被落實。

　　一如前述，因「北進論」思考所引發的日清甲午戰爭，最後雙方所簽署的馬關條約，卻促使日本獲取史上第一個海外殖民地台灣，也進而為日後朝往「南進論」終極目標南洋拓殖過程中，找到了跳板。相對地，與「北進論」思考密切關聯的遼東半島問題，卻因俄、德、法的「三國干涉」，迫使明治政府無法如願以償，而須教育國民臥薪嘗膽，忍辱負重。

　　即使得到殖民地台灣，「南進論」思考卻有西進趨勢，即逐漸朝往南清方向發展。誠如研究近代日本海外發展史的入江寅次之所嘆，明治中期以後，日本社會對南方的關心明顯衰退，「南進論」思考甚至一度消聲匿跡。特別是在歷經日俄戰爭慘勝，日本社會「國權論」思想高漲的階段，針對國家防衛線之拓展，重新帶動起對「北進論」思考的關注，而日本政府的南方志向則必須等到1940年以後，才付諸行動。

　　不容置疑地，在民間經濟的需求下，近代日本社會一直存有強烈的南方意識。首波的南進風潮出現於1880年代，在民間自主的移民事業與南洋探險等潮流下，日本社會充斥著各種南洋相關的情報與訊息。而這一股對南方發展的期待，具體展現於創辦《東京經濟雜誌》的田口卯吉身上。1868年明治維新之後，明治政府為了把傳統封建家臣團解體，以農耕地授與的方式，試圖解決舊士族的經濟困境，稱為「士族授產」。1890年，田口乃從「士族授產」的角度思考日本之於南洋諸島開發殖民地的必要性，進而成立「南島商會」，充分展現出明治時期部分有識者對南洋地區與移殖民事業關注的態勢。同時，這股南方熱的風潮與移民事業之興盛，亦一度促使外務省因而特別增設「移民課」處之。

大正南進期與「台灣同化會」

　　1914年歐戰爆發，或稱「第一次世界大戰」，歐洲社會陷入英、法、俄與德國交戰的狀態。值此之際，來自歐洲的生產訂單造就亞洲經濟一股前所未有的好景氣；同時，亦成為美國與日本之於亞洲大陸經濟角力的肇始。

　　當日本的資本勢力意圖利用歐洲國家之於亞洲市場無暇他顧，乘虛進入中國市場，殖民地台灣在經濟面扮演南方前進的基地。一如前述，歐戰活絡了亞洲社會的經濟景氣，為了有效取得原物料，日本社會再次從經濟的考量出發，社會上下瀰漫著一股「南進」熱潮。以進出南洋地區為目標，造就出所謂「大正南進期」的時代。

　　另一方面，同年（1914）12月，日本自由民權派人士板垣退助赴台，協同台籍士紳林獻堂等組織「台灣同化會」。「台灣同化會」成立宗旨在於團結亞洲人以抗衡歐美列強，而團結的首要莫過於推動日中親善，位於帝國南門鎖鑰之台灣，則扮演日中親善的平台角色。「台灣同化會」意圖透過「渾然融合」的同化主義，推進台日間之相互親和，以有效解除殖民當局對台籍人士的差別意識。而從「台灣同化會」的角度觀之，台灣的經營統治不僅是向世界展現日本殖民經營的能耐，更是今後日中關係離

合與否的重要關鍵。

　　此一時期在一股「南へ」等「往南前進」的社會氛圍下，另一個象徵性社團於焉成立，即創立於1915年的「南洋協會」，而這個協會一如往例，以「文化團體」之模式，意圖擔負起日本帝國南進的先鋒。而協會成員多與前述「東洋協會」成員重疊，更不乏台灣經驗者，顯見台灣社會在這股「大正南進期」的風潮中，扮演中流砥柱的角色。

　　1915年1月，日本為了強化其之於滿蒙的特殊權益，以及伺機有效承繼德國在山東之權益，乃向當時中國北洋政府代表袁世凱提出二十一條要求。其中，第5號第六項之內容則間接涉及台灣，主要條文如下：有鑑於與台灣的關係以及福建不割讓的約定，福建省之鐵路、礦山、港灣等設備（含造船廠），若需要外國資本時，須先與日本協議。值此之際，即使歐洲各國對日方之行徑感到不滿與猜忌，但戰事當前，唯美國可在遠東地區有效牽制日本的勢力膨脹。

　　1918年，面對歐戰結束後受到西方世界「民族自決」與「民本主義」思潮的影響，順應世界趨勢，不僅是日本本土的問題，更成為日本社會之於殖民統治策所必須嚴正思考的課題，同年（1918）9月，日本近代史上首次的政黨內閣成立。接著，1919年3月，日本統治下的朝鮮半島爆發「三一獨立萬歲事件」，迫使帝國政府必須修訂殖民地統治體制，同年，首位文官總督田健治郎赴台履薪，在「一視同仁」、「內台融合」等兩大方針下，試從地方制度之改革、內地法律沿用的認定、內台人「共學」教育之推動、台灣人官吏任用辦法的制訂，以及內台人「共婚」之倡議等，漸進式地啟動「內地延長」路線的機制。翌年（1920），台灣總督府亦在台推動台灣地方行政制度之改革。1921年，台灣人社群乃伺機運作「台灣議會設置請願運動」，試圖在日本帝國的殖民體制下，為族群權益尋求一條活路。

「東洋協會」與台灣

　　一如前述，1898年7月「台灣協會」成立，該協會從原本是台灣殖民

事業奧援角色之扮演，曾幾何時，逐漸轉型成會長桂太郎個人的政治基盤。伴隨歲月的推移，「台灣協會」轉型成「東洋協會」，而「東洋協會」是繼「台灣會」、「台灣協會」所衍生出的社團組織，透過亞洲相關之市場與資源等情報提供，而發展成政界派閥團體，甚至意圖左右日本政府的外交方針。在近代日本各種別具區域特質的社團組織中，「東洋協會」則因桂太郎與其後之後藤新平二人皆曾擔任過協會會長，而較其他同時期的文化團體，更具影響力。

「台灣協會」的思考傳承

「台灣協會」成立的初始之際，乍看下似乎是爲桂太郎之政治生命所量身打造的，但一如前述，幕後眞正的推手則是台灣總督府初代民政長官水野遵。水野遵原本屬意由大隈重信或西鄉從道擔任會長，桂太郎出任副會長，但最後鑑於1896年桂太郎曾擔任台灣總督（6.2-10.14），乃推舉桂太郎出任會長，自己則任總幹事一職。

「台灣協會」憑藉桂太郎與水野遵二人之名號，召募不少政商名流入會，其中亦不乏台灣經驗者或是水野遵在舊尾張藩之同鄉參與其中。1900年，水野遵在少壯之年過世，「台灣協會」的運作則落入桂太郎的全權掌控下，而日後「東洋協會」的營運特質，可謂是在桂太郎會長領導下，以資訊提供與政治活動而逐漸成型。

或許是受到水野遵的思考所影響，基本上桂太郎的對外思惟亦被歸屬於南進策之範疇。1896年桂太郎曾以他的台灣經驗發表〈台湾統治に関する意見書（台灣統治相關意見書）〉提供明治政府參考，一如前述，他從台灣的地勢、地利，看到當時仍深陷不平等條約桎梏的日本，未來將透過台灣而走向國勢伸張的可行性，進而主張對外方針應走「北守南進」策。畢竟台灣之於東亞的地理位置不僅*對處南清*，且*遠制南洋*，因此桂太郎的〈台湾統治に関する意見書〉開宗明義強調，台灣的施設經營不應僅侷限於島內，更要確立清楚的對外進取策。桂太郎之於台灣經營的思考，日後則有效落實於「東洋協會」的發展上。

而長久以來，日本的殖民事業並沒有投注資金在殖民地官僚人員之訓

練。殖民地官僚的人才來源，多數是出自於內務省官員，而他們多被賦予較高位階之職務；另外，則是一些具警務背景者。然而，二者之共通特徵，即多爲欠缺殖民事務訓練者。

台灣經驗者與「東洋協會」

　　1919年，第二任會長小松原英太郎過世，經由幾位幹事相互討論後，決議推舉曾任台灣總督府民政長官的後藤新平，擔任協會會長之職，而後藤亦欣然接受此項任務，並隨即指派水野鍊太郎擔任副手、永田秀次郎擔任總幹事。

　　後藤新平與水野鍊太郎、永田秀次郎等所結構出的三角陣容，促使「東洋協會」在1920年代遠超越其他文化團體，在政界具有相對影響力。畢竟，1920年代後藤新平與水野鍊太郎皆有入閣的經驗；而永田秀次郎則連續兩屆擔任東京市長，並在議會中擁有席次，因此在後藤新平會長時期造就了「東洋協會」的鼎盛期。

　　事實上，從1910年代後期乃至1920年代，後藤新平曾與同時期的田健次郎被公認是最具有實權的政務官僚與政治人物，即使二人最後皆沒能成爲總理大臣。而後藤習以文化性社團如「東洋協會」、「日露協會」等文化團體，有效掩飾其政治面向，並透過《東洋協會》月刊、《東洋》雜誌等，有效成爲自己之於對外思考的後盾。

　　1920年代後藤新平藉由個人魅力，以及文化團體之平台，在首相加藤友三郎認可下，不顧周遭反對，而與蘇聯代表越飛（Adolf Abramovich Joffe）進行交涉。透過「日露協會」與「東洋協會」等團體針對各種負面批判，扮演緩衝與靠山等角色。

　　但就整體而言，後藤新平與文化團體的關係亦非僅呈現一言堂局面，例如農學者東鄉實便經常會在「東洋協會」的出版刊物上發表高見，而他亦可謂是在殖民統治問題上，少數主張台灣人自治的一位。

　　後藤新平希圖以其個人影響力，提升「東洋協會」的能量。例如，利用糖業公會資金補助拓殖大學之營運；或從台灣總督府獲得金源，資助相關特殊研究；抑或是邀請田健治郎、石塚英藏、內田嘉吉等人到自己家

裡，大談自己在對外關係上的遠大理想，尋求有力者的支持與協助，而這些人不乏台灣經驗者。

事實上，田健治郎、內田嘉吉等，既是「東洋協會」會員，同時亦身兼另一文化團體「南洋協會」之會長與副會長。依加拿大UBC亞洲研究所韓裔學者Hyung Gu, Lynn氏之所見，內田嘉吉則因加入「東洋協會」與「南洋協會」而得以與後藤新平、田健治郎等人接觸，亦獲得機會擔任台灣總督府民政長官一職，甚至成為總督。換言之，近代日本有一部分的政務官僚是透過文化團體之參與，而獲取職務升遷的機會。

拓殖大學

過去提拔過桂太郎與後藤新平的兒玉源太郎，強烈主倡應把台灣建設成通往南清、南洋之門戶。桂太郎更明白應培訓能在台灣或亞洲工作之人才，以促進殖民機構之運作與南方貿易的推展。而更重要的是，需要有一批概念清楚的人員，有效規劃未來之施策方針，畢竟台灣被視為是通往南清、南洋的門戶。

「東洋協會」所創之拓殖大學，是源自於1900年的「台灣協會學校」，該校成立之宗旨在於以培訓能在外地或亞洲地區服務之人員為目標。一如前述，這項思考源起於水野遵，而水野的思考源流則是仿效英國之於印度的殖民統治。在印度的英國殖民官僚皆須先受為期兩年的印度語訓練，以及兩年印度相關情事的學習。

其後，「台灣協會學校」轉型為「東洋協會專門學校」，除了培育人才，以提供外地或亞洲其他區域之所用外，同時亦提供亞洲地區非政府部門所需之各類資訊情報。而該校之課程內容，除了授以台灣語、朝鮮語、北京語、英語、俄語、荷蘭語、馬來語等語言習作之外，亦教授國際法、憲法、商業法、經濟、統計、商業、殖民方針、古語、寫作、亞洲史、數學等各類學科。該校成立之後，前三十年期間，曾招聘不少知名教授前往授課。其中，台灣語任課教師謝介石，日後則擔任滿洲國外交部長，他亦可謂是日治時期台灣人中之最高官職者。

1919年4月，後藤新平繼桂太郎與小松原英太郎之後，成為該校第三

任校長。1922年，該校則獲得文部省認可，把原「東洋協會專門學校」轉型成「拓殖大學」。換言之，最初始的「台灣協會學校」經幾度改制後，在後藤新平時期轉型成「拓殖大學」。

「拓殖大學」的成立宗旨，承襲過去「台灣協會學校」，即戰前日本培訓能在外地或亞洲其他區域服務之一般人員或基層公職人才的學校，而這些人員將來可能成為政府對外方針之實際執行者，或承接「東洋協會」、「東亞同文會」所交付之各類計畫案的執行。

為了能協助該校訓練能在亞洲其他區域服務的人才，「東洋協會」竭盡其能地擴張人脈網絡，提供人力資源，以有效支援一些非「帝大」系統的菁英階層；在此背後，「東洋協會」意圖透過產、官、學界之連結，建構一個跨社團性的大聯盟。「拓殖大學」的角色扮演乃成為實用知識的傳播者，而「東洋協會」則成為該校名義上的管理者。

事實上，進入台灣總督府或朝鮮總督府任職者人數較過去有日漸下滑趨勢，依前述韓裔學者Hyung Gu, Lynn之所見，應該是殖民統治當局在人才取得之作業管道上，做了些許調整。事實上，不少總督府官僚是來自於中央政府的各部門，其中尤以內務省為最。政府內部中上層官僚透過曾被派往殖民地任職之經驗，而獲取升遷機會；至於基層的部分，則藉由職務展期而繼續留任該職。

台灣商工學校

另外，「東洋協會」亦在亞洲其他地區廣設學校，提供近代工商業知識之輸出，以及宣導資本主義制度的價值。另一方面，配合日俄戰後「北進」策，1910年「東洋協會」在滿州創設「大連商業學校」與「旅順語言學校」；其後，又分別在朝鮮與台灣設立「京城學校（1918）」、「京城高等商業學校（1920）」、「台灣商工學校（1917）」等，授予一些能在朝鮮、台灣社會順利求職之語言等相關知識；1932年，又另設「新疆語言研究中心」。

創辦實業學校可有效達成學用合一之目的。以「台灣商工學校」為例，不僅促使三分之二的日籍學生在殖民地求取職涯發展之機會；同時，

透過民間興學之模式，亦使台籍在地青年取得另一進學之管道。從畢業校友的區域分佈與職業的多元性，清楚反映了「東洋協會」的辦學目標。然而，「台灣商工學校」走財團法人化路線而不隸屬於「東洋協會本部」殖民專門學校的旗下分校，亦反映出此一時期在「北進南守」國策下，「東洋協會」之於台灣問題可謂是相對消極。

　　「台灣商工學校」是由「東洋協會」台灣支部與台灣總督府連動下所創立之私立實業學校，戰後更轉型成「開南高級商工職業學校」。該校創始之際，以培育在南支、南洋從事工商業活動之人才為其辦學要旨，因而日治時期畢業校友，多成為戰後台灣社會工商業界重要領航者。

　　該校畢業校友中，除了《台灣人士鑑》所收錄的台灣工商名仕名簿中不乏該校校友外，小不之如龍瑛宗（作家）、王昶雄（作家）等藝文人士。事實上，日治時期，不少該校台籍校友曾獲選為市街庄協議會議員等地方民意代表。

文化團體之於日本近代史的角色扮演

　　回顧日俄戰後，因得以有效獲取遼東半島之租借權，並把鄰近韓國納入日本的「保護」之下，日本社會朝往亞洲大陸海外進出方向明顯，亦成為「台灣協會」轉型為「東洋協會」之契機，「東洋協會」規約第一條開宗明義寫著，「本会は東洋における平和文明の事業を裨補するを以て目的とし台湾韓國及滿洲に於ける諸般の事項を講究し以て彼我の事情を疎通し相互の福利を增進するを務むるものとす」，社會充斥著一股「北進」氛圍。

　　然而，1914年歐洲戰爭爆發，帶動了亞洲社會的歐戰景氣。為了原物料的有效取得，日本社會又再次從經濟的考量出發，社會上下瀰漫著一股「南進」風潮。以進出南洋地區為目標，而造就出所謂「大正南進期」時代的來臨。此一時期，在一股「南へ」之社會氛圍下，一個象徵性社團於焉成立，即創立於1915年（大正4）的「南洋協會」。而這個協會一如往例，以「文化團體」的模式，試圖擔負起日本帝國南進之先鋒。

　　雖然「東洋協會」的思考一度是往西進發展，但面對日本國內社會情

勢之轉變，「東洋協會」的發展方向亦必須局部調整。而一項令人矚目的改變，莫過於人才培育的事業內容。1915年8月，協會的旗下事業之一，即由原「台灣協會專門學校」所改稱而來的「東洋協會專門學校」，改名為「東洋協會殖民專門學校」，而其學則第一條則開宗明義寫著「本校ハ台湾、朝鮮及支那其他南洋ニ於テ公私ノ業務ニ從事スル必要ナル学術ヲ授クルヲ以テ目的トス」，即除了把南洋地區重新納入既有之人才派遣之射程範圍內，更於1917年4月聘任有台灣糖業等熱帶產業經驗之新渡戶稻造擔任學監。翌年（1918），「東洋協會殖民專門學校」升格為「拓殖大學」後不久，更聘任後藤新平擔任該校校長。由此顯見，「東洋協會」以學校營運為始，乃至相關重要之幹部與會員，不乏「台灣經驗」者。

　　1913年「東洋協會」副會長小松原英太郎在第15次總會的致詞、同年（1913）內田嘉吉在協會舉辦之通俗演講會中、1916年下村宏（台灣總督府民政長官）在「南洋協會」台灣支部成立大會上，皆不約而同地強調台灣扮演著日本與南洋之間踏腳石的角色。即使後來「東洋協會」之於南方之參與並不多見，前述〈東洋協會趣意書並びに規約〉以及「東洋協會」的相關調查報告顯示，「東洋協會」的意識主軸多鎖定在滿蒙、朝鮮半島、中國、蘇聯等北亞地區，偶爾才旁及於台灣、海南島、大東亞或全亞洲之議題。

　　但不容諱言地，在一股大正南進期風潮下，進出「南方」乃「東洋協會」的遠程目標，而這項目標在多數時候恐多委由「南洋協會」辦理。雖然目前難以有效證實這項論述的真實性，但卻不失為是一項合理推論，畢竟會員中有不少是同時分屬於這兩個不同的文化團體者。

　　1920年代文化團體「東洋協會」在後藤新平會長領導下，具有三項特質，(1)該協會充分展現出這是立基於人際網絡且跨組織的菁英聯盟，且直屬於內閣層級之下，替政府決定人事派令的特質；(2)透過對海外資訊的有效掌握，協會成員對政府的政策設計具有相當程度的影響力；(3)協會本身為政府官僚提供一個政黨之外而與政經界領袖接觸的連結平台。畢竟，「東洋協會」所提供的資訊網絡，即使無法有效建立一個政策共

識，但卻提供了各界與政治領袖間相互溝通的管道，而這亦可謂是文化團體之於近代日本的一項重要角色扮演。

一如前述，進入二十世紀以後，伴隨歐洲戰爭爆發，歐美各國之於東南亞貿易之力道一度疲軟，而這個現象直到1920年以後才逐漸復原。就在此一期間，帶動起日本民間另一波往南洋發展的熱潮，即所謂「大正期南進論」時期。但這一股南洋熱卻因橡膠的國際價格滑落，進而導致南方發展陷入空窗期，「北進南守論」乃代之而起。參照上野隆生〈近代日本外交史における「北進」と「南進」〉之研究，這種現象直到1936年以後，從資源與原料取得的角度以及對美問題之解套等考量，當時日本政府決策者才又再次意識到「南進論」的問題思考。

從「東洋協會」思索台灣之於東亞的定位

「東洋協會」乃戰前日本社會一個有效傳播亞洲意象與資訊情報的代表性團體，透過該協會的海外教育事業，把近代化與資本主義等價值有效散佈於亞洲各地，並藉機強化日本之於這些鄰近區域的影響力。

一如前述，在水野遵奔波下所成立的「台灣協會」，因日俄戰勝而轉型成「東洋協會」。初起之際，或許僅是一些台灣經驗者的聯誼會，甚至是會長個人的政治後援會，與會人員的思考亦可能流於桌上之空論，但隨著歲月的推移，協會會長的思考，可能形成共識，甚至有效影響政府在對外關係的政策設計。而從「東洋協會」的特質，可歸納出近代日本文化團體的內涵：其一，雖非屬公家團體，但卻是政、官、軍、民等有力者所結集之社團；其二，雖美其名為「文化團體」，但近代日本社會的「文化團體」扮演「特殊」情報（此指海外情事）收發信源之機制。因此，協會內部成員亦可謂是社會輿論的意見領袖；其三，包括日本殖民地支配等對外膨脹的策略規劃，近代日本社會的文化團體通常有其特定的角色扮演。

根據韓裔學者Hyung Gu, Lynn之研究指出，近代日本透過各種文化團體有效獲取來自亞洲的相關情報，包括政府外館的研究報告、外地殖民當局之調查報告、有官方資金投注的民營事業機構（如朝鮮銀行、台灣銀行、南滿鐵路株式會社、東洋拓殖會社等），以及各種商會、工業團體、

財閥企業的資訊提供。

　　而大學則聘僱許多亞洲專家，其中有不少曾任職於殖民當局或相關研究機構，例如滿州鐵道株式會社所屬的地理歷史調查部。在東京帝國大學、國學院大學、早稻田大學等，諸如此類的專家舉目可見。位處外地的京城帝國大學、台北帝國大學也聘僱不少這類的專家任教，他們對殖民地的相關議題皆有其精闢見解。至於其他獨立的研究機構，其中最受矚目的莫過於1924年成立的「東洋文庫」，這裡亦是提供亞洲研究的一個重要場域。

　　即使這些訊息或研究成果是出自於不同的機構或學者專家之手，但多半時候卻是經由人脈網絡傳播出去。各種關聯亞洲的資訊透過各種管道，從各相關機構或官僚體系而流入政權者手中。相對地，沒有公職或政黨以為奧援者，則超越職務與黨派，以正式或非正式型態有效獲取相關資訊。其中，最常見的莫過於以「財團法人」或「社團法人」等模式，把官僚、政治人物、工商界、學者等結合在一起的非營利團體。而這些團體在政府的決策過程中，的確有效發揮了不同程度的影響力。

　　諸如此類的團體在1910年代與1920年代不斷地增生，但參與之會員則多具重複性；而其間不乏在執政者主導下，依區域特殊性而成立的非政府組織，如「朝鮮協會」、「東方協會」、「殖民協會」、「黑龍會」、「南洋協會」、「中央朝鮮協會」、「日露協會」、「日印協會」、「日蘭協會」、「菲律賓協會」、「日滿實業協會」等。這些協會在有限的會員與資源下，藉由相關出版品、研究調查、教育活動等以吸引更多的會員加入。即使多數協會所擁有的資源是沒有設立學校的能耐，但亦有少數諸如「日露協會」、「南洋協會」等則以不定時地舉辦培訓課程替代之。

　　「東洋協會」可謂是近代日本之於亞洲資訊蒐集上的創造者與運用者，該協會意圖超越政界官僚的層級，另樹立一個政策設計的權威性領域，且透過出版品、調查資料、課程講習、文物展示、教育機構的設置等各類管道，試圖把這些資訊情報傳播開來，更透過各類計畫案的承接，作為與政界、財經界接觸的界面。而協會所提供之相關訊息，多立基於「在

地」觀點，以與官僚或學者的認知有效區隔。

　　「東洋協會」意圖透過人際網絡而扮演跨組織的媒介角色，協會之於政治議題的討論，則展現出無關政治、無關政黨、無關政府之特質，事實上亦是桂太郎或後藤新平的後援團體。韓裔學者Hyung Gu, Lynn之研究〈Politics and Knowledge: The Toyo Kyokai's Informational and Political Projects〉指出，如此一來，協會會長即使沒有政治頭銜，亦可在國家的對外方針上運籌帷幄。

　　1907年、1917年、1924年、1936年等之於「東洋協會」的幾個關鍵年代，深刻影響「東洋協會」的發展走向；而協會的發展方針又與近代日本「北進」策、「南進」策的思考緊密連結。作為帝國南門的台灣，在「南門鎖鑰」與「南方前進基地」等兩個不同的角色扮演中，左搖右擺。以設立「台灣商工學校」為例，即使台灣乃「東洋協會」發展的基礎，當協會台灣支部成立時，根據《台灣協會會報第一百號》所載副會長小松原英太郎之祝辭亦強調，「台湾其者は協会発展の第一礎石たりし也、従て東洋協会なるものは台湾の事に最も多くの力を尽くし、最善の注意を払わざる可らず」，即台灣是東洋協會發展的礎石，因此協會處處應以台灣優先為要，畢竟「東洋協會」的存在源自於台灣。但現實上，時任會長之小松原英太郎在「北方經營」思惟下，卻明顯忽略台灣之於日本的重要性。本應飲水思源，善處台灣社會之需求，然而在設立「台灣商工學校」問題上，小松原會長並無竭盡完善之照護。

關鍵年代	影響「東洋協會」發展走向的歷史背景	對「東洋協會」的實質影響
1907年	1905年日俄戰爭獲勝，日本社會對海外進出的期待，明確朝往亞洲大陸	從原「台灣協會」轉型為「東洋協會」
1917年	1914-1918年歐戰期間所帶動的亞洲景氣，醞釀出「大正南進期」的熱潮	「南進」成為「東洋協會」的遠程目標
1924年	1.土耳其共和國、蒙古人民共和國相繼成立 2.英國、義大利等國正式承認蘇聯政權；中國國民黨全國代表 3.大會發表聯俄容共、扶持工農之路線 4.中國的孫文在日本神戶發表「大亞洲主義」 5.「東洋文庫」成立，象徵東洋國家今後相互提攜、共存共榮，更是落實明治時期「興亞論」概念的表徵	「東洋協會」會長後藤新平力促日蘇關係正常化
1936年	1.1936年8月7日，廣田弘毅內閣五相會議中，確立對南洋的經濟進出 2.台灣總督府小林躋造總督提出「皇民化、工業化、南進基地化」的治台方針	受制於軍部，僅專注於區域研究，無法有效展現獨立自主性

作者整理。參自東京學藝大學日本史研究室編《日本史年表》

第七章　南進政策與台灣

昭和「南進」策略的展開

　　1932年滿州國成立，強烈引發歐美強權對日本之於中國的領土野心深感疑懼。1936年，廣田弘毅內閣為了化解來自海外的疑慮，乃透過內閣會議強化對蘇聯政權的「防共」方針與南方「資源」的和平取得等兩項國策，意圖轉移各方的關注焦點，亦進而造就出台灣總督府小林躋造總督提出「皇民化、工業化、南進基地化」的治台方針，再度凸顯台灣乃南方前進基地的角色，頓時讓長久以來一味地固守「北進南守」論者一記當頭棒喝。

　　透過前述「東洋協會」的發展經緯，可以確知無論時代如何轉變，只要世界地圖之地形、地貌沒有改變，一如「設立台灣協會主意書」所強調的台灣之於日本，「台灣之地也，（略）干海干陸，產物豐饒，內足而可給於外，此天放之形勢，可以固近，可以威遠，誠東洋之咽喉，實我南方之富源也」；而台灣之於東亞，即回歸「台灣協會學校設立趣意書」之所載，「台灣之地西控支那大陸，南望南洋諸島」！

　　1937年7月7日，日本近衛文麿內閣甫成立不久，中、日兩軍在北京郊外盧溝橋爆發軍事衝突，即「盧溝橋事件」，或稱為「七七事變」。即使近衛內閣隨之提出「不擴大方針」之立場聲明，無奈滯留於中國的日軍卻意圖擴大事態，並於同年12月占領中國的南京。面對外力威脅，原本處於對立狀態的中國國民黨與中國共產黨，亦相互組成「抗日民族統一戰線」，結構出第二次國共合作的局面。日本方面眼見情勢持續擴大，近衛首相乃提出「東亞新秩序」之構想，並強調日本無意與蔣介石的國民黨政權對立，且試圖扶植王兆銘的新國民政府，以化解中日間的緊張關係。然而，這個想法顯然過於單純，國民黨政府避走重慶後，在英、美、蘇等國

奧援下，繼續對日作戰。

　　眼見中國內外錯綜複雜的情事演變，日本政府深切體認到戰爭情勢有長期化發展的趨勢，翌年（1938）4月，日本政府內閣會議通過「國家總動員法」，即政府可在欠缺國會認可下，擁有統制國家經濟與國民生活之權限。

　　1939年9月，德國對波蘭宣戰的同時，英、法亦對德開戰，點燃第二次世界大戰的戰火。即使當時的米內光政內閣對歐洲戰事態度消極，採不介入方針，但眼見德國逐漸征服了歐洲之大半，並期待日本的軍力能朝南洋發展，以箝制英國之於東南亞殖民地的資源取得。在德國政府的支持下，以陸軍為中心，日本軍部充斥著一股往南方進出之氛圍。同年（1939）7月，近衛文麿首相第二次組閣，日本政府強化與德、義間之相互提攜，有效轉換過去對歐戰的不介入方針，並確立朝往南方積極進取之方針。接著9月，日、德、義三國間的軸心聯盟正式確立，日本承認德、義兩國在歐洲地區之指導地位，以換取德、義兩國對日本之於亞洲地區指導地位的認同。另一方面，日本社會上下亦覺悟到今後勢必與英、美為敵的現實。參考伊藤正德《帝国陸軍の最後》進攻篇之所記，1940年，日本開始為日後的太平洋戰爭預作準備，以台灣軍為中心，在台灣設置南方作戰研究部，對熱帶作戰的可能性進行研究。

　　1941年4月，松岡洋右外相與北方的蘇聯簽訂「日蘇中立條約」，目的是在尋求毋須憂患北方的情況下，而可大膽「南進」。同時，日本極力想調整持續惡化的對美關係，然而事態似乎沒有轉圜的餘地。同年（1941）6月，近衛內閣在與英美為敵的覺悟下，重新確立朝南方進出的方針，但同時亦不放棄任何可能和解的機會，即使松岡外相對此感到質疑，日美交涉依然持續進行。在內閣步調不一致的氛圍下，近衛首相則以內閣總辭再重新組閣的方式，解決政府內部歧見。

　　同年（1941）7月，近衛文麿首相第三次組閣。值此之際，日軍進駐法屬中南半島的構想已進入行動階段，美國政府則以石油禁運制裁日本，互信機制闕如的兩國關係再度惡化。美國繼而要求日本政府須從滿州以外

之中國全境與法屬中南半島撤軍，以及自行片面否定三國軸心同盟之關係，並承認蔣介石政權是中國唯一合法的政府。日美交涉走到了瓶頸，難以有和解曙光。日本陸軍大臣東條英機對近衛首相和解交涉的策略深感不滿，近衛內閣則因閣僚間步調不一致而再度倒閣。

同年（1941）9月，東條英機首相組閣，比照過去政府內部召開「御前會議」之決議，倘若日美交涉繼續膠著下去，則擬直接對英、美陣營宣戰。不料美方竟於該年11月底向日本要求，一切必須恢復至「滿州事變」以前的狀態，此舉意味著交涉無望，和平解決紛爭已不可行。日本史上所謂的「滿州事變」，乃指1931年9月18日關東軍在今瀋陽郊外柳條溝，以鐵路爆破為始，一舉占領中國東北，即中國史上的「九一八事變」。對美開戰已成為日本內部的共識，日本在未正式宣戰的情況下，12月8日片面對美國發動「珍珠灣奇襲」，以實際行動對美開戰，「太平洋戰爭」於焉爆發，亦為第二次世界大戰開闢了亞洲戰區。

「太平洋戰爭」爆發後，台灣的戰略地位愈顯重要。日本軍方將艦隊集結於台灣的高雄、基隆，以及澎湖的馬公，由此朝往菲律賓、馬來西亞、印尼等地進擊。1942年6月，日軍在中途島戰役敗北之後，戰局對日本轉趨不利，為避免日本本土與南洋間的連結遭切割，台灣防衛則成為重要課題之一。接著，瓜達康納爾島戰役（1942.8-1943.2）則開啟美軍進行戰略反攻之契機，亦成為確立日軍從戰略優勢轉趨劣勢的關鍵。

1944年8月，台灣總督府公告〈台灣戰場體勢整備要綱〉，成立防衛本部與經濟動員本部，正式確立臨戰體制。1945年2月，以近衛文麿為首等七名首相經驗者或政府要員，分別針對戰況而向天皇提出建言。其中，近衛文麿的奏文則強調日本「敗戰必至」，為了「國體護持」之大局，應儘速思考戰爭的終結之道。然而，部分主戰派人士則主張以台灣誘敵致勝，在訴諸外交手段，而天皇亦同意這項建言，於是〈近衛上奏文〉被棄置一旁。結果，一切出乎意料外地，引來的是沖繩戰與原爆之夢魘。

太平洋戰爭與台灣社會「新建設」

大東亞戰爭與《新建設》雜誌

　　所謂「大東亞戰爭」乃指前述第二次世界大戰期間，日本在遠東・太平洋地區所引發區域戰爭之總稱。然而，戰後在聯合國最高司令官總司令部（GHQ）的指令下，取消「大東亞戰爭」的稱呼，而改稱爲「太平洋戰爭」。當初，日本發動「大東亞戰爭」之名目，是爲了能在亞太地區有效建立「大東亞共榮圈」，並與歐美帝國主義勢力抗衡。1941年12月12日，在珍珠灣攻擊之後正式以「大東亞戰爭」爲名，確立這是爲了建設「大東亞新秩序」所進行的一場戰役。

　　回顧1937年盧溝橋事變爆發後，日本的對中政策基本上是以事態「不擴大方針」爲中心，清楚表明不願與中國的蔣介石政權爲敵之立場。翌年（1938）11月，近衛文麿首相更提出「東亞新秩序」之構想，透過日、滿、中三國的相互提攜，建立政治、經濟與文化之連環、互助關係，確立東亞區域的國際正義，有效達成共同防共之目標，落實創造新文化，實踐經濟結合的共同期待。

　　而繼1940年7月近衛首相〈基本國策要綱〉的提出，同年（1940）8月1日，外相松岡洋右便正式使用了「大東亞共榮圈」這個字眼，而成爲當時的時下流行語。而「大東亞共榮圈」之內涵，即由日、滿、中結構出一個經濟共同體，其執行重點稱之爲〈日滿支經濟建設要綱〉，東南亞地區扮演資源供給區角色，而南太平洋則扮演防衛圈的角色；而在文化的層面上，則以大東亞文化取代行之已久的歐美文化。

　　另一方面，面對國際局勢危急，走向戰爭將是一條無可避免的道路。因此，早在1937年8月日本政府便推行了「國民精神總動員運動」，以提升國力、克服時艱。接著，又在1940年10月，成立「大政翼贊會」，這是一個以「萬民翼贊、一億一心、職分奉公」爲宗旨，爲能有效推動大政翼贊運動之全國性國民組織。而殖民地台灣版的大政翼贊運動，稱之爲「皇民奉公運動」，是一個全島性的國民組織，成立於1941年4月，背後推動之主軸則是「皇民奉公會」，翌年（1942）10月發刊之《新建設》

雜誌，則是皇民奉公會的重要宣傳誌。

　　1941年12月「珍珠灣奇襲」之後，鑑於戰爭情勢緊迫，台灣成爲日本帝國的前進基地，扮演著武力戰之中堅角色。然而，就在大東亞文化全面取代歐美文化之際，即在文化戰過程中，台灣能否繼續扮演中流砥柱的角色，則成爲台灣社會眼前之急務。台灣的社會文化必須捨棄過去文化的獨善性或對立性，而改從國民之於國家的角度，全面性地思考文化的自我定位，即所謂文化之自我厚生。

　　翌年（1942）5月，日本本土的「大政翼贊會」曾對該會的組織動員，做了一番機能性革新調整。而台灣社會的文化運動則成爲皇民奉公運動之一環，透過文化層面的啓蒙與闡明，俾使國民大眾在理解文化本質之餘，更能落實於日常生活層面。換言之，配合國策方針之需求，扮演大東亞文化樞軸角色的台灣，島內的社會文化必須高度提升，並被有效落實。同年（1942）8月，「皇民奉公會」乃以「推廣民眾娛樂」與「提升社會文化」、「整備文化機構」爲目標，而新設了「文化部」，以動員文化人來協助皇奉運動之推行，提升台灣民眾的皇奉意識，推動社會革新。文化部下設「文化班」與「民眾娛樂班」，分別管理文化提升、與文化機構整備，以及民眾娛樂之育成普及、演劇協會的連絡等相關事宜。

　　「皇民奉公會」中央本部事務局成立文化部之後，主要工作項目有二，一是設立台灣文化賞（獎），另一則是獎勵民間組織讀書會。爲了振興台灣的社會文化，以成爲提振決戰精神的原動力，乃於文藝、音樂、演劇等三部門設置台灣文化賞，有效彰顯對台灣社會文化有功之文化人或文化機構。同時，爲了強化皇國文化新建設之宗旨，更預計增設台灣文學賞、台灣詩歌賞、台灣文藝功勞賞、台灣音樂賞、台灣演劇賞等，首屆的頒獎典禮則於1943年2月11日舉行。另外，爲了提升台灣青年的國民教養，以達皇民鍊成之目的，更獎勵台灣社會組織讀書會，並編纂優良圖書目錄，以供參考之用。

　　另外，又依文藝、音樂、演劇、映畫（電影）等不同部門推行文化運動。以音樂爲例，當局試圖透過台灣社會音樂文化之提振，俾使健全開朗

的音樂普及化，以成為強化島民生活能力之源頭。然而，社會文化是需要時日累積，才能看得到成效。即使立意良善，亦難以一蹴即成。以演劇為例，台灣的演劇一直是庶民的生活基礎，既具大眾性，亦兼娛樂性，且往往與信仰、迷信相結，而演員多為無學文盲之輩，其對白、用語難以國語（日本語）有效呈現，因而有很長一段時間，台灣的演劇文化仍處於從傳統「作戲」而試圖轉型成現代演劇之過渡階段。

部門別	文化運動項目	備　　　註
文藝	大東亞文藝講演會	在全台主要都市舉行，由出席大東亞文學者大會之與會者進行報告或演講。
	國民詩歌朗讀運動	目標是昂揚國民精神，強化國語普及。由文化部邀請各方詩人、劇作家、廣播關係者等組成研究會，編纂朗讀詩集，並企劃相關活動。
音樂	組成「台灣吹奏樂奉公團」	以台灣總督府文教局社會課管轄之「台灣吹奏樂報國會」改組而成。
	組成「台灣音樂文化協會」	1942年11月8日正式組成。
	藝能大會	1943年3月17日，於台北公會堂（今中山堂）舉行。由「三曲協會」與「台灣日本藝術協會」合辦，目的是透過日本樂曲的力量，昂揚日本精神。
	吹奏樂指導	1943年2月5-18日，當局派人到台北州、新竹州管轄農村，施以吹奏指導。
演劇	設立「台灣演劇協會」	端賴職業劇團的自發性改革，以及透過演劇呈現國策宣傳的效果；而業餘的演劇研究團體也致力於優秀演劇作品的發表，試圖使台灣演劇文化在皇民奉公運動的旗幟下，導向正軌。台灣演劇的表現仍有許多進步的空間。
映畫（電影）	組織「移動映畫班」	以「台灣興行統制會社」為主體，組織映畫班，在全台農山漁村巡迴演出。

作者製作。參考自台灣總督府情報課編《大東亞戰爭と台湾》，頁114-118

　　而文化部長人選則起用了台灣在地菁英林貞六（日本名），亦即台灣本土媒體《興南新聞》之總編林呈祿。換言之，由台灣在地人士擔任文化

部長之要職，在象徵「內台一如」共體時艱的社會氛圍下，具有深度政治性指標之意涵。而隸屬皇奉會宣傳部事業體之《新建設》雜誌，其記事內容自然反映出皇奉會的活動實態，而其中台灣本地的有識階層在皇奉運動的言行舉止，對台灣民眾之於社會、國家奉公意識的覺醒，則有帶動社會風潮之效果。

《新建設》雜誌是月刊誌，理應每個月出刊一次，然而1942年12月號卻是闕如、1944年11月號與12月號則合併出刊，1945年3月號與4月號亦合併出刊，因此現存之《新建設》雜誌共有28冊。2005年位於東京之總合社把《新建設》雜誌重新復刻，復刻版《新建設》則依年份之不同，而分為四卷收錄，每卷藏有舊誌7冊。

該誌為了表現出「台灣一家」的社會氛圍，所收錄之記事不乏台灣人社會菁英所發表的言論或文章（參見【附錄1】），而當時擔任皇奉本部戰時生活部長的大澤貞吉，在《新建設》中時以漢文筆名「鷗汀生」撰稿投書。而投書於《新建設》之台灣人社會菁英，除了資產家、醫師、文字工作者、漫畫家之外，從事律師職的辯護士更是舉目可見。從文章的字裡行間，分析台灣社會菁英對戰時體制下的議題陳述，多少可掌握太平洋戰爭期間台灣人的「無奈」心聲。

凡走過必留下痕跡，1945年8月日本戰敗，雖然多數的在台日本人被迫離去，但1941年所啓動的皇奉運動，其組織動員之義勇精神，卻藉由民間的自主力量繼續深耕於台灣社會，而成為日後台灣國民精神的一項內涵。以下試從1942年10月到1945年4月《新建設》雜誌之記事內容，解析太平洋戰爭時期皇奉運動之宗旨，以及該運動對當時與日後台灣社會國民思惟之影響。

戰爭局勢的發展與皇奉運動之質變

復刻版《新建設》基本上是根據年份整理收錄，但從每卷的記事內容所反映台灣社會的「皇民奉公」內涵，卻可清楚看出，太平洋戰爭期間社會大眾所關心的議題，以及當時民眾所接受社會教育之具體內容。

其中，第一卷的部分雖僅收錄了1942年最後一季的兩冊，但依其所

載之內容分析，對台灣社會而言，卻體現出新時代的即將來臨。伴隨太平洋戰爭的開打，作為大東亞中心位置的台灣，更凸顯台灣之於東亞共榮圈地位的重要性。面對「內外地行政一元化」時代的來臨，台灣的皇奉運動所背負的使命是要建設一個「道義國家」，摧毀美英「殖民帝國」對殖民地榨取政策的舊思惟。而最重要的前提，就是必須透過「皇民鍊成」，打破內地、外地稱呼之迷思，在帝國版圖的場域內沒有內、外地之分。無獨有偶地，這個思惟亦是長久以來，台灣社會知識菁英之於帝國政府的主要訴求之一。

另一方面，對日本統治當局而言，透過「內地延長主義」的在台推行，台灣社會作為大和民族之一員，台灣人菁英階層將可扮演東亞民族的指導者角色。然而，在「皇民鍊成」的推動上，台灣的社會中間層雖然表現積極，但真正具有指標性意義的知識菁英卻抱持著反感或漠不關心，而如何獲取台灣知識菁英的協助，以強化台灣社會的整體動力，這是皇奉運動的目標，更是《新建設》雜誌存在的使命與意義。換言之，推動皇奉運動的皇奉會，試圖透過組織、訓練、奉公等三項原則，進行體制革新，意圖把台灣社會帶向一個新紀元。

1942年的第四季，迫於戰爭情勢發展，台灣在東亞帝國圈內之地位日趨重要，總督府透過「內外地行政一元化」手段，試圖拉攏台灣人知識菁英對帝國的認同感。從復刻版《新建設》第一卷所收錄之1943年1月至7月份記事內容，清楚凸顯1943年上半期皇奉會之政策目標，主要是放在國民的社會教育上，包括國體之本義、歷史的認識、社會道義之建立、國民運動的內涵等。然而，意圖透過文化層次之社會教育推動台灣的皇奉運動，則是在1942年底所建立之共識。

值得注意的是，1943年1月，皇奉運動以「新國民運動」態勢，提出三大目標，即戰爭精神之昂揚、生產增強之決行、以及戰時生活之確立等三項。而不同於過去，台灣社會開始明顯嗅到一絲戰火的氣息，特別是「空襲必至」等警訊字眼的出現。其後，在每期的《新建設》雜誌中，空襲、爆擊、防空等字眼經常觸目可及，從中透露出台灣社會對未來恐將捲

入戰爭之隱憂與潛在的危機。換言之，台灣社會已從「銃後守護」的後方角色，逐漸轉換成一線戰場。而之所以會有這種想像的產生，則與1942年以來台灣一直被當局視之爲日本本土與南方連結的中繼站，乃「大東亞共榮圈」人流與物流的中心，遲早會成爲美軍航空爆擊的目標等預期心理有關。

　　復刻版《新建設》第二卷收錄有1943年份的雜誌內容，而藉由平面媒體的宣導，亦開始爲台灣民衆做戰時體制下的心理建設。面對太平洋戰爭之危機，透過「台灣一家」，即日本人、台灣人、原住民三兄弟之概念，一起爲日本而戰、爲台灣而戰。皇奉會當局對台灣民衆的期待，是不分男女老少隨時都能保有內地化意識與開朗情緒。而最值得注意的則是，從1943年下半期開始在《新建設》的記事內容中，台灣在地人的身影屢屢可見。換言之，伴隨戰爭情勢的緊迫，逐漸深化戰爭內涵的層次，這場戰役不僅是爲了日本「大東亞共榮圈」之理想而戰，更是爲守護台灣家園而戰。

　　爲了守護台灣的家園，當務之急莫過於有效完成台灣民衆不分族群，「和衷協力」、「一致團結」的心理建設。畢竟「台灣一家」的成就與否，直接關係著「大東亞一族」的生生化育。因此，在1943年下半期，「海洋精神」、「台灣維新」等思惟的提出，引人注目。

　　1943年7月發刊《新建設》第7號中收錄〈海洋精神の誕生〉一文，文中透過記者對從事南方漁業調查前的根壽一氏進行訪談，強調台灣在地人對海洋知識的理解，原本是不如日本人的，但經由日治時期十幾年來耳濡目染，多少有所進步，即所謂「海洋精神」的發揚，而值此海軍志願兵招募之際，有關當局最緊要的課題就是強化台灣在地人對海洋與船隻的認識；另有1943年《新建設》第8號所收〈台湾維新への道〉一文，文中強調透過台灣社會皇奉會與壯年團的互動關係，有效達成日本本土翼贊體制之目標，也象徵日本史上已從「改新」走向「維新」的事實，爲「台灣維新」定位。

　　戰爭期間，台灣社會在地民衆亦開始思考自己之於殖民地台灣的社會

定位。當不同族群之間因戰爭而相互結構出「命運共同體」時，也意外地結束了族群之間各自爲政的血緣、文化壁壘。

　　1944年度《新建設》1月至7月號收錄於復刻版第三卷，而其中又以4月號之內容爲分水嶺，其背後深意則代表戰情即將邁入另一階段，在4月號內容中提出了「總力」決戰一詞；而5月號更提出「要塞」化一語；接著6月號的新名詞則是「總蹶起」；7月號的焦點則放在決戰下的「潤滑油」，強調民眾應以「微笑」與「親切」來面對國難當頭之困境。

　　然而，戰情在1944年第二季以後變得窘迫，其實從該年初的雜誌內容，便可以看出端倪。首先，爲了強化皇奉運動的內涵，重新調整皇民奉公會之組織架構，並在同年（1944）《新建設》第1號登載了1943年12月16日剛通過之「皇民奉公運動強化刷新方策要綱」。除了力求皇奉會機構的簡素強化之外，國民基層組織的整備強化更是重點之一，並特意把焦點放在「國民動員」與「戰時生活」的層面上，試圖造就上意下達、下情上通的運動基盤。民間人士，特別是台灣在地人的角色扮演，日益重要，因此在復刻版《新建設》第三卷中，台灣本地人投書的比例大幅提高。

　　不僅如此，職場女性的勤勞動員、少年朋友的學徒出陣、各種鍊成會組織的成立等，都在1944年的第一季逐漸被建構起來。面對國難當頭，除了再次強調「台灣一家總親和」等大團結氛圍之外，更重申「大東亞共榮圈」是日本傳統八紘一宇「肇國精神」之體現。以一言蔽之，就是意圖建設大東亞地區成爲一個樹德養正的「道義」社會。對台灣社會而言，決戰之際的當務之急莫過於「國體明徵運動」之推行，以促使台灣在地人士能強烈意識到自己乃一介「日本國民」，並以此而感到自豪。唯有如此，日本人與台灣人之間才能有效發揮「兄弟愛」，一起共體時艱。

　　1944年8月號以後，直至翌年（1945）3・4月合併號之內容等，全被收錄於復刻版《新建設》第四卷裡。1944年秋天以後，台灣社會面臨了兩大變革，一是徵兵實施之公告；另一則是台灣社會即將戰場化，這亦象徵台灣社會「總蹶起」時代來臨。對台灣民眾而言，兩者都是前所未有的新試煉。因此，當局只好不斷地向民眾宣導，以「明朗闊達」精神迎接逆

境。甚至從第10號開始，直至1945年1月號為止，每期都設有「笑慰彈」
之笑語欄，多少化解民眾對美軍投下之「燒夷彈」威力的恐懼感。

　　然而，1944年10月12日至16日一連幾天，在台灣與沖繩的日本空軍
基地受到美國航空母艦機動部隊密集空襲（史稱「台灣沖航空戰」），
迫使當局不得不重新思索日本在日美航空戰的戰略位置。在1944年第
11·12月合併號《新建設》中，打出了「總突擊」概念。令人遺憾的是
「總突擊」概念的背後，竟是以自殺攻擊任務為主體的「特攻」戰法。為
了鼓勵台灣子弟加入特別攻擊隊，1945年1月出刊之《新建設》，在卷頭
刊載一篇題為〈特攻魂と武士道〉之小文，強調所謂「特攻魂」與「武士
道」，以一言蔽之就是「日本精神」；同時，日本在這場戰役中已走到窮
途末路的訊息，不言而喻。因此，即使皇奉會當局不斷透過《新建設》雜
誌強調，歡喜力行、決戰到底的目標，但在最後兩期《新建設》中，薪炭
節約與耐乏生活的呼籲，更把日本的戰況窘境，表露無遺。

　　太平洋戰爭期間，台灣社會如何配合大本營政令，一起為這場戰役奉
獻、犧牲，從上述《新建設》之內容中可一窺究竟。而在「皇民奉公會」
積極運作下，透過社會教育機制，帶給台灣社會大眾如何的影響，則是以
下的探索議題。

皇奉運動下台灣社會的變革

　　俗語說「凡走過必留下痕跡」，到底在1942年第四季以後至1945年
第一季為止，即皇民奉公運動積極運作的年代，「皇民奉公會」的社教機
制留給台灣社會如何的價值觀？特別是從1944年開始，不少台灣人社會
菁英也為皇奉運動貢獻心力，而這些人的舉止言動在台灣社會勢必具有
一定程度的指標性意義。換言之，太平洋戰爭期間，皇奉運動下的社會價
值，其後亦間接被內化成「台灣精神」之一環。以下，試從《新建設》之
記事內容歸納出幾項特質，而這些特質在戰後則成為台灣社會內涵的一部
分。

　　首先是社會道義的建立，即社會共通的禮節與良識。人情、義理等道
義之類的道德科目，一直都是現今台灣社會的基本價值，無論廣告用語或

戲劇對白之撰寫，這一類相關語詞普遍存在。在《新建設》內容中，「道義」一詞屢屢可見，而1943年1月號、2月號《新建設》中，更以〈社會道義の新建設〉爲題，分別撰文談交通道德之育成，以及社會生活中的禮節問題，並解釋社會道義的內涵及其重要性。而何以在皇奉運動中會特別強調社會道義的新建設，主要是戰時體制下國民生活的協同性與連帶性，勢必超乎承平時期，在預期心理下，承平時期被視之爲個人的自由行徑，經常不爲戰時體制下社會道義所容許。因此，透過社會道義新建設的提醒，以促使國民大眾在心態上隨時保持自肅與自戒。

而在此國防國家體制整備之際，社會生活與國家生活無法相互背離，任何個人主義之行徑，不僅有損身爲世界一等國民日本人的顏面，更可能成爲破壞國家道德之淵藪。國民日常生活的言動與社會道德緊密相結，既是個人人生觀之基本體現，更經常展現於國民的交通道德上。因此，在國民教育中「滅私奉公」最爲首要，而消費節約、職域奉公等超越個人倫理常態之言行，即所謂「社會道義」的展現，更是身爲「大日本人」而足以傲視海內外的國格所在。

其次是「鄰組」精神的發揚。鄰組精神或稱爲「鄰保」精神，即住在鄰近地區的人們透過互助性組織，在戰爭期間發揚相互協助的友愛精神。一如前述，「皇民奉公會」是推動皇民奉公運動的實踐機構。而皇奉會最底層的末梢組織，則是區會或部落會下面的各個「奉公班」。因此，奉公班亦是發揮國民相互協助的主要根源。至於國民相互協助的具體內涵又是什麼？則需因地、因時而制宜，但對一般國民生活而言，最重要的莫過於生活物資的配給發放、道路的清掃等社區公共事務之協同分擔。

一般而言，國民大眾關心自己的生活更甚國家政策之確立。因此，如何透過「國民組織」之運作，促使國民大眾在日常生活中爲國奉公，則是皇奉會的思考根源。而國家與國民能否緊密結合；國民能否切實完成國家的政策要求，更是國民組織角色扮演的重點所在。然而，透過上意下達、下情上通的國民組織，是否可把國民的奉公心與國家政策有效連結一起，憑藉的就是各地方社區三間兩鄰、近所合璧所組成的奉公班。透過奉公班

的「共勵共戒」機制，在組織的自發性實踐下，勵行戰時體制下國民儲蓄運動，並禁絕物資囤積等壟斷情事之出現。為了有效完成台灣社會高度國防國家體制化之需求，奉公班則成為去除國民自我本位、自我功利重要的實踐道場。

儘管在1942年11月當時，皇奉會當局對台灣的米穀生產有絕對信心，但伴隨台灣社會走向「戰場化」，相對於軍需物資的集中生產，民需物資之生產則有衰退傾向，通貨與物資的平衡關係瓦解，更導致黑市行情與通貨膨脹問題日趨嚴重。在1945年第一季的《新建設》中，「薪炭節約」與「耐乏生活」等記事屢屢可見。薪炭節約的主體是木材與木炭，亦包括動力資源、工業原料、醫藥衛生等。為了與戰爭需求配合，家庭的消費需求勢必節約，台灣社會走上了「決戰生活化」路線。

另一方面，為了減輕空襲爆擊所帶來的損害，城市人員朝往鄉村區塊疏散的「疏開」工作，更是刻不容緩。為了人力資源之確保，減輕前線戰士的後顧之憂，人員的「疏開」是防空工作重要的因應策略，特別是針對老幼、傷病等所謂「防空不適格者」的疏散對策。然而，「疏開」的前提，除了國民的理解與配合外，無論是疏開地的房舍與家具設施、兒童學校教育、衛生防疫與診療、生活的物資配給、留滯人員的生活安排等，皇奉會當局都必先提出一份完善的配套措施。為了避免與「滅私奉公」精神相牴觸，皇奉會當局則不斷地強調「疏開」絕非是膽怯行徑，而是為避免無謂犧牲，強化農村生產戰鬥力的一種手段。

而無論是「薪炭節約」或是「疏開分散」，女性的角色扮演都是政策能否有效完遂的關鍵。畢竟薪炭節約政策的決戰生活，必須取得家庭主婦的配合；而在疏開地物資匱乏的日常生活中，以有限之配給物資有效滿足家族的三餐炊事，直接落在主婦的肩頭上。當男性被調派至前線打仗時，後方「銃後守護」的記事中，家庭與婦女的角色扮演等相關議題，屢屢可見（參見【附錄2】）。

在皇奉運動的時代，台灣社會的女性團體主要有四，一為「大日本婦人會台灣本部」、另一則是以未婚女性知識青年為中心的「桔梗俱樂

部」、以及從大日本婦人會衍生出的以家庭主婦爲主體之「婦人總常會」、或「女子青年團」等。基本上，根據《新建設》記事內容顯示，在1942年10月至1943年5月，婦女組織的活動重心被放在「桔梗俱樂部」；而1943年下半期之後，伴隨特別志願兵、學徒兵、少年航空兵、徵兵、以及義勇報國隊之召募，婦女組織的活動重心逐漸轉向已婚的家庭主婦身上，畢竟仰賴「母以子貴」的台灣傳統家族制度，教育女性以身爲「軍國之母」、「軍國之妻」爲榮，則是鼓勵男性踴躍服役之重要前提；到了1944年上半期，伴隨台灣社會走向「要塞化」，婦女的角色扮演更顯重要，她們必須扛起勤勞動員、奉公防空群等後方守護之重責大任；其後，隨著台灣社會的「戰場化」，守護家園、如何減輕社會成本的付出、以及堅持到最後等生活課題，更是考驗女性社群的智慧與毅力。

　　雖然伴隨戰爭局勢緊張，皇奉會對婦女運動的期待亦有改變，但基本上仍著眼於傳統日本家父長制下，女性之於家庭內「賢妻良母」的角色扮演。換言之，皇奉會從1942年秋開始，透過婦女運動致力改造台灣社會「愚妻悲母」之形象，意圖明顯。未婚女性在慰問、奉仕、以及參與各項國民精神修煉等活動下，培養出內柔外剛的開朗、堅毅性格。而作爲軍國妻、軍國母之已婚婦女，當男人出征在外時，除了養育子女、下田勞動之外，更必須節約儲蓄，有效處理一家的生活開銷，同時做好防空、滅火工作以及自我防衛的竹劍操演，必要的時候，甚至可代替男人走上戰場，展現出女性熱情敢鬥的「特攻魂」精神。

　　1945年，總督府當局在台灣社會實施徵兵制，並組織「義勇報國隊」，促使皇奉運動走上了最高點。伴隨同年6月「皇民奉公會」的解散而改立「國民義勇隊」，以配合與登陸之美軍進行殊死肉搏戰，以有效達成決戰完遂之目標。而徵兵制之推行，則一改過去島內漢人所謂「好男不當兵」的傳統思惟；「義勇報國隊」的組織則在公益優先之價值觀下，逐漸轉變了漢人傳統「自掃門前雪」的個人本位心態。

　　根據1943年3月號《新建設》所收錄之〈徵兵制の決意感激に泣く…百の理論より一の實踐〉一文，內容強調台灣比朝鮮早二十年（筆者校：

十五年），便被納入日本帝國版圖，然而台灣社會志願兵制度之施行，卻比朝鮮晚了四、五年，直到1942年才確立。早在盧溝橋事件爆發後不久，1938年朝鮮統治當局便致力於朝鮮志願兵制度的實施。而當志願兵制度在台施行之際，即1942年首次招募時，前往報考者超過十八萬人，而翌年更超過六十萬人，以當時台灣社會六百七十萬人口計算，報考者比例不低，且不乏中上階層出身者。過去，台灣人與北海道、沖繩出身者一樣，沒有服兵役之義務。然而，當學校教育中愛國、忠烈、軍人精神等字眼逐漸灌輸在學童腦海裡時，台灣人無須徵兵的事實，則間接表現出當局之於台灣民眾欠缺一定程度的信賴意識。於是，自己之於國家、社會的定位與存在，其意義到底是什麼？此亦成為當時台灣人知識菁英內心的矛盾與困頓。

　　然而，不容諱言地，能夠被檢選為志願兵者，不僅是身體、心智雙項健全之有為青年的表徵，將來退伍求職時，亦可獲取一定程度的優惠保障，這是吸引台灣青年踴躍報考的一項主因。而志願兵制度之施行、以及報考者的踴躍，意外地拉近了台灣社會國民與國家間的距離。

　　當1943年9月23日，徵兵制將施行於台灣社會的消息正式公告之後，徵兵制話題乃成為社會關心的焦點。對台灣人而言，徵兵制的施行直接關係到國民之於國家的「權利vs.義務」問題，亦是台灣社會民度昂揚的表徵。畢竟徵兵制的在台施行是台灣人之於帝國內尋求與日本內地人平權的一個開始，因此徵兵入營，被定義為踏入「榮光之門」，亦可謂是台灣社會走向國民地位「新建設」的一大轉變。

　　日本領台四十八年以來，何以從未思考在台施以徵兵？其主要原因在於長久以來，台灣社會對當時的國家語言（＝日語）不解者占了35%左右，且當時台灣人男性的體質普遍貧弱。徵兵制公告之後，不少役男都利用晚間開始學習日語號令之聽說讀寫。當徵兵施行之際，根據資料顯示，受檢役男有四萬五千七百多人，其中合乎甲種體位者僅四千六百三十七人，乙種體位者有一萬七千零三十三人，因此，徵兵制實施期間，在徵兵檢查中能獲選甲種體格者，自然在市街庄中擁有無上光榮，也因而一轉過

去台灣社會「好男不當兵」的舊思惟。

其實，從1937年中日戰爭爆發以來，便有不少台灣民眾以軍夫、軍屬、軍通譯等身分前往戰地服務，且在戰情激烈時亦可能與一般軍人一樣拿起銃劍奮勇殺敵，但表現再好、犧牲再大，卻欠缺晉升的管道與機會。面對這種情事，即使仍有徵兵「時期尚早論」的反對聲浪出現，但不少的台灣人知識菁英則期待徵兵制若能施行於台灣，則可彌補台灣社會的缺憾。然而，不容諱言地，徵兵制能否在台灣順利推動，最大阻力則來自台灣女性的觀念，如何教育台灣女性以子弟能為國出征為榮，則成為當前之急務。因此，皇奉會亦透過《新建設》雜誌舉辦座談會，安排一些有入營經驗者，為台灣人役男及其祖父母、父兄母姐等介紹軍旅生活之內涵，並為他們解答心中存有的各種疑慮。

在徵兵制即將施行前夕，1944年8月下旬，皇奉會當局決定停止過去之志願兵制度，而改以「義勇報國隊」的組成取代之，並成為皇奉運動的核心推進組織。配合台灣社會即將走向戰場化之趨勢，當青年壯丁被徵調至前線戰場時，後方則需要一些有勇氣、有為、有能等憂國敢鬥之士，率領一般民眾配合地方實態之需求，機動性地採行各項必要措施。1944年11月，全台兩百七十五個市街庄皆完成「義勇報國隊」之組成，再加上三支職域奉公隊，全島出現了兩百七十八支「義勇報國隊」，十二萬以上的精銳隊員加入其中，成為皇奉運動的中樞推進隊。

至於「義勇報國隊」的具體任務為何？簡言之，即扮演配合軍方指令之民兵，以不屈不撓的鬥魂精神死守職場，並在總力戰機制下，成為皇奉運動的實踐組織。而戰時扮演保鄉衛土的義報隊組織，在日本敗戰後、盟軍前來接管之前，更成為維繫台灣社會安定的一股重要力量。

太平洋戰火下的台灣

因「珍珠灣奇襲」進而引發了「太平洋戰爭」，一夕之間台灣之於美國的戰略地位變得重要起來。從1943年開始，美國對台灣進行無線電廣播與空飄傳單，圖謀心理戰術；而日本為求反制，乃規劃於1947年國會

議員全面改選時，擬讓台灣社會選出台籍代表進入國會，參與國政，強化台日間的互動關係。然而，一切已經時不我予了。

日美之間因台島南端的巴士海峽而比鄰，雖達半世紀左右，但長久以來美國卻漠視此一事實，直到「珍珠灣奇襲」為止。事實上，就在台灣時間1941年12月8日，日本船艦與飛機從台灣突襲美屬菲律賓，坐鎮當地的麥克阿瑟將軍（Douglas MacArthur）則咎責於雷達相關裝置之匱乏。翌年（1942）2月，美軍位於華府的軍事情報處總部成立「福爾摩沙事務局（Formosa Desk）」，並委派民間人士蒐集台灣的相關情資。即使多數資料皆派不上用場，倒是當時的駐台副領事Gerald Warner提供日本在台發展工業之計畫，而另一副領事John K. Emmerson則分析台灣社會的皇民化政策，卻是相對有用。

相較於美國，英國在台灣有其一定的經貿與戰略利益，因而情資蒐集相對完整，透過與英國的結盟關係，美國國防部因而蒙利。1943年，前述之美國國防部「福爾摩沙事務局」完成陸軍「台灣戰略調查」之部分，並交付給麥克阿瑟將軍，方便其運籌帷幄。而海軍上將尼米茲則主張占領台灣，並直抵中國海岸，以切斷日軍之於南洋的運輸補給路線。

然而，占領台灣並非易事，美國國務院主張台島屬「中國」，蔣介石政權應參與共同占領的工作。即使蔣委員長沒有海軍，且全副精神投注於中國大陸的戰事上。至於美國海軍則認為，台灣位於西太平洋邊緣地帶，戰略位置相對重要，倘若讓蔣氏政權參與占領，只會讓問題更加複雜化。

為求1943年12月能有效占領台灣，美國海軍乃成立一個「台灣研究室」，這個研究機構與哥倫比亞大學「軍事政府暨行政海軍研究所」關係緊密，除了招聘一些有中國經驗或日本經驗的海軍人員約三十名之外，另聘任二十名通譯與文書人員。這個「台灣研究室」除了收藏許多日籍書刊，包括不少禁書之外，亦定期出版《台灣島內政手冊》，屆時可分送占領人員參考，而直至1944年8月為止，共印行十一本，合1364頁。美軍藉由哥倫比亞大學訓練兩千名軍政要員，必要時將派駐台灣，同時對台進行各項調查，背後的意圖在於必要時可在台設置軍政府。

　　1944年9月，美英兩國針對對日本本土展開進擊之可行性，進行會談。雖然英方並無特別的堅持，但美國政府內部卻存有陸海軍攻略菲律賓或台灣的論爭。同年（1944）10月，當時美國的總統羅斯福開始對占領台灣與否，進行思考。然而，羅斯福總統最後則採麥克阿瑟將軍之主張，即從菲律賓的呂宋島北上，直搗日本本土，而未採行尼米茲上將所謂的占領台灣之主張。畢竟略過菲律賓的作法，無論對麥克阿瑟將軍個人抑或是美國政府威信而言，皆可能帶來負面影響。台灣社會逃過太平洋戰爭最後的一場浩劫，而琉球群島則意外地成為代罪羔羊，並被美國占領了二十七年。根據當時美國政府外交人員George H. Kerr所著《面對危機的台灣（*the Taiwan Confrontation Crisis*）》之所記，1943至1945年期間美國政府之於遠東地區做出的各項決議，則成為影響台灣社會前途的重要關鍵。

　　雖然台灣作戰計畫之最終決議，徹頭徹尾皆以未定型態而加以保留，1945年6月攻略琉球，而8月日本無條件投降，不僅美國的統合參謀本部不再提占領台灣，且美國終究沒有占領台灣。

「開羅宣言」與台灣的戰後歸屬

　　早在1941年8月，英美兩國相互簽署一項名為「大西洋憲章」之共同宣言，內容明文規定兩項原則，即「領土不擴大」以及「對國民自主意識之尊重」。而「太平洋戰爭」爆發後，加入同盟國陣營的國家陸續簽署，在四十七個國家中亦包括中國的蔣介石政權。

　　美國對第二次世界大戰的戰略思考，基本上是把戰力優先用於歐洲戰線，且由中國繼續對日抗戰，以有效箝制日軍於中國戰場上。然而，為避免造就中日間單獨談和，甚至片面從中國戰線脫退等局面，因此在形式上有必要拉攏蔣介石政權，並促使加入同盟國陣營的權力中樞。

　　為顯示同盟國陣營亦關心中國戰線，1943年11月22日至26日，美國總統羅斯福協同英國首相邱吉爾，邀請中國的軍事委員長蔣介石一起在開羅參與會談，共同商討中印緬通路之再開，以及戰後對遠東地區的處理辦法。11月23日，羅斯福總統與蔣介石委員長單獨會談，最後的決議亦成為

「開羅宣言（Cairo Declaration）」之具體內容。而透過「開羅宣言」中有關戰後台灣之歸屬問題等，意圖有效滿足蔣介石政權之期待。其內容如下：「（略），我三大盟國此次進行戰爭之目的，在於制止及懲罰日本之侵略，三國絕不為自己圖利，亦無拓展領土的意思。三國之宗旨，在剝奪日本自1914年第一次世界大戰開始後，在太平洋所掠奪或占領的所有島嶼，並促使日本竊取自中國之領土，如東北四省、台灣、澎湖群島等歸還於中華民國。（略）」。針對於此，部分國際輿論卻不表認同，認為此項決議充滿投機主義之譏誚，以戰利品攏絡游移不決的盟友，卻未徵詢台灣在地民眾之想法與感受。

當時美國國防部台灣專家George H. Kerr主張，台灣的戰略地位重要，民情特殊，不應簡單地以中國之一省加以處理，而必須思考該島的歷史脈絡與社會經濟，才能制定相關政策，必要的話可先置於美國的信託統治下。然而，當時美國國務院內主流派的主張是「中國優先主義」，他們認為置台灣於美國託管下是帝國主義的掠奪行為，且中國無害於美國，可安心地把台灣置於中國的統治之下。換言之，開羅會議的最終決議，亦可說是美國國務院主流派思考之體現。

即使「開羅宣言」在國際法上不具實質效力，但對戰後台灣的接收，卻產生關鍵性影響。該宣言之內容先後於1945年7月26日之〈波茨坦公告（the Pstsdam Declaration）〉，以及同年（1945）9月2日同盟國陣營與日本所簽署之〈日本降書〉，兩度被確認，而成為處理日本戰後問題之主要共識，更是處理戰後亞洲新秩序的一份基本依據。

第五篇

中華民國政府時期的台灣

　　1945年8月15日，日本正式表明降意之後，中國戰區的蔣委員長隨即要求應依前述「開羅宣言」與「波茨坦公告」之內容，處理戰後的台灣社會。當時美國國務院基本上是以亞洲外交為主軸，乃同意無條件將台灣交付給中國。同年（1945）8月，蔣介石委員長乃派遣有福建背景的陳儀，以行政長官兼警備總司令赴台，辦理接收業務。同年（1945）9月1日，在重慶設置台灣省行政長官公署及警備總司令部臨時辦事處。接著，又於9月22日，公告「台灣省行政長官公署組織條例」。

　　當日本在美艦密蘇里號將天皇詔書交付麥克阿瑟將軍，並在降書上簽字後，麥帥則發佈一般命令第一號，其中台灣相關的部分如下，「舉凡在中國（滿州除外），台灣以及法屬印度支那（中南半島）北緯16度以北部分的日軍前指揮官與一切陸、海、空及後備部隊，均應向蔣介石軍事委員長投降」，而這項指令亦成為蔣委員長接收台灣的法源依據。

　　1945年10月5日，在近百名美軍顧問護衛下，行政長官公署葛敬恩以台灣前進指揮所主任之姿，搭乘美軍運輸機飛抵台灣，並向台灣總督府發出通告第一號，要求台北當局在行政長官陳儀抵達之前，必須維持台灣社會之現狀。接著，警備總司令部參謀長柯遠芬、行政長官陳儀等相繼赴台履薪。同年（1945）10月24日，國民黨政府在今中山堂（台北公會堂）接受台灣軍司令官兼總督安藤利吉之投降。受降典禮之後，安藤利吉隨即被安排擔任日本官兵善後聯絡部長，直至翌年（1946）4月底。從此以後，台灣正式脫離日本五十年的殖民統治，開啟國民黨政府統治的時代。

第一章　「八‧一五獨立運動」與美國的分離運動

八‧一五獨立運動

　　就在日本政府宣告戰敗後的翌日，日本台灣軍參謀中宮悟郎少佐與牧澤義夫陸軍少佐等少壯派軍人乃結集在地士紳，如辜振甫、許丙、林熊祥、杜聰明、林呈祿、簡朗山、林獻堂等有力人士密謀策動台灣獨立，並向台灣軍司令官兼總督安藤利吉尋求協助，不料竟遭安藤司令官之阻止而作罷。然而，1947年7月29日，國民黨政府以共謀竊盜國土為由，將辜振甫、許丙、林熊祥、徐坤泉等人分別判處一年十個月至兩個月不等之徒刑，史稱「八‧一五獨立運動」。

　　事實上，這場所謂的「獨立運動」並未付諸行動，何以仍遭判刑，根據許丙長子許伯埏的理解，他們之所以遭致舉發，主因是出自於林熊祥與陳儀之間十年前的金錢恩怨。早在1934年陳儀擔任福建省主席時，曾向林熊祥等人貸款數十萬圓不還，幾次催討未果之後，林熊祥乃向當地日本領事訴請強制歸還。戰後，陳儀以行政長官之姿，遂以獨立運動為名報復宿怨，而辜振甫、許丙等人則一併遭牽連。

美國之於台灣問題的分離主義

　　1945年8月29日，當蔣介石委員長任命陳儀擔任台灣的行政長官兼警備總司令的訊息確定時，即使是美國國務院中國第一主義者亦感憂心，因為陳儀過去擔任福建省長時獨裁專權的表現，令人難以認同。

　　同年（1945）9月，美國政府派人赴台，將戰時滯留台灣的盟軍俘虜一千三百名送往菲律賓馬尼拉；另外，又有OSS（美國戰略業務局）人員赴台，調查台灣社會共產主義者行蹤；接著，美國陸軍調查人員亦赴台，探查盟軍俘虜營以及在此遭難之美軍飛行員。美國軍方人員的行徑引發國

民黨政府的不滿。雖然，行政長官公署人員是由美軍顧問團護衛才安全抵台，但在各項的接受業務上，兩者意見不一，行政長官陳儀乃向美方抗議顧問團的行徑是干涉內政。負責相關業務之魏德邁將軍（Albert C. Wede-meyer）乃決定撤離顧問團人員。

　　其後不久，行政長官公署又把貪污、掠奪之惡習，在台灣故技重施，外加異文化的衝擊，進而引發眾所周知的「二‧二八事件」。在1947年「二‧二八事件」契機下，美國政府開始關注台灣社會的問題。事實上，就在「二‧二八事件」引爆前後，以一名台籍年輕記者為始，台灣社會試著透過各種管道向美國政府表達期待從中國管理下分離，而置於聯合國的信託統治之下。原因無他，除了對陳儀及旗下吏員之貪腐與不文明的行徑倍感失望外，更擔心台灣社會被捲入國共內戰。

　　根據1947年10月15日香港〈華商報〉的報導指出，有出席台灣參政員聯誼會人士透露，美國空軍某少校提出警語，「南京政府不久一定垮台，你們台灣人也該好好準備了」，並提示「若覺得有求助於美國之必要，可以去找美國新聞處長Colto洽商」。且據聞Colto處長的立場是對日和約尚未簽定前，台灣的歸屬依舊未定，必要時美國可讓「大西洋憲章」適用於台灣，屆時台灣人可以自由意志決定台灣的歸屬問題，倘若台灣社會有意讓美國託管，亦可提出相關之要件與期限。根據卜幼夫《台灣風雲人物》之所述，雖然這一切都是秘密進行，然而一些資料顯示，美國政府意圖拉攏台籍士紳展開託管運動，亦非無中生有。

　　而這樣的訊息亦難逃國民黨政府耳目，特別是在「二‧二八事件」發生之後。1948年3月，國府派遣孫科親赴台地，進行調查，並於記者會上嚴厲抨擊美國領事館與新聞處，亦導致代理大使、新聞處長、副領事等一干人被迫離開台灣。

　　另一方面，國民黨政府在中國的國共內戰並不順利，撤退台灣幾乎已成為唯一的出口。1949年5月19日，台灣省警備總司令部公告「戒嚴令」，為國民黨政府播遷來台預做準備。

第二章　戰後美國的遠東政策與台灣

　　當太平洋戰爭結束時，國民黨政府的勢力並不及於長江以北，而以魏德邁將軍為首，認為「國民黨政府必須接受外國行政人員與專家之協助，進行政治、經濟、社會改革，才有可能安定華南的情勢，而倘若國民黨政府不與中國共產黨締結協定，則無論經過多少歲月，依然不能安定華北情勢，且未與中共、蘇聯談判之前，國民黨政府更不可能占有滿洲」。在上述前提下，美國政府決意居中調停，協助國共雙方簽訂統一中國全境之相關協定。於是派遣馬歇爾將軍（George C. Marshall）擔任特使，於1945年12月中旬前往中國，對國共關係之狀況展開調查，並於翌年（1946）1月8日促使國共兩黨交涉出一個協定，不料翌日國民黨政府便片面廢棄。雖然馬歇爾不惜一切努力協調，然而每每確立雙方已完成和談停戰，國民黨政府便又片面毀約，就這樣三番兩次地讓一切功虧一簣。

　　1947年1月3日，當時的美國總統杜魯門（Harry S. Truman）認為馬歇爾特使已無法有效解決爭端，乃將他召回。不久之後，戰火迅速地蔓延至中國全境，中國共產黨順利取得各領域支配權，國民黨政府則被迫率敗軍殘將播遷赴台。即使從日本宣告無條件投降乃至1948年為止，國民黨政府獲取來自美國政府高達二十億美元的軍事、經濟援助，但在國共內戰中仍無法挽回頹勢。1949年10月1日，新中國成立，中國共產黨正式在中土建立一個新政權，即「中華人民共和國」。杜魯門總統清楚認知，國民黨政府失敗的原因不在於美援的不足，而是不得民心所致。於是，美國政府改採靜觀其變之態勢，即停止對國民黨政府的援助；雖不急迫，但承認北京政權將勢在必行；甚至最後恐得漠視中共政權攻略台灣。

　　然而，即使美國政府決意捨棄已落腳台灣的國民黨政府，但並非表示美國否定台灣位於遠東地區的軍事價值。美國政府仍尋求各種方法，意圖避免台灣落入中共政權手中。1949年中葉，如何處理戰後的台灣問題，

乃成為英美交涉的重要議題，而戰後初期台灣的聯合國託管議題又再度受到美國政界要員之關注。雖然英美兩國最後並未針對戰後台灣的歸屬議題做出協議或官方聲明，但從該年4月至6月之美聯社（Associated Press，即美國聯合通訊社）電文內容顯示，此一時期兩國之間的確不斷地交換意見。英美兩國之間的共識大致有三：(1)盟軍在對日和約簽署後，將會把台灣置於友好政府的管理下，但倘若中共政權占有中國，則此約定將隨即取消；(2)中共政權襲捲中國全境後，能否將台灣從中國問題切割出去，而播遷台島的國民黨政府應否被視為是流亡政府；(3)台灣的歸屬議題將成為戰後遠東地區最迫切之課題，美國政府將不惜一切手段不使該島落入中共政權手中，屆時英國亦將配合。

放棄台灣！抑或軍事干涉？

1949年12月14日，當時的美國國務卿艾契遜（Dean Acheson）召開記者會，針對美國是否出面干涉中共政權領有台灣而做出答覆，明確表示即使美國有此意願亦難以達成。事實上，當美國的民主黨政府已不看好在台灣的國民黨政府時，美國社會部分共和黨人士強烈主張美國應對台灣進行軍事干涉，而其觀點直接觸及台灣之於美國的太平洋防衛計畫的戰略價值。

然而，美國政府的顧慮是美軍在遠東地區的沖繩與菲律賓已坐擁基地，再占領台灣對強化國防佈局而言，不僅意義不大，更會引發國際政治紛爭。在日本無條件投降之後，台灣已被置於中國的信託管轄下，倘若此時貿然占領台灣，即侵犯了聯合國所通過之「尊重中國領土主權決議案」，更給中共政權一個有力批判的藉口。總而言之，美國政府尚未找出一個插手干涉的時機點。

另一方面，美國的民主黨政府越是準備將台灣交付給中共政權，來自在野共同黨的阻撓便越趨嚴厲。同時，台灣問題的法理性與美國是否將承認中共政府權，緊密相連。當時美國參議院外交委員會的部分人士主張，「與其讓台灣落入中共政權手中，倒不如歸還給日本」。此一時期，台灣

放棄論與軍事干涉論之爭議，在美國社會吵得沸沸揚揚。

　　1950年1月5日，美國總統杜魯門召開記者會，正式發表對台不干涉聲明。強調無論從中國的領土完整，或是中國的內部紛爭等問題考量，美國政府不打算在台灣坐擁特殊利權，亦不打算對國民黨政府提供軍事援助。此即所謂的「一‧五聲明」，強調不介入台灣事務之原則，「美國目前無意在台灣取得特別權利或利益，或者建立軍事基地。也無意使用武力來干預目前情勢。美國將不採取一個會導致介入中國內戰的路線。同樣的，美國政府對台灣的中國武力不給予軍事援助或建議」之言論。杜魯門總統的言論招致共和黨議員的嚴厲抨擊，參議員Arthur Vandenburg更主張，台灣的法律地位尚未決定，應由台灣的在地人自我決定台灣的歸屬。而受到在野黨的嚴厲指責，總統杜魯門不得不準備一批軍事武器，包括坦克車、裝甲車與軍用卡車等賣給在台灣的國民黨政府。民主黨政府的思考是，中共政權與蘇聯政權間遲早會相互反目，美國政府不應錯過任何讓中共政權向西方靠攏的機會。換言之，台灣之於美國的遠東政策而言，僅是一項拉攏盟友的戰利品，過去曾送給國民黨政府，如今又成為拉攏中共政權的誘餌。

　　就在國民黨政府陷入內外夾擊困境中苟延殘喘，有一群或稱憂國憂民者、或是反共主義者，抑或是追求利益的投機主義者，以及對國民黨政府表現友好的美籍人士等，所結構出的一個政府外圍團體，扮演著遊說團角色，意圖在國民黨政府之於美國關係嚴峻的當頭，協助解套。事實上，自1942年以來，國民黨政府便透過遊說團的運作，有效取得美方奧援，並促其規劃對國民黨政府有利之政策。而眼前這群遊說團成員的重要課題，莫過於促使美國社會認為美國需要國民黨政府以為盟友；而導致國民黨政府敗給中共政權乃非戰之罪，實在是肇因於美國政府內部容共主義之氛圍所致。

　　1950年2月14日，中蘇友好同盟條約簽訂，正好給美國共和黨人找到批判民主黨政府的好題材。參議員麥卡錫（Joseph Raymond McCarthy）在參選期間，則以「政府內充斥著共產主義者」，吸引選民目光，而所有

對國民黨政府「不友好」人士，更成為他抨擊的對象。麥卡錫的訴求直擊美國社會多數國民內心不安、懷疑的層面，並受到廣大選民支持。

在前述麥卡錫與遊說團的持續運作下，不僅帶給民主黨的杜魯門政府莫大壓力，並勢必影響1950年11月期中選舉的選情。杜魯門總統只得從「歐洲復興計畫（European Recovery Program）」的預算中挪撥經費，緊急增加對國民黨政府的經濟奧援，避免政敵透過「對華不干涉政策」而占盡便宜。

台灣中立化宣言

1950年6月從國務卿到國防部，當美國政府各部會首長都對杜魯門總統提出建言，美國必須阻止共產主義蔓延，而確保台灣的安全則為當前要務時，同年（1950）6月25日朝鮮戰爭以迅雷不及掩耳之勢爆發，聯合國安理會隨即通過一項決議，要求會員國針對「反擊武力攻擊」之目標給與必要援助。杜魯門總統除了把美軍部隊送往朝鮮戰場外，更在未知會聯合國與美國國會的情況下，逕行下令美軍第七艦隊執行「台灣中立化」任務，並發表相關聲明，其內容如下：「在此次加諸於韓國的攻擊中，共產主義明顯超越其破壞活動之範圍，並訴諸武力侵略與戰爭手段，意圖以此征服他國。在此情勢下，台灣若落入共產主義者手中，則將全面威脅太平洋的區域安全。因此，我令美軍第七艦隊出面阻止一切對台灣之攻擊，並向在台灣的「中國」政府呼籲，停止一切對中國大陸的海空作戰行動。台灣未來之定位，應等太平洋海域恢復安全，透過與日本締結和約或基於聯合國之考量再做決議」。

杜魯門總統的這項聲明，表象上一反其過去之立場，但卻內含兩項深意。其一是反制國民黨政府「反攻大陸」之宿願，亦種下兩個「中國」的因子；另一則是強調台灣的歸屬問題仍停留於未定階段。

對於杜魯門總統的「台灣中立化聲明」，國民黨政府雖然原則上可以接受，但對「台灣地位未定」的說法則持反對立場；而中共政權對杜魯門總統的聲明則徹頭徹尾採嚴屬抨擊之態勢。

麥帥與杜魯門總統的路線爭議

　　朝鮮戰爭爆發後不久，在台灣的國民黨政府曾表示願派兵加入戰局，但卻遭致美國國務卿與參謀本部的回絕。然而，隨著時日的推移，戰情對美軍與韓軍轉趨不利，甚至撤到朝鮮半島南端的釜山。眼見情勢危急，駐日盟軍總司令麥克阿瑟將軍乃向美國國防部參謀本部提案，允許國民黨政府出兵破壞中國大陸海陸軍之集結，同時更逕行前往台灣，與國民黨政府商談防衛整備事宜與其他相關事項。然而，此舉背後的政治意義是從美國協防台灣，逐步升級為國民黨政府亦將參與打擊共產主義的行列。共和黨員麥帥之言行，顯然忤逆民主黨員杜魯門總統的既定立場。麥帥表面上雖尊重總統的決定，但內心深處卻視其為宥和主義或敗北主義者。

　　杜魯門總統合理懷疑麥克阿瑟將軍意圖擴大戰局，並介入中國內戰，乃試圖對麥帥曉以大義，他以親筆信呼籲麥帥必須瞭解美國的對台政策重點有二，其一是美國政府對兩岸的「中國」，立場一致，毫無偏倚，而出兵行徑僅止於聯合國憲章所規定之和平維持而已；其二，美國政府之於台灣的定位問題沒有預設立場，而將由國際社會共同決定。

　　1950年10月19日，中共政府亦派出中國人民解放軍投入戰局，麥克阿瑟將軍再度向美國政府提出讓國民黨政府派兵參戰的建議，但仍遭漠視。麥帥乃與共和黨硬派人士相結，在眾議院發表公開信，強調美國的軍事人員是「在亞洲以武器為歐洲而戰」，倘若「與共產主義之戰在亞洲敗北的話，歐洲亦將隨之淪陷」，同時還派遣偵查機進入中國大陸領空，而這些作為讓杜魯門總統以「未能全力支持美國與聯合國之政策」為由，而將其撤職。

　　麥克阿瑟將軍被撤職一事，對國民黨政府而言，顯然是失望與落寞，並成為台北各大報紙社論議題。至於美國參議院軍事外交委員會則針對此事召開公聽會，無論是國務卿、參謀本部長、國防部長等皆不支持麥帥的提案，因為麥帥的思考僅會擴大戰局，卻無法保證能有效結束朝鮮戰爭。然而，無庸置疑地，台灣須置於友好國家的保護中，是麥帥個人抑或是美國政府要員之間的共識，唯國民黨政府的軍隊應用於嚇阻中共犯台的作為

上，而非攻略中國大陸之所用。換言之，美國政府與軍方主流派人士的思考均著眼於把台灣從「中國」切割出來。

　　1951年3月，因應朝鮮戰爭陷入膠著而準備停戰的同時，美國國防部發表聲明，強調今後會將台灣、菲律賓等地置於美軍太平洋艦隊的管轄下，並在朝鮮戰後繼續協防台灣。至於此一區域之指揮權，則將由日本駐留軍總司令李奇威（Matthew B. Ridgway）手中，移交給太平洋艦隊司令官瑞德福（Admiral Arthur Radford）。

　　雖然美國國務院或國防總部皆不斷地強調，指揮系統的變更乃基於統合參謀本部之建議，並無特別意義，美國的遠東政策依然不變，但有識者卻認為管轄權變動的背後，應有強烈的政治與戰略意義。首先，把台灣周邊海域置於太平洋艦隊指揮下，有效表明協防台灣將成為美國的長期政策；把專精於朝鮮問題的李奇威將軍等人調離，對將來停戰交涉中，相關代表可名正言順地視朝鮮與台灣是不同議題；在亞洲大陸的國際紛爭中，包括朝鮮戰爭能否順利結束，以及中南半島的問題等，美國政府有必要另設一個統合指揮海空軍的獨立司令部，屆時李奇威將軍的角色扮演將更形吃重，此番之調度應是為該等事態而預作準備。

　　1951年4月3日，美國國家安全保障會議建議政府，應無限期負起協防台灣遭受中共政權攻擊之責任，亦間接促使統合參謀本部確立「不應使台灣陷入共產主義者手中」之結論。

第三章　舊金山對日講和會議與台灣

　　1951年9月5日至8日，在英、美兩國的共同邀請下，聯合包括日本在內的五十二國參與會議，召開舊金山和約會議，共商對日講和條約之簽署。講和條約內容以美國政府的版本為主，並在會議中接受審議。雖然蘇聯對該版本內容有異議而主張修訂，但卻不為大會接受，因而最後參與簽署的國家僅四十九國，蘇聯、捷克、波蘭則未參與簽署。值得注意的是，「中國」並未受邀出席舊金山和約會議。針對這個問題，美國代表杜勒斯（John Foster Dulles）在會議中作出如下的說明，指出「（略）由於中國的內戰，以及同盟國各國政府的態度，使得足以代表中國國民，且具備使中國國民服從於和約內容之政府，並不存於國際上之一般合意中，（略）同盟國在中國代表未出席簽署的情況下，締結講和條約。至於中國與日本的問題，則是在完全保障中國權利與利益等條件下，任其自行講和」。換言之，在兩個「中國」之爭議尚未底定以前，其餘諸國先行與日本簽署和平協議。

　　至於台灣的歸屬問題，亦是前述蘇聯不願參與簽署的關鍵所在。蘇聯代表Andrei Gromyko主張在對日和約攸關「領土」的草案中，寫著「日本放棄對台灣、澎湖等島嶼的一切權利、權限與請求權」，這是嚴重侵犯「中國」所指稱的歸還原有領土之權益問題，且草案中僅言及日本應放棄對該等地區之權利，卻蓄意不言及上述區域今後之命運。受制於美蘇冷戰關係之波及，蘇聯認為美國意圖藉由合約草案之內容，有效地將其之於台灣與相關島嶼的之侵占行為合理化。換言之，舊金山對日和約第二條「領土放棄」的（b）「日本放棄對台灣、澎湖等島嶼的一切權利、權利名義與要求」，則為日後埋下「台灣地位未定論」之爭議。

海外對台灣歸屬問題之見解

關於台灣歸屬問題，英國代表Kenneth Younger主張「（略）本條約規定日本應放棄對台灣、澎湖群島的主權，但該條約並未決定此等島嶼之未來。台灣的未來雖於開羅宣言中論及，但該宣言亦牽涉互不侵犯與否定領土野心等基本原則，並涵蓋有關朝鮮之條款。在中國於實際行動中正式表明承認這些條款與原則之前，台灣問題的解決便難以達成。（略）因此，我們於條約中僅規定日本放棄對台灣的主權，此一結論乃對日和約中處理台灣問題之最合宜的辦法」。

至於第三世界國家如拉丁美洲的薩爾瓦多、中東的沙烏地阿拉伯、敘利亞與埃及等，則認為台灣的歸屬問題必須基於住民自決的原則處理。薩爾瓦多代表Hector David Castro主張無論是台灣、千島群島、庫頁島南部，「對於日本放棄的地區，事前若未徵詢當地住民之意向，則不應對其未來之地位預做決定」；而沙烏地阿拉伯代表Sheik. Asad Al. Faquh、敘利亞代表Faiz. El. Khouri則與埃及代表Mohammed Kamil Bey Abdul Rahim的主張相同，認為歸屬問題「應該基於公民自決之原則，事先徵詢當地住民之意願」。

雖然1943年〈開羅宣言〉中曾述及日本應將「滿州、台灣、澎湖群島歸還給中華民國」；並在1945年〈波茨坦宣言〉中要求日本無條件投降，且再次強調「〈開羅宣言〉之條款必須被實施」，然而這些「宣言」僅止於戰爭中的立場表述，雖存有宣誓意義，但卻不具法律效力。

根據國際法原則，戰爭結果所造成的領土移轉，必須以和平條約來確認。在和約之前的休戰協定，抑或講和的前置作業，均不能構成領土權移轉。換言之，無論是開羅宣言或投降文書等，皆難以因此而論斷應把台灣、澎湖群島之領土權移轉給中華民國。最後，出席舊金山和會的五十二個國家代表當中，四十九國同意台灣的歸屬問題以「未解決」之狀態先行擱置。

於是，在台灣地位的歸屬問題上，根據〈舊金山對日和平條約〉第二條(b)規定「日本放棄對台灣、澎湖群島的所有權利、權限與請求權」。

而其埋下之伏筆是，台灣最終的歸屬尚未被確定。理論上，將來台灣問題之解決，應根據聯合國憲章之目的與原則，在住民自決的基礎上，透過公民投票方式，徵詢當地住民之意願才能下結論。

1952年4月28日，國民黨政府與日本之間根據〈舊金山和平條約〉的規定，簽署了〈中日和平條約〉。中日和平條約在領土問題的處理上，係就其第二條(b)之規定，僅再次確認〈舊金山和平條約〉的聲明，即「茲承認依照公曆1951年9月8日在美利堅合眾國舊金山市所簽訂之對日和平條約第二條規定，日本業已放棄對於台灣、澎湖群島、以及南沙群島及西沙群島之一切權利、權限與請求權」。於是，台灣最後的歸屬問題在中日和平條約的內文中依然未被觸及。

〈舊金山和平條約〉以及〈中日和平條約〉對於台灣的法律地位，皆沒有明確之規定，導致台灣的歸屬問題就這樣懸而未決地延宕至今。每當中國對台灣文攻武嚇，抑或台灣在外交拓展上面臨瓶頸時，「台灣地位未定論」自然會被提出來討論。但是從這項歷史懸案的來龍去脈中，可以明確地推衍出兩個結論：

其一、伴隨時空環境的轉變，中國面對的已非僅止於國民黨單一政權統治下的台灣，而是含括代表台灣在地政黨可能執政的台灣。以當前的情況而論，台灣的歸屬問題將逐漸演變成兩個來自中國的勢力，即從未統治過台灣的中華人民共和國政權，與因流亡而播遷台灣島上的泛國民黨政權，以及台灣島上住民所自主結構的在地本土政權，三者之間的領土爭奪戰。

其二、以美國為首的西方陣營，在台灣的歸屬問題上，有意無意地埋下了伏筆，成為一個預留空間。因為從歷史、地理角度觀之，台灣絕對是亞太地區繁榮、安定的關鍵所在。海峽兩岸若以和平統一的方式來終結台灣的歸屬問題，則另當別論。然而，倘若台灣是被中國以武力的方式兼併，姑且不論島內的反彈、衝突如何，對整個亞太地區，包括美國、日本、韓國與東南亞諸國而言，所謂的「中國威脅論」將直接浮上檯面，畢竟長久以來扮演緩衝角色的台灣已不復存在。

〈中日和平條約〉與台灣的法理定位

　　1951年9月8日，舊金山對日和約簽署後不久，同年（1951）11月美國代表杜勒斯隨即要求日本必須與在台灣的國民黨政府締結和平條約。由於當初美英兩國的共識是，日本將以獨立主權國家之姿，自行選擇與台北或北京政權之一方締結和約，顯然美國政府的作為有背信之嫌。對日本而言，更擔心若不依循美國政府的指示處理，舊金山對日和約恐難以獲得美國參議院的批准。

　　受到朝鮮戰爭氛圍的影響，此時以美國為首的西方世界，正籠罩在中共政權武力威脅論時期，而這也是造就美國願意與日本締結寬大和約的原因。事實上，對日本而言，無論是對台北抑或是北京，皆存有不少戰爭善後問題有待處理，二者缺一不可，值此之際，亦僅能配合美國的指令表態，即選擇國民黨政府做為締約之對象而締結「日華和平條約」，台灣則稱之為「中日和平條約」。日本社會多以「中華」稱呼在台灣的中華民國；而以「中國」稱呼位於中國大陸的中華人民共和國。透過「中日和平條約」之締結，間接表明在當時的現況下，日本不會承認中共政權，亦不與蘇聯勢力圈交流的立場。即使如此，國民黨政府並沒有被國際社會視之為足以代表全中國之政權。換言之，該條約的內容僅適用於國民黨政府當前所統治的政權板塊。

　　然而，日本政府「限定承認」的作法，則受到中共政權嚴厲譴責，批評日本政府甘心成為美國帝國主義侵略亞洲的工具。另一方面，國民黨政府對於條約內容「限定的適用範圍」亦感不滿，而堅持適用的範圍應涵蓋中國本土。當時日本的首相吉田茂在《回顧十年》書中指出，「交涉中最重要的爭議點，著眼於條約根本性前提的相關部分，對方（國民黨政府）意圖以包括中國大陸在內之全中國代表自居，而與日本締結和約；然而，我方的立場則以國民黨政府乃為一局部統治之政權，而試圖與其建立修好關係」。即使雙方意見分歧，但最後在美國駐台大使藍欽（Karl Lott Rankin）仲介下，仍於1952年4月28日相互簽定了「中日和平條約」。

　　而根據該條約適用範圍的問題，在照會文第一號中明文規定，「本約

各條款有關中華民國之一方，應適用於現行中華民國掌控下或將來掌控下之全部領土」[1]，顯然此處之適用範圍僅限於台澎金馬等地。換言之，日本政府雖沒承認中共政權對台灣擁有主權，但不容諱言地，亦清楚意識到兩個「中國」並存的現實，勢必對戰後日中、日台善後問題之解決產生困擾。至於日本對台、澎地區的主權問題，則依據舊金山對日和平條約第二條之內容，再次重申「放棄」之基本立場。[2]

　　根據國際法之於領土歸屬的理解，歸屬權的最終決定是以和約內容來確立；換言之，當「舊金山對日和平條約」暨「中日和平條約」中，日本明言「放棄」台澎之後，形式上該地主權暫時轉移至參與簽約之相關各國，但現實上則由國民黨政府進行實質統治。

---

[1] 【日文原典】第一号　書簡をもって啓上いたします。本日署名された日本国と中華民国との間の平和条約に関して、本全権委員は、本国政府に代つて、この条約の条項が、中華民国に関しては、中華民国政府の支配下に現にあり、又は今後入るすべての領域に適用がある旨のわれ われの間で達した了解に言及する光栄を有します。

[2] 【日文原典】第二条　日本国は、千九百五十一年九月八日にアメリカ合衆国のサン・フランシスコ市で署名された日本国との平和条約（以下「サン・フランシスコ条約」という。）第二条に基き、台湾及び澎湖諸島並びに新南群島及び西沙群島に対するすべての権利、権限及び請求権を放棄したことが承認される。

第四章　戰後列強對台政策之演變

第一節　「台灣中立化聲明」之廢除

　　1953年共和黨人艾森豪（Dwight D. Eisenhower）繼任美國總統，他一改過去杜魯門總統的對台政策，先是廢除之前的「台灣中立化聲明」，放任國民黨政府在台灣自由心證，接著又透過「台美共同防禦條約」之簽定，而將國民黨政府的活動半徑有效限於台澎金馬地區。表象上，美國政府會不惜為了台灣的國民黨政府而與中共政權交戰，但事實上僅止於大陳島撤退之個案。重新回顧此一時期艾森豪總統的對台政策，長期目標就是把台灣自中國分割出去，使國民黨政府失去反攻大陸的踏腳石，意圖實質性地完成所謂「一中一台」的潛藏性目的。

　　艾森豪總統批判過去民主黨政府的「圍堵政策」，是導致朝鮮戰爭失敗之主因，共和黨政府的主張是以「反擊政策（rolling back policy）」面對海外的共產勢力。此時，美國共和黨政府以參議員塔虎脫（Robert Taft）為首，主張應借助國民黨政府的力量打擊中共政權。

　　同年（1953）2月2日，艾森豪總統在國會發表國情咨文中強調，「在1950年6月韓國遭受侵略攻擊時，美國第七艦隊受命阻止一切對台灣的攻擊，同時亦保證不以台灣作為攻擊中共治下區域之作戰基地，此舉等同於要求美國海軍協同防衛共產中國。然而，當該軍事命令下達之後，中共隨即派軍入侵朝鮮半島，甚至攻擊戰場上的聯合國部隊。（略）因此，我將下令第七艦隊不再擔任共產中國之盾牌，此一命令並非是包藏侵略之意圖，而是我們毫無義務必須保護在朝鮮戰爭中與吾等對抗之人」。而上述咨文之內容亦等於間接宣告「台灣中立化聲明」即將解除，此舉亦獲得共和黨人與國民黨政府的喝采，在華盛頓地區的「中國」遊說團更意圖藉此而舉辦「百萬人反對中共進入聯合國委員會」活動。

國際社會對解除「台灣中立化」之認知

艾森豪的台海政策不僅引發中共政權的強烈不滿，蘇聯更以「司馬昭之心」視之。就在艾森豪總統發表國情咨文後不久，2月9日蘇聯媒體〈眞理報〉乃明白指出「解除台灣中立化是擴大遠東戰爭的新步驟。（略）艾森豪總統在國情咨文中宣告美國不僅將繼續在台灣的占領，並意圖以國民黨政府軍對中華人民共和國作戰（略）」。

不僅是共產世界，即使同爲西方陣營的英國對「台灣中立化」現狀之解除，亦憂心忡忡，英國工黨領袖貝凡（Ernest Bevin）一語道破英國社會的隱憂，即「英國人不希望被迫為蔣介石而戰」！工黨議員莫里遜（Herbert Morison）主張「艾森豪曾說相互安全保障即意味著相互間的合作，但此點必須是以盟邦間充分的討論為前提。（略）在美國總統的國情咨文中，對於現在的中國政府不可能永不被世人所承認，以及不可能永不被聯合國所接受，顯然是認識闕如；同時，蔣介石政權亦不可能永久留在聯合國。（略）任由蔣介石以大軍攻擊中國大陸，而美國海軍卻不干涉，此舉可否成功尚不可知，但必將招致嚴重惡果，其一是引來戰事擴大之風險；其二，倘若蔣介石陷入困境或敗北時，美國又應做出如何之處置（略）」？

與英國政府立場一致的加拿大政府對「台灣中立化」的解除，亦抱持反對立場。當時的皮爾森外相（Lester B. Pearson）亦直接指出，「台灣的最終歸屬，應留在未來朝鮮停戰會談中，以遠東問題之一環時再討論，且屆時更應以當地住民之意志做為優先考慮之議題」。

回顧當時國際社會面對艾森豪總統之於「台灣中立化」廢除的政策性宣示，顯然陷入「戰爭警戒論」的隱憂中，此應與第二次世界大戰的夢魘才結束後不久，不無關聯。

「台灣中立化」解除後的影響

然而，即使美國共和黨政府之於遠東地區的「反擊政策」，舉世震撼，但現實上卻沒有發生太大的改變，反倒是國民黨政府的勢力不斷地從

中國大陸的沿海島嶼，節節敗退。

　　主因在於「台灣中立化」策略廢除之後，中共政權把原本集結於中國東北與朝鮮半島的軍隊，大舉移駐於中國東南沿岸島嶼，亦導致國民黨政府軍在當地的游擊活動動彈不易，甚至間接迫使國民黨政府必須撤回盤踞於緬甸的殘留人員。

　　根據當時國際政治評論家阿爾索普（Joseph Alsop）的分析認為，艾森豪總統提出廢除「台灣中立化」的政策宣示，其背後真正的理由僅止於取悅那些「亞洲第一主義」的同黨同志，然而此舉卻引發坐落於遠東至西歐等廣大區塊之各國有了不祥之感。

　　根據前「台灣安保協會（財）」理事長黃昭堂先生之見解，艾森豪總統意圖解除過去藉由美軍第七艦隊來限制國民黨政府反攻大陸之做法，倘若就此便認定杜魯門政府「過去三年來所施以避免介入（中國內戰）之中立化政策，如今被艾森豪政府片面變更為支持中國內戰」，亦不全然正確。因為艾森豪對中共政權所採行的「反擊政策」，並非行動性策略（operational policy），而是僅止於一種宣示性策略（declaratory policy）罷了。

　　1954年當中共攻下國民黨政府控制下的大陳島時，第七艦隊的艦砲根本「未砲轟大陸沿岸，而只將國府軍隊自大陳島撤回，就掉頭不管了」。這表示艾森豪政府對蔣介石解除限制之策略，實質上並沒有超出杜魯門政府「台灣中立化」的政策範疇。艾森豪政府，尤其是國務卿「杜勒斯所採行之政策，與其所主張的顯然背道而馳」。黃昭堂〈透視美國決定「台灣中立化」政策〉之研究指出，「台灣中立化」政策並不僅限於杜魯門政府，日後的美國政府亦繼續沿用，而成為往後美國對台政策之原則。

第二節　「台美共同防禦條約」與艾森豪的「福爾摩沙決議」

就在朝鮮戰爭方興未艾之際，1955年越南戰爭爆發，迫使美國政府不得不重新檢討亞洲政策。美國的隱憂在於當東亞諸國紛紛被共產主義解放後，美國將喪失其之於亞洲的防衛能力。

「東南亞集體防禦條約」的簽署與「台美共同防禦條約」

1953年7月7日，朝鮮戰爭透過「朝鮮停戰協定」的簽署，暫時畫下休止符。為求未雨綢繆，美國政府以美軍為中心，結集英、法、紐、澳之力量，試圖建立一道圍堵共產勢力發展的防線，同時亦招攬其他東南亞國家加入，結構出集體防禦體制。翌年（1954）9月8日，美、英、法、紐、澳、泰、菲與巴基斯坦等八國聯合簽署了一份「東南亞集體防禦條約（SEATO）」。

在北京的中共政權對於美國的這項作為，十分關注。中共政權的隱憂在於，倘若台北當局亦被邀請加入「東南亞集體防禦條約」架構中，台灣的國際地位將不是僅限於美國的防衛體系之下，屆時則趁區域安全保障條約之便，而獲得國際社會的承認。因此，早於該年（1954）8月1日中共建軍二十七周年紀念會上，總理周恩來藉由「解放台灣宣言」，重申「台灣是中國神聖不可侵犯的領土，絕不容許美國侵占，也絕不容許交給聯合國託管」的嚴正立場。

事實上，在台灣的國民黨政府的確曾於朝鮮戰爭停戰之際（1953），直接向美國政府表達欲加入東南亞集體防禦組織的想法，更進而期待能否締結「台美共同防禦條約」。而美國原本亦希望能將台灣納入「東南亞集體防禦條約」架構中，然而以英法為首，包括其他東南亞國家都反對把台灣納入的做法。理由無他，以聯合國的模式處理台海兩岸問題，北京當局勢必反對，而台灣的國民黨政府亦未必接受。另一方面，倘若美國以武器奧援台北當局，屆時美國亦可能面臨被捲入中國內戰的風險。美國政府唯一的選項僅剩下一個，即與台灣的國民黨政府締結軍事同

盟。於是艾森豪總統乃於同年（1954）9月確定將與台北當局締結共同防禦條約，協防台灣，但同時亦要求國民黨政府必須保證不以武力「反攻大陸」！

　　然而，對國民黨政府而言，「反攻大陸」乃朝思暮想之宿願，且此舉將促使台灣自中國分離出去，因此台北當局主張應把中國大陸亦納入共同防禦條約的適用範疇。然而，事與願違，美國政府恨不得把金門、馬祖等大陸沿岸島嶼亦排除於適用範疇之外，顯見兩者立場不太一致。

　　經過近兩個月的交涉，1954年12月1日雙方終於有了共識，重點是「美國與國民黨政府間之此一條約，將與其他條約相同，其本質是屬防衛性的」，並於美國時間12月2日，由當時的外交部長葉公超與美國國務卿杜勒斯在華盛頓完成簽署作業，即「台美共同防禦條約（Mutual Defense Treaty between the United States of America and the Republic of China）」。所謂「防衛性質」條約，即倘若台北當局意圖攻擊中國本土時，必須先與美國政府進行協商，而「武力行使」的前提必須是在自我防衛固有權益的情況，且具緊急行動的條件特質下。

　　即使國民黨政府與美國簽署「台美共同防禦條約」必定引發中共政權的強烈不滿，認為此舉是嚴重「干涉中國內政」。然而，讓北京當局稍感放心的是，有效限制國民黨政府僅能與美國「單獨」簽訂「防衛性」條約。

「台美共同防禦條約」的問題點

　　「台美共同防禦條約」最引人側目的，莫過於條約的適用對象。締約的兩方，一為國民黨政府，另一則是美國政府，兩者因之前的世界戰爭而產生「因相互同情與共同理想進而相結，並建立團結一致並肩作戰」的關係。顯然，台灣民眾似乎並不是條約內容的適用對象，因為大戰期間台灣民眾以日本國民的身分，為日本帝國的存亡而戰。

　　其次，依第二條有關防衛相關之內容規定，「締約國為了更有效地達成此條約之目標，乃以自助及互助等方式，維持且發展個別與集團之能力，以抵抗各種武裝攻擊，甚至是影響版圖完整或政治安定之共產主義者

的顛覆活動」。[3]事實上，美國政府意圖透過此項條文之規定，必要時可片面出兵台灣，以確保對台灣的主控權。

其三，則是第六條攸關適用「領域」之具體定義。在條文內容中，舉凡「版圖」之相關詞彙，就國民黨政府而言，是指台灣與澎湖群島；就美國政府而言，則是指美國之於西太平洋區域管轄之大小島嶼。而條文中第二條與第五條之內容，亦適用於其他經相互同意之版圖。[4]美國國務院法律顧問柯亨（Bemjamin U. Cohen）對此項規定有所質疑，乃以「柯亨備忘錄」形式提交給參議院外交委員會討論。他的質疑在於「如果依此條文批准條約，即等於首次正式承認台灣與澎湖群島為中華民國的領土」，而「〈開羅宣言〉與再確認其內容的〈波茨坦宣言〉中，美國、英國與國民黨政府代表的確曾有將台澎交還中國之目標，但此一目標並未以合約來履行。同時，此目標如今能否實行，亦須依中國本土的情勢改變，而引發嚴重質疑」。更重要的是，「此事應立基於〈大西洋憲章〉與〈聯合國憲章〉之精神處之，公告〈開羅宣言〉的當時並未預想到台澎地區會被捲入中國的內戰與革命。如今，更不可以漠視島民的意志、利益，以及住民自決之宗旨」，更何況「倘若正式承認台澎地區為中國領土，則將給中共得以主張其之於該區域之武力攻擊乃內戰之延伸，而非國際性侵略行為之藉

3　第二條之英語原文：In order more effectively to achieve the objective of this Treaty, the Parties separately and jointly by self-help and mutual aid will maintain and develop their individual and collective capacity to resist armed attack and communist subversive activities directed from without against their territorial integrity and political stability.
　　參照TDP網站，網址如下：http://www.taiwandocuments.org/mutual01.htm (2014. 05. 07)，2002. 05. 02

4　第六條之英語原文：For the purposes of Articles 2 and 5, the terms "territorial" and "territories" shall mean in respect of the Republic of China, Taiwan and the Pescadores; and in respect of the United States of America, the island territories in the West Pacific under its jurisdiction. The provisions of Articles 2 and 5 will be applicable to such other territories as may be determined by mutual agreement.
　　參照TDP網站，網址如下：http://www.taiwandocuments.org/mutual01.htm (2014. 05. 07)，2002. 05. 02

口，導致他國的介入成為疑義」，最重要的是，「至少在目前的情況下，將台澎與中國本土切離，方符合美國的利益」，而「大部分的盟國以及友好國家都認為，與其讓台灣海峽開戰，勿寧更期待的是區域和平」，如今「美國的立場應基於聯合國憲章之規定，禁止以武力解決國際紛爭，而是透過和平解決問題，落實憲章所謳歌之住民自決的權利」。如此一來，「可繼續與友好國家或盟國保持協調關係，避免美國捲入一場欠缺盟友支持的戰爭之唯一且最善之策」，而只要「台灣民眾不主張自決權利，則蔣介石便沒有被民眾驅逐的隱憂；而只要蔣介石不把台灣民眾捲入與中共之間的紛爭，即能受到民眾歡迎，便可能繼續留在台灣」。然而，「以現行條文之規定，對美國而言是弊多於利」，因此柯亨強烈建議，「在批准此防禦條約之前，應先透過聯合國的力量落實終止台灣海峽的武力紛爭，即必須證明美國並非是保護國民黨政府，甚至是協助攻擊中國本土，而是意圖追求真正的和平」。

　　結果，美國參議院外交委員會在處理該條約時，特別提出聲明，強調此一條約將不影響或改變其適用領域之法理地位，以及該條約並未對台、澎地區做出最後之處分。換言之，第六條之規定不僅阻絕了國民黨政府「反攻大陸」的夢想，亦導致其後台北當局在聯合國的「中國」代表權受到嚴重質疑。

艾森豪總統的「福爾摩沙決議案」

　　事實上，「台美共同防禦條約」最後所確定之內涵，不僅不是美國政府所預期的，更非國民黨政府所期盼的。然而，美國之所以願意簽署，主因在於避免國民黨政府失去信心，而向中共政權投降；至於國民黨政府，則是考慮到情勢愈趨不利，已無其他足以強化立場的手段。中共政權則重申，有關台灣是「獨立國」，乃至把台灣「中立化」或是「託管」等主張，都是割裂中國領土、侵犯中國主權與干涉中國內政的行為。

　　1955年初，針對「台美共同防禦條約」的效性如何，北京當局決意以身試法。該年（1955）1月10日，中共政權以百架戰機襲擊距大陸不遠

的大陳島，接著又以地面部隊登陸鄰近的一江山，與駐守當地的國府部隊交戰兩個小時後攻陷。就在危急存亡的當下，即使國民黨政府相當不情願，但美國政府以這兩個島嶼無關於台、澎的防衛問題，而通告國府當局應該撤出，但亦明確表示美國願意協防金門，以為代價。

即使國民黨政府百般不願，然而形勢比人強，國府軍更因喪失了制空權而無法自行撤退。美國政府雖派遣海軍第七艦隊與遠東空軍協助掩護，但亦極力注意不被北京當局認為是挑釁行徑。事實上，北京當局即使透過媒體嚴厲批判美國，但亦不願為此而與美國發生激烈衝突。他們從美國政府的因應態度，充分瞭解「台美共同防禦條約」的適用對象僅限於「台灣防衛」之用，那些跟隨國民黨政府而赴台者遲早會想回鄉，屆時「解放台灣」的戰略目標遲早便可達成。

同年（1955）1月21日，針對大陳島、一江山淪陷等問題，艾森豪總統向國會提出「特別咨文」，尋求國會賦予總統自由裁量權，獲取無限制之權限，此即授權總統派兵防衛台灣之所謂〈福爾摩沙決議文〉（Formosa Resolution）。依施正鋒〈美國在艾森豪總統時期（1953-61）的對台政策〉之研究指出，對艾森豪總統而言，認為大陳島與一江山的淪陷是中共政權武力攻略台灣的前奏曲，對美國與太平洋周邊的區域安全，甚至是世界和平情勢的維持，都是警訊，因此不能等待聯合國的共同決議才付諸行動，而必須藉由國會的決議馬上取得先機。當這份咨文送交國會之後，眾議院隨即通過此項提案，參議院亦在幾番波折後通過。

針對台澎地區的宣戰權限，美國國會同意賦予總統自由裁量權，但並未提及金門、馬祖的部分。此一事實讓國民黨政府倍感不滿，甚至威脅將自行發表金門、馬祖亦納入防衛範圍內。中共政權眼見美國與國民黨政府之間的利害衝突開始擴大，乃意圖坐享漁翁之利，強調「中國希望和美國對話」，並呼籲國民黨政府應為和平解決問題而進行和談，亦暫時化解了首次的台海危機。

第三節　非武力反攻大陸

　　此一時期，中共政權與蘇聯之間的競合關係，日益走向白熱化。蘇聯反對以武力解放台灣的做法，但中共政權則意圖推動戰爭邊緣政策。當然，中共政權之所以對中國大陸沿岸島嶼開啓戰端，其關鍵出自於內部因素。而台北當局嗅到不尋常的火藥味，不僅舉行大規模的軍民聯合防空演習，更將「台灣防衛總司令部」、「台灣省保安司令部」、「台灣省民防司令部」及「台北衛戍總司令部」，合併成「台灣警備總司令部」，台灣社會進入非常警戒狀態。1958年8月23日，北京的廣播電台宣稱「中共軍決心解放台灣及大陸沿岸諸島，並將於近期登陸金門」。

　　至於美國的立場還是一如過去，對於加諸台澎的威脅，美國會負起共同防禦責任，至於金門、馬祖等大陸沿岸島嶼則從未明示會負起協防責任。然而，美國政府亦不否認金馬的防衛與台澎兩地安全緊密相結的看法。換言之，對於中國沿岸這些不具重大意義的小島，爲了防衛其安全而犧牲美國人的性命，甚至引發更大的戰爭危機，其前提在於是否符合美國的國安利益。但是，美國當局卻不能明說，因爲這只會替中共政權造勢，打擊國民黨政府士氣，甚至導致台北當局的潰滅。

　　1958年9月初美國軍部人員赴台，與台北當局進行會談，檢討台灣的軍事情勢。同4日，國務卿杜勒斯發表相關聲明，基本上僅是對過去的台灣政策再確認，但唯以「相互聲明在台灣區域放棄武力」而與中共政權進行斡旋一項，備受矚目。其內容如下「美國仍希望中共政權不要無視於人類對和平的意志。此點並非表示我們認爲中共之要求不妥，而欲迫其放棄主張。我想提醒的是，自1955年迄今，美國與中共政權代表在日內瓦進行長期性交涉，除非是出自自衛態勢，美國一向致力於促使雙方能相互提出放棄武力行使之聲明，然而中共政權迄今一直都拒絕提出此類聲明。但我們深信唯有這個做法，才是任何人都能接受的文明手段。而只要中共政權不以行動逼迫我們，就不會導致我們以武力反抗來捍衛愛好和平的各項目標原則，美國亦將繼續採行這項立場，除非整個事態陷入別無選擇的餘

地」。美國政府擔憂第二次台海危機之升高，可見一斑。

金門砲戰

　　第二次台海危機從該年的8月23日一直延續到10月5日，中共的人民解放軍不斷地對金門進行砲擊，而這段歷史在台灣現代史上稱之為「金門砲戰」，或是「八二三砲戰」。至於國際社會對於第二次的台海危機又抱持如何的態度呢？當外傳中共政權將以水陸兩棲部隊，對金馬進行攻擊時，英國著實感到震驚。然而，英國仍維持其基本立場不變，英國的社會輿論一向對國民黨政府不表同情，甚至認為應該邀請中共政權進入聯合國，中國大陸沿岸諸島原本即中國的固有領土，至於台澎及其相關島嶼則應促其中立化。

　　日本一向不好捲入海外的紛爭，特別是敗戰後的日本。當時的日本外相藤山愛一郎前往加拿大訪問時，對記者的提問表示「我個人對台海紛爭的擴大深感懊惱，倘若紛爭繼續擴大下去，日本可能會被捲入風波中而感到為難」。日本的外務省當局無法明確表態，他們擔心錯誤的立場宣示會對日後的外交政策造成決定性影響。

　　倒是北京當局已有效掌握了美國的罩門，一方面配合「杜勒斯聲明」，強調將以和平方式解決台海危機，並準備重新開啓中美會談；但同時亦嚴厲抨擊美國在台海地區擴大對中國侵略的範圍，挑起戰爭，是對遠東與世界和平的一大威脅。

　　而就在美國與中共政權、美國與英國之間進入緊急磋商的關頭，對未來情勢的發展倍感焦慮的莫過於國民黨政府。此時，在中共軍的猛烈砲火下，駐留於金門的國府軍已難獲補給，即使美國已提供國民黨政府近九千萬美元的軍需物資。

　　至於美中會談則分別於同年（1958）9月15日與18日召開，然而因應美國政府的「締結停戰協定」之要求，中共政權則要求美國「退出台灣」，並主張奪回金、馬兩地的正當性與必要性。換言之，期待台海兩岸試行有效對話，顯然無望，而美國國內的社會輿論更對政府當局涉入台海

危機，展開嚴厲批判。

面對美中會談進展無望，以及美國可能被捲入台海危機的隱憂中，美國政府所固守的既定立場開始有動搖傾向。國務卿杜勒斯透過記者會表示「倘若中共停止砲擊金門，則國府在金門結集大軍恐非上策」，一般對此則解讀爲爲求停戰，美國可能會要求國府軍從金門、馬祖撤退。接著，副國務卿赫特（Christian A. Herter）更公然批評國民黨政府緊抱著金、馬兩島不放是病態的執著。同年（1958）10月1日，美國總統艾森豪舉行記者會正式表態，即決不受武力威嚇而退卻，但雙方停戰若能實現，就不宜在金、馬兩地佈署大軍。

面對如此這般的國際情勢，國民黨政府僅不斷地重申金門、馬祖是防禦台、澎與保障自由世界的前哨，台北當局反對自中國大陸沿岸撤退的做法，且仍一廂情願地相信國務卿杜勒斯的誠意。倒是中共政權則利用台北當局憂心被美國出賣的心態，伺機透過媒體提出「告台灣同胞書」，把中國的內戰咎責於「美國帝國主義」，並呼籲國民黨政府應與中共政權直接交涉，而此亦符合長期以來，中共所主張的台海問題是中國內政問題的說法。

國民黨政府抨擊中共政權意圖擴大國府與美國之間的矛盾，而美國則力促國府能同意削減駐留於中國沿岸島嶼之軍隊。然而，諷刺的是中共政權竟開始對於美國強迫國府軍撤出中國沿岸島嶼的問題感到憂心。因爲金門、馬祖將成爲今後國共關係連結的平台。倘若國民黨政府喪失了中國沿岸島嶼，可能會導致國府走向「台灣政府」化路線，屆時「一中一台」儼然成形，恐今後再也無法有效領有台灣。因此，中共政權必須設法讓國府軍繼續駐留於中國沿岸島嶼。而其制約性做法有二：其一是擴大對金門的砲擊，一方面避免使中國本土捲入這場內戰當中，同時重新召開美中會談，繼續與美國保持接觸；其二則是對金門的封鎖與砲擊力道不可造成國府軍的潰滅，甚至導致國民黨政府在美國壓力下棄守金馬。換言之，「金門砲戰」對中共政權所造成的隱憂，意外地遠較國民黨政府爲大。

Not the use of force 的眞相

倘若停戰成爲事實，則美國將要求國府軍撤出金門與馬祖，屆時台灣海峽將成爲天然的停戰線，爲避免結構出「一邊一國」形勢，中共軍乃技術性砲擊，以利台美會談時能壯大國民黨政府的立場。

1958年10月21日，美國國務卿杜勒斯率員赴台與台北當局會談，並於同月23日發表聯合公報。透過聯合公報所建立的共識是國民黨政府以放棄武力反攻大陸，換取美國政府承認中國沿岸島嶼與台澎的防衛密切關聯。換言之，雖然美國政府接受「台美共同防禦條約」亦可適用於中國沿岸島嶼，但卻間接迫使國民黨政府放棄「反攻大陸」之宿願。其相關內容如下：

> 在當前的情況下，（台美）雙方咸認為金門、馬祖之於台灣、澎湖的防衛緊密相結（略），而中華民國以真正代表全體中國人民的宗旨下，為求貢獻人類福祉之真義而奮戰。在鑑及台美兩國所履行之防禦性條約，兩國政府重申維護聯合國憲章之原則的決心。中華民國政府以恢復大陸人民之自由為神聖使命，而深信此一使命之基礎應建立於人心，為達成此一使命，其主要途徑是落實孫文先生的三民主義，而非憑藉武力。

針對公報內容中「反攻大陸」之議題，國民黨政府把「Not the use of force」片面定義爲「非憑藉武力（not depend on force）」，而是以孫文的三民主義做爲落實反攻大陸之手段。不容諱言地，這一切的發展卻是在中共政權的誘導下逐步成形，不僅讓美國更緊密地固著於金、馬的協防上，亦寬大地片面宣告「單打雙不打」的間歇性停戰。美國東亞研究者錫恩（Alice Langley Hsieh, 1922-1979）指出，這種慢性卻穩定的緊張關係，卻是協助中國朝往解放台灣與迫使美國撤出西太平洋之長期目標有效邁進的策略。

第四節　聯合國「中國」代表權的爭議

1961年1月，繼艾森豪總統之後，民主黨的甘迺迪（John F. Kennedy）贏得大選，這項事實讓中共政權深感戒慎與不安。因為早在選舉期間，甘迺迪及其幕僚之於台海兩岸問題，經常表達「兩個中國」或「一中一台」的見解。事實上，在總統大選期間，甘迺迪曾公開向媒體表示自己「強烈相信守護台灣是必要的」，但「只要金門、馬祖之於台灣的防衛變得不重要時，則美國的防衛重點應置於台灣的周邊海域」，從而要求國府軍應從中國沿岸島嶼撤出。換言之，其背後的「兩個中國」或「一中一台」主張，讓兩岸當局皆感不滿。

早在1959年9月，美國社會對於台海兩岸問題之看法，以美國駐聯合國代表史帝文生（Adlai E. Stevenson）的主張為例，多數認為中共政權的代表能否擁有聯合國席次，應由全體會員國共同裁量；而台灣的歸屬問題，則應置於「聯合國的監督下，由台灣住民投票決定」。無論是當時的助理國務卿鮑爾斯（Chester Bowles），抑或是民主黨總統候選人甘迺迪等都有一個共識，即美國應避免視蔣介石政權可代表全「中國」。

至於美國在歐洲的盟友英國的立場又是如何呢？基本上英國主張應讓中共政權在聯合國擁有席次，而台灣則置於聯合國的信託統治之下，待蔣介石百年之後，再以住民投票的模式決定自主獨立、兩岸統一，抑或是讓聯合國繼續託管。

值得注意的是，從甘迺迪政府時代開始，美國政府在觸及台灣問題時，刻意不使用「中華民國」、「國民黨政府」等字眼，而直接以「台灣」兩字替代之。此一現象不僅讓國民黨政府深感不快，亦讓中共政權非常不滿，兩岸當局皆認為美國政府刻意讓台灣問題走向國際化。中共政權更透過媒體，警告國民黨政府當台灣社會走向國際化時，國民黨與國民黨政府將被美國捨棄。

甘迺迪政府為紓緩國民黨政府的不安，乃派遣副總統詹森（Lyndon B. Johnson）赴台，向台北當局保證美國政府無意承認中共政權，同時反

對其擁有聯合國席次，且將對國民黨政府提供經濟等其他相關援助。然而，對於美國政府並未明確否定兩個「中國」之論調，且美方之於蒙古人民共和國加入聯合國的態度亦有鬆動傾向，因此國民黨政府對於甘迺迪總統的善意釋出，自然無法滿足。

國家繼承理論的啓動

所謂「國家繼承（Succession of States）」理論，在國際法上是指某一個國家因一定程度的領地被他國占有，而導致該國在國際上之部分或全部權利、義務、地位等，被擁有該領地的國家所取代。取得該國原有之權利、義務、地位的國家稱爲「繼承國」，而權利、義務、地位等被取而代之的國家稱爲「被繼承國」。國家繼承的內容各有不同，主要爲「權利繼承」和「義務繼承」，或分爲「全部繼承」及「部分繼承」。[5]據說這個理論的始作俑者乃美國助理國務卿鮑爾斯所設計的，重點是強調一個「中國」的時代將於爲結束，因此聯合國應同時給國民黨政府與中共政權議會席次，而中共政權的議席許可則經由大會進行資格審議、表決通過即可。然而，即使美國政府用心良苦，但卻遭致國民黨政府與中共政權等當事雙方的強烈反對。

不僅是國民黨政府抑或中共政權強烈反對所謂的「繼承國家」模式，即使國際社會亦認爲這種做法相當弔詭，而難以接受。以蘇聯爲首的共產主義國家率先表達反對之意，第三世界國家如印度、阿拉伯聯盟等國亦不贊同。國際輿論的負面表態迫使美國決議，擱置國府與中共政權同時參與聯合國的「繼承國家」模式，僅持續支持台灣在聯合國的席次。

意外地，美國與台灣的國民黨政府卻因爲蒙古是否參與聯合國問題，相互齟齬。當時，聯合國針對亞洲的蒙古人民共和國與非洲的茅利塔利尼

5　"Succession of States（繼承國家）" is a theory and practice in international relations regarding the recognition and acceptance of a newly created sovereign state by other states, based on a perceived historical relationship the new state has with a prior state. The theory has its root in 20th century diplomacy.

亞（Mauritania）兩國之會員資格，展開審議。國民黨政府認為蒙古加入
聯合國將動搖其自身地位，而意圖製造輿論向美國施壓。即使美國政府派
人赴台，向蔣介石總統表達美方的立場，即希望國民黨政府不要透過聯合
國安理會而否決蒙古的入會審議；另外，則要求國府削減軍事預算與縮減
兵力。

　　當台灣的蔣介石總統揚言，若蒙古順利加盟聯合國，則不惜以退出該
組織反制美國。而美國社會在野陣營之共和黨右派，亦以承認中共政權與
蒙古人民共和國將削弱美國之於柏林的立場，進而抗議國務院承認蒙古以
及允其加盟聯合國，以致民主黨的甘迺迪總統不得不暫緩蒙古的加盟議
題，以免四十八億美元之援外計畫被國會否決。1961年7月31日，台灣的
陳誠副總統為此赴美，與甘迺迪總統對此展開會談，並發表共同聲明，重
點是「美國再次確認支持聯合國創始會員國中華民國之代表權，並反對中
共政權加盟聯合國之決心」。值得注意的是，同年（1961）10月25日，
即聯合國安理會即將審議蒙古人民共和國加盟聯合國之前夕，蔣介石總統
決意放棄其之於反對蒙古加盟的立場，最後消極地投下了棄權票。同月
27日，聯合國大會順利通過蒙古與茅利塔利尼亞的加盟案。

1950年代「反共抗俄」思潮下的國民外交

　　一如前述，1949年國民黨政府播遷來台，海峽兩岸關係處在劍拔弩
張的氛圍下。翌年11月，朝鮮戰爭（或稱「韓戰」）爆發，甫成立的中華
人民共和國亦加入戰局，愈加凸顯台灣在東亞地區戰略地位的重要性，
美國乃決意將台灣編入其東亞防禦體系內。而朝鮮戰爭之後，繼1951年
「舊金山對日和平條約」簽署完成，台美之間乃於1954年簽訂「台美共
同防禦條約」，除了防範來自中國「解放台灣」之威嚇外，更藉此穩定西
太平洋地區的和平與安定。

　　在共產勢力的擴張所引發的朝鮮戰爭背景下，從1951年開始至1965
年期間，台北當局每年從美國方面獲取約一億美金之貸款，史稱「美
援」。美國除了提供民生與戰略物資給台灣之外，更包括台灣社會基礎建

設所需之資金與技術，有效解決台灣社會戰後的通貨膨脹問題，以及因外匯短缺下可能導致的政權不穩與再次資本形成之困境等各種問題。換言之，美援的出現對戰後台灣社會整體的重建與復甦，功不可沒。

在中共政權掣肘下，此一時期台灣處於外交動盪的年代，但受到美國政府庇護，台北當局至少還是聯合國之一員，更在聯合國安理會內擁有席次。國民黨政府積極推展外交工作，意圖鞏固台灣在國際社會之地位。此一時期，國民黨政府的外交戰場以聯合國議場為主；而民間層級的外交參與則以美國為中心，並以具有反共思想之國際團體為對象。

在對外關係上，政府意圖聯合世界上遭受共產主義迫害之人民，以及以「反共抗俄」為號召之國際團體，包括在美華人所成立的反共僑團等，共同高舉「反共」大旗，對抗赤色政權。而相對於往後每一時期台灣社會國民外交之特色，1950年代所強調的是「國際反共」之意識型態。

以「反共抗俄」為號召的國際聯盟策略

此一時期，台灣國內出現幾個以「反共抗俄」為號召的國際聯盟組織，包括積極參與國際反共事務，為自由中國發聲的「中國國民外交協會」；以及在誠實、純潔、無私、仁愛等道德規範下，力主國際間應放下對立，共同面對未來的「世界道德重整會」；另外，因應朝鮮戰爭之善後處理，呼籲亞洲國家建立國際反共聯合陣線，合力抵制並消除共黨威脅而成立的「亞洲人民反共聯盟（Asian Peoples' Anti-Communist League）」，簡稱「亞盟」（APACL）等團體。這些團體的組成，有的是由國內人士主倡，有的則是由海外人士所主導，而台灣社會之所以積極響應這些團體舉辦活動，在在都是期待能突破台灣在國際地位上所面臨的危機與困境。以下將透過上述三大組織運作模式，說明此一時期台灣社會在「國民外交」之推展。

1. 中國國民外交協會

以「中國國民外交協會」為例，延續1942年7月1日在中國重慶所成立的「中國國民外交協會」，伴隨國民黨政府政府播遷來台。該協會本身可謂是政府所刻意塑造出的民間團體，並藉此而成為「輿論」之代言，其

領導核心皆爲官方所能控管之各級民意機構成員。

　　1950年代，一度曾在名譽理事長張群、理事長吳鐵城、繼任理事長黃朝琴等人主導下，該協會一度成爲國民外交之典型範例。舉凡外賓或華僑來台參訪時，「中國國民外交協會」便以台灣民間團體之姿，成爲招待與宴請貴賓的代表。

　　1953年3月，美國民主黨黨魁史蒂文生（Adlai E. Stevenson）來台訪問時，以「中國國民外交協會」爲首等八個團體在台北賓館合辦雞尾酒會，歡迎史氏之到訪；同年4月，美國對華政策協會主持人柯爾柏夫婦與自由亞洲協會駐台代表施豁德一行來台參訪，亦曾應「中國國民外交協會」之邀，舉辦一場演講，主題是「美對華政策的演變」；又11月，當時美國尼克森副總統夫婦來台訪問，台灣共二十二個民間團體聯合舉辦歡宴，會中亦由「中國國民外交協會」理事長吳鐵城代表各團體致歡迎詞。

　　1954年，鑑於東南亞公約組織（SEATO）倡議階段，即使國民黨政府積極爭取加入，但中共政權卻以各種方式百般阻撓，此時菲律賓政府實施「零售商菲化案」，對旅菲華僑產生莫大影響，當時除了由外交部表達嚴正抗議外，「中國國民外交協會」亦運用國民外交相關管道，試圖協助解決旅菲僑胞困境。1950年代，旅菲僑胞在菲國經營商業者，以零售商爲多，幾占華僑商業總數之六至七成，其人數連同家屬在內至少有八至十萬人之多。一旦施行該法案，華僑之商業利益與經濟實權將爲菲人剝奪。當群起反對之際，台灣除了以官方立場發表嚴重抗議外，華僑協會總會與國民外交協會，連同菲律賓華商聯合總會，同時表達對菲律賓政府批准零售商菲化案之不滿與關切。另一方面，則配合政府政策催生「亞洲人民反共聯盟」，意圖透過「亞盟」的中華民國總會力促台灣成爲該會領導核心。

　　同年，素有「民主先生」之稱的前台灣省主席吳國楨在美接受外電專訪，並致書給國民大會，強烈抨擊台灣強人的一黨專政、特務橫行、思想箝制等，而此番言論遭到國民黨政府以各級議會、媒體輿論嚴厲撻伐，聲討其言論之不當。而當時身兼「中國國民外交協會」理事長的台灣臨時省

議會議長黃朝琴亦跳出，以民間立場發表擁護政府中央、批判吳國楨等相關言論。

　　1955年由中日文化經濟協會與「中國國民外交協會」等四個團體設宴款待日本駐華大使芳澤謙吉返任；1957年，在中英文化協會會長奧格頓博士率領下，由英國國會議員、教授，以及英倫自由中國協會會員等九人所組成之友好訪華團，在台進行為期十天的訪問行程。除了拜會政府首長外，亦接受「中國國民外交協會」的晚宴款待。

　　「中國國民外交協會」除了協助政府接待外賓外，亦發表言論，以代表民間擁護國家政策，藉此鞏固領導核心。1961年針對蒙古加入聯合國案，當時兼任「中國國民外交協會」理事長的立法院長黃國書，則代表台灣民間輿論而發表反對意見，強調此舉將有傷台灣的國家利益，要求美方應慎重考慮。

　　換言之，每有外賓參訪時，則由該會以民間團體之姿出面款待；一旦國際社會出現對台灣的外交發展有不良影響時，該會則改以台灣社會的輿論之尊，批判外界，為政府護航。因此，表象上「中國國民外交協會」雖為民間團體，實為官方作為擁護領導中心的政府重要外圍團體。

2. 世界道德重整會

　　再以參與「世界道德重整會」為例，國民黨政府意圖藉由國際性宗教活動，強化與西方世界間的邦誼關係打擊共產勢力。「道德重整」運動的發起人美國牧師法蘭克‧卜克曼博士（Dr. Frank Buchman），早年積極從事社會改革，在二次大戰前夕，卜克曼思考何以人類在短時間內就發動了兩次世界大戰，心中倍感無奈。他主張歷史的仇恨倘若無法撫平，戰爭將使得人類的生活永無寧日，而世界和平則需從每個人的內心改造做起。於是，卜克曼提出了「道德」與「精神」重整的概念，此亦是道德重整名稱之由來，即希圖每個人都能重新反省自我或自己的國家。

　　1946年，「世界道德重整會」即邀請中國派代表團出席世界性大會，國民黨政府雖派遣政界要員參與其中，但在對外的表象上卻側重國民外交之角色扮演。翌年，時任「聯合國安全理事會軍事參謀團」中國代表

團團長何應欽將軍出席在加拿大所舉辦的國際大會時，亦強調世界道德重整會所力主的道德標準，與中國傳統道德之修身、齊家、治國、平天下等道理並不背離，而這是中華民國政府積極參與「世界道德重整會」活動的主因之一。

　　翌年（1947），世界道德重整會在美國加州召開第十屆大會，何應欽因公務在身，政府乃改派當時的立法院副院長陳立夫率團，同行者還有黃仁霖將軍、考試委員羅時實等多名政府要員前往出席。創辦人卜克曼與美國政界人士，前往機場接機。台灣代表團在會後則一同出席美國參眾兩院所召開的記者會，陳立夫先生並接受各大媒體訪問。

　　1950年代以後，「世界道德重整會」開始在全台各大專院校成立合唱團，並逐漸朝往民間團體發展。1951年2月，何應欽將軍應日本世界道德重整會新會址之成立，出席剪綵儀式，並以「中日道德合作」為題發表演說；1953年夏，何應欽更應邀前往菲律賓的「世界道德重整會」發表演說；1956年7月，何應欽率台灣代表團赴瑞士柯峰出席「世界道德重整會」之大會；1957年3月，何應欽另率五人代表團參加「世界道德重整會」的第一屆亞洲大會；而同年（1957）7月，卜克曼博士邀請何應欽率領代表團，包括唐縱、謝東閔、羅時實、謝然之、查良鑑、郭克悌、余夢燕、謝高屏、錢用和、朱光潤等中華民國政府的一些黨政要人，出席美國麥金諾舉行之大會。大會當日，卜克曼另邀請台灣百位青年赴美參加「世界道德重整會」，包括食宿與交通費等所需經費則由「世界道德重整會」全額支付。

　　至於前述來自台灣百位青年之選取，由青年反共救國團從全台各大專院校選拔，再由當時的新聞局長沈錡、主任秘書李煥等率隊出訪。1958年之後，又把這些來自各界之優秀青年組成青訪團，包括國樂、民族舞蹈、繪畫及藝術等各個領域之青年菁英，以謝東閔為首，包括劉先雲、周中勛、錢復、高英茂、楊傳廣、紀政、陳澤祥、江凌、邱創壽、胡兆陽、滕永康、中廣國樂團三十餘人、民族舞蹈團二十餘人，以及台灣知名畫家和藝術家等十餘人，總計百人出席，參與「道德重整會總會」的各項活動

與巡迴公演，伺機營造「國際反共」氛圍，強化國民外交的溝通管道。

3. 亞洲人民反共聯盟

其次，再談「亞洲人民反共聯盟」的成立。1950年代的台灣在聯合國內擁有席次，當時的蔣介石總統亦曾試圖以既有的國際地位，透過民間團體主導「國際反共」風潮，引領亞洲。

第二次世界大戰之後，鑑於國際共產勢力積極擴張，東歐諸國紛紛成為共產主義國家；中國也在蘇聯的扶植下建立共產政權；繼朝鮮戰爭爆發後，亞洲各地逐漸走向赤化。當時台灣的蔣介石總統為圍堵共產勢力之外擴，試圖號召組織一個亞洲國際聯合反共陣線，促進亞洲國家間的反共團結。早於1949年7、8月期間，亦分別與菲律賓、大韓民國等兩國協商會談。與菲國總統季里諾（Elpidio Quirino）舉行過碧瑤會談；又與韓國大統領李承晚（Syngman Rhee）舉行鎮海會談，決議在亞洲創立一個民間自主性的反共聯盟。

1954年6月，在韓國鎮海舉辦「亞洲人民反共會議」，出席成員包括台灣、大韓民國、菲律賓共和國、泰國、越南共和國，以及香港、澳門、琉球等五個國家、三個地區，台灣代表團則有代表三十二人出席。以「亞洲人民反共會議」制定「亞洲人民反共聯盟」之組織原則，即由各會員國成立聯盟，再合組成一國際性的「亞洲人民反共聯盟（Asian Peoples' Anti-Communist League）」，簡稱「亞盟」（APACL），作為相互聯繫與工作推展之樞紐；另外，又確立了亞盟的三大目標，其一是反對共產主義，推翻共黨政權，阻遏共產勢力的侵略與擴張，其二是促進亞洲自由國家之間的團結，儘快解放亞洲，以恢復被支配民眾的自由，其三則是與其他自由世界合作，建設亞洲成為自由、民主、和平、繁榮的新亞洲。

台灣方面則以前述「中國國民外交協會」，以及「華僑救國聯合總會」等各種民間團體共同發起籌備運動，同年（1954）8月1日成立「亞洲人民反共聯盟中華民國總會」，並推舉當時的國防部參謀次長谷正綱為首任理事長，而其工作要項即透過「反共」信念推展國民外交，包括派遣代表出訪亞洲各反共或非共產國家，強化聯繫，促進合作；發動旅居亞洲

各地之僑胞，配合當地的反共人士，在該地積極推展反共運動；發動旅居海外自由國家之僑胞，透過國民外交的運作，向僑居地國家的政府及其民眾，加強反共宣導，並爭取該國參與反共聯合戰線，甚至給予台灣在反共抗俄上的支持。

在台灣的中華民國政府主導下，亞盟的首次理事會在台北舉行，谷正綱更當選爲第一屆理事會主席，進而促使亞盟之常設祕書處坐落於台北。谷正綱廣邀各國反共人士來台訪問，強化聯繫，並不定期舉行演講會、座談會，擴大國際反共團結，力求海外民眾反共組織之實現，以及國際文化、經濟合作的達成。在台灣的亞盟「中國」總會，爲求擴大國際反共宣傳，除了按月出版《自由中國與亞洲》英文月報之外，更經常委請專家撰述各種反共叢書，譯成英、日等國語文，出版發行。

亞盟成立之後，在國際外交之成就，除了鼓吹、推動、協調、折衝各項反共相關工作外，更有「中日合作策進會」的成立、促使日韓復交、成立「亞洲國會議員聯合會」（即日後的「亞太國會議員聯合會」）、「亞洲太平洋理事會」之組成。

海外華人反共組織的成立

1950年代，海外華人在美國組成「華僑反共救國總會」、「華僑聯合救國總會」、「全美華人福利總會」等各種反共團體。這些反共團體成立的理由，主要是因應美國國內的反共風潮，一方面表達在美華人的反共訴求；另一方面亦對流亡台灣而與中共政權對峙的中華民國國民黨政府，表達支持之意。中華民國政府與這些反共僑團之間一直保有密切聯繫，並試圖運用僑社之力在僑居地透過國民外交，宣揚反共思想。反共僑團的活動不僅推行於華人社群，亦融入當地的社會活動，藉由節慶日的舉辦，意圖擴大宣導效果。例如，1953年「華僑反共救國總會」在舉辦反共巡遊活動時，特意選定中國春節農曆的元月7日，即所謂的「人日」舉行，因爲該日正好是「林肯誕辰紀念日」，亦是美國重要節日之一。而在西洋的慶典節日中舉辦活動，不僅讓與會人士重視政治層面之意義，更可在國際間產生預期的宣傳效益。

　　另外，除了在美國國內宣傳當地華人反共的立場，藉此保障自身之權益外，部分人士亦以旅美華人之名，表達對國民黨政府的支持，為中華民國在美國從事國民外交，並強調國民黨政府是唯一能代表「中國」的合法政權。例如，1952年7月，國際紅十字會曾邀請中共政權以「中國」之名，出席在加拿大多倫多所舉辦的第十屆國際大會，台灣方面則被矮化而以觀察員名義與會，在舊金山的「華僑反共救國總會」即電告紅十字會的國際總會，表達強烈抗議；1959年，紐約中華公所主席李覺之、僑界人士梅友卓，以及華埠各僑團代表等共計百餘人，亦曾聚集於聯合國總部前面，手持反共標語，向赴美訪問之蘇聯總書記赫魯雪夫示威抗議。而這些活動與舊金山的「華僑反共救國總會」一樣，基本上都是由僑團所主導辦理的「國民外交」活動。

　　除了中華民國政府的官方外交活動之外，更透過僑界結構出政府外圍第二線外交，爭取國際輿論的支持。鑑於紐約的國際能見度相對較高，在這裡舉行反中共政權入主聯合國等相關活動，亦是向國際宣傳支持國民黨政府的方法之一。另外，「華僑反共救國總會」有時也以勞軍或救助難胞等名義向僑界募款，這是繼宣傳之外，透過金援模式給予國民黨政府最直接之援助。

　　反共組織不論是「華僑反共救國總會」、「華僑聯合救國總會」、「全美華人福利總會」等，最初成立之宗旨雖各有不同，但最後所被賦予的角色扮演，皆成為當局的宣傳工具，從早期的華人反共宣傳，到後來為國民黨政府宣揚反共立場等，皆為此類組織的任務之一。

　　海外反共組織的成立，多為僑界中華會館或中華公所之延伸，國民黨政府難以實質介入其中，主要都由僑領自行主導。倘若僑團與政府之間配合的默契不夠，則成效自是有限。因此，僑界領袖經常是政府積極爭取合作之對象，因為僑領在當地具有一定程度的人脈關係與領導地位，隨時可見機行事，而推動國民外交影響當地輿論，則可促使僑居地政府採行相對友善的對台政策。

以友好親善爲名的政府外圍團體

1956年8月，時任日本副總理的石井光次郎率領「日本各界中華民國親善訪問團」赴台訪問，並針對台日間政治、經濟、文化等各項議題，與國民黨政府交換意見。因有感於台日之間的交流不能單憑政府間的相互協商，而決議成立一獨立組織作爲政府的外圍團體，先行爲政府間的談判謀求共識。

翌年（1957）4月此一團體於焉成立，在「促進中日兩國間的政治、經濟、文化諸方面之親善友好與互助合作」等宗旨下，分政治、經濟、文化等三個層面，並定名爲「中日合作策進委員會」，由台、日雙方各推委員十二名參與其中。在國民黨一黨獨大的時代，台灣方面的發起人多爲政黨要員或公營事業負責人；而日方代表則佈局於財經界人士。

針對會議之召開，由東京、台北輪流舉辦，初起之際的規劃是每年聚會兩次；但自1961年以後則遞減爲每年一次，導致定期之會議逐漸流於形式。1972年則因台日斷交，從此停止「中日合作策進委員會」的機制。

自1957至1972年期間，「中日合作策進委員會」共召開過十六次會議。雖然台灣方面的提案多圍繞在國際政治的反共議題上，但日方更關心的是經濟議題。如何使日本的資金與技術順利流入台灣社會，協助戰後台灣的經濟建設，則成爲「中日合作策進委員會」的重要課題之一，並在日後逐漸取代美援的角色。

1950年代「中日合作策進委員會」的重要成就有二：其一，是促使日本勸業銀行在台設立分行，並成爲戰後台灣第一家外商銀行，但在外匯管制的年代，僅提供商務資本的服務；其二，1957年，在美國政府決意大幅刪減援外預算時，透過「中日合作策進委員會」之機制，相互研擬由日方提供優惠的資金借貸與設備採購，有效塡補台灣在經濟建設上的資金缺口，而此種經濟互惠的模式亦繼續延用至1960年代，對於進口替代時期台灣的社會經濟，多所助益。

眾所周知，「反共抗俄」可謂是1949至1980年期間，國民黨政府在

台澎金馬所施行的重要基本國策與政治宣傳。而繼朝鮮人民民主共和國成立之後，1949年中華人民共和國於焉成立，國共內戰加劇，國民黨主政下的中華民國中央政府於戰事失利後，從中國大陸播遷來台，而同一時期美蘇冷戰局勢緊張。1950年以復行視事為由而在黨內重新成為權力核心的蔣介石，再次主導中華民國政府。撤退來台的中華民國政府，除了不承認中華人民共和國政權的合法性之外，且以既定的反共國策，配合美國國內反共主義之興起，而與中國共產黨所建立之新中國，互爭來自國際社會的承認與支持。以「反共抗俄」為主軸的對外關係，歷經蔣介石總統（5任）、嚴家淦總統與蔣經國總統任內，直到1980年代初期，才改以「三民主義統一中國」之國策替代之。

　　在「反共抗俄」體制下，台灣社會的國民外交，多以「反共」為主軸，成為民國1950年代台灣社會與國際社會交流之平台，惟「中日合作策進委員會」則因日方關注之焦點多放在經濟議題上，對戰後台灣社會的經濟復甦具有實質助益，為發展戰後台日之間的關係邁進一大步。

中日合作策進委員會發起人資料（1957年）

台方人員姓名	當時職稱
谷正綱	國民大會代表主席團主席、總統府國策顧問、國民黨中央委員及常務委員
張厲生	中國國民黨中央黨部秘書長
黃朝琴	中日文化經濟協會副會長
陶希聖	立法委員、中央日報董事長、中日文化經濟協會常務理事兼文化委員會主任委員
鄭道儒	曾任經濟部部長、中日文化經濟協會常務理事長兼經濟委員會主任委員
胡健中	立法委員、中央日報社社長
林柏壽	台灣水泥股份有限公司董事長
陳雪屏	正中書局董事長
羅萬俥	彰化銀行董事長

吳俊升	教育部政務次長
王撫洲	經濟部次長
汪公紀	中央信託局顧問、中日文化經濟協會常務理事兼幹事長
日方人員姓名	**當時職稱**
赤松要	一橋大學教授
井口貞夫	前外務省常務次長
上村健太郎	前防衛廳空軍參謀長
杉道助	大阪商工會議所會頭
藤山愛一郎	東京商工會議所會頭
船田中	眾議院議員
堀越禎三	日本經濟團體聯合會常任理事
細川隆元	政治評論家
松岡駒吉	日本社會黨眾議院議員、日本社會黨顧問
御手洗辰雄	政治評論家
矢部貞治	拓殖大學總長
矢次一夫	國策研究會常任理事

資料來源：中央研究院近代史研究所檔案館，參照「中日合作策進會經濟組委員會第一次會議參考事項」（1957.08.10），〈中日合作策進委員會第二冊〉，《外交部檔案》，館藏號，11-EAP-01749

于斌與天主教外交

天主教耶穌會早在十六世紀末便進入中國傳教，但卻因祭孔與祖先崇拜等問題，引發梵諦岡教廷內部的贊否兩派之爭，直到1939年教廷才撤銷禁止中國教徒之祭祖禁令。1941年教廷與中華民國締結外交關係，並在當時的首都南京設置駐華使館。

另一方面，自1931年九一八事件發生之後，日本之於中國的侵略意圖愈益升溫，這對黑龍江省出生的于斌主教產生很大衝擊，乃在羅馬組織「中義友善會」，從此奠定了中國天主教會與國民外交密不可分的關係。

1933年在當時教廷駐華代表剛恆毅（Celso Costantni）的推薦下，于

斌主教被教廷任命為「中國公教進行會」全國總監；1936年更被教宗庇護（Papa Pius）十二世任命為南京教區主教。其後不久，于斌主教發動教友募款，以獻機運動購得一小型飛機，稱之為「救護機」，提供戰地傷患救援之用，也因而得到當時軍委會委員長蔣介石之接見。于斌主教透過多國語言之長才，以及西教背景，積極奔走海外，獻身於國民外交工作。不僅是中日戰爭期間，戰後為防止中華民國的外交陷入困頓，于斌主教更竭盡其能地率領中國天主教團在海外從事反共宣傳。

　　戰後于斌主教在美國陸續成立了兩個團體，一為「中美聯誼會」；另一則為「自由太平洋協會」。中國赤化後不久，為了對不願返回祖國的留學生提供救援，于斌主教乃透過人脈進行募款，並在紐約市購得一座五層樓磚房，成立「中美聯誼會」，另透過海外募款提供台灣學生赴美深造的獎助金，更向美國政府爭取「中國」留學生打工之權益。

　　面對亞洲區域社會的相繼赤化，于斌主教自省要削弱共黨國際的勢力，就應成立一個文化機構，並對亞太區域社會問題提出正確的思考路線，才是正本清源之道。1954年，于斌主教再次以中國天主教團為主體，於紐約成立「自由太平洋協會」，並意圖在越南、台灣、日本、韓國另設分支機構。翌年（1955），隨即在越南西貢設立「自由太平洋協會」越南分會。

　　1957年8月，中國大陸基於統戰目的而在北京成立「中國天主教教友愛國會」，這是一個官方性的宗教管理組織，其下設有「中國天主教神哲學院」，培養中國共產黨政府所認可的天主教神職人員。中國天主教教友愛國會則在日後被改稱為「中國天主教愛國會」，並與「中國天主教主教團」合稱為中國天主教界的「一會一團」。然而，很長的一段期間，戰後中國大陸的天主教會並沒有與梵蒂岡聖座「共融」。換言之，中國天主教愛國會體制下的中國天主教會顯然是自主獨立於教皇國之外的。

　　同一時期，1956年7月胡適、台靜農等八人在台灣成立北京輔仁大學在台同學會，並委託羅馬的神言會事務總長向羅馬教廷提出輔仁大學復建陳情書。於是，在神言會、中國主教團、耶穌會等教團的共同協助下，北

京輔仁大學乃在台復校，並在蔣介石夫人的力挺下，選定于斌樞機主教擔任復校後的首任校長。在學校理事會與天主教團各派的共識下，1961年以擁有六個學院為目標的輔仁大學正式在台復校、招生。

1960年代以後，在台灣的中國天主教界為了協助鐵幕內的中國教友逃離共產主義的思想桎梏，除了積極在海外從事反共宣傳之外，並透過教會力量在台興學，推動天主教學校教育，透過普世一統的國際性宗教信仰，有效扮演國民外交的尖兵角色。

1950年6月朝鮮戰爭爆發，也正式引發第二次世界大戰後美蘇之間的冷戰（Cold War）關係，以美國為首的西方陣營與以蘇聯為首的東歐共產主義國家，在國際政治與外交等各種層面展開衝突與競爭。1950年代台灣社會的國民外交，一如前述，環繞在「反共抗俄」的主軸上，無論是以「反共抗俄」為號召主導國際聯盟策略、亦或是在海外成立「反共」華人組織等，在在都是以反共之名，意圖有效排擠中共政權在國際社會的活動空間。唯以友好親善之名的政府外圍團體，如「中日合作策進會」或于斌所主導的天主教團體等則可謂是對台灣社會、經濟具有實質助益之國民外交活動，但不容諱言地，此一時期台灣社會參與「國民外交」活動之人士，多為政府黨政要員。

而中華民國政府遷台之後，梵蒂岡教廷仍承認其為代表中國之合法政權，並在台北設置「教廷駐華公使館（Nuntiatura Apostolica in Sinis）」，1959年更升格為大使館，而背後以于斌主教為中心之中國天主教團透過教會關係，在國民外交上的努力則功不可沒。

第五節 「反攻大陸」宿願的幻滅

1961年12月2日，第十六屆聯合國大會開始審議戰後的之一大懸案，即中國代表權問題。雖然中共政權的入會審議沒有通過，但台灣的國民黨政府亦清楚意識到今後的困窘處境。美國派駐在聯合國的代表史帝文生（Adlai E. Stevenson）雖透過媒體公開表示，聯合國大會保證讓統治一千

萬民眾的國民黨政府在聯合國擁有席次，然而國際社會則解讀為甘迺迪總統的「兩個中國」計畫。

國民黨政府的因應對策則是加速推進「反攻大陸」之目標。1962年前後，經濟建設「大躍進」運動與政社合一的「人民公社化」運動，導致中國內部形勢險惡，民不聊生。在台灣的國民黨政府眼見機不可失，乃認真地擬定一套攻略中國的計畫，包括成立「戰地政務局」、設置「經濟動員計畫委員會」，召集預備兵員與延長志願兵的除役年限等。美國甘迺迪總統則決意先發制人，除了把親國府之美方人員調離現職外，亦相繼派遣國務院調查局人員、國務院遠東事務人員等赴台，向國民黨政府高層勸說攻略中國的非務實性。

然而，當時的蔣介石總統似乎無法面對現實，反而是變本加利，意圖利用駐台美國中央情報局人員（CIA, Central Intelligence Agency）為反攻之舉遊說華府。眼見國民黨政府依舊執迷不悟，1962年3月20日，美國國務院乃直接公開一份外交相關檔案〈1943年中國情勢〉。民主黨政府之所以必須如此，除了與共和黨人的遊說團相抗衡外，更要強調中國的情勢之所以變成如此，乃中國社會存有淪入共產主義者手中之溫床，而此溫床則建置於國民黨政府的腐敗、無力與自以為是之所致。事實上，此一檔案之公佈，將為兩個「中國」的老問題帶來新觀點效益，即美國政府雖持續反對中共政權加入聯合國，但卻慢慢在朝往承認中共政權的方向發展，而美國政府官員多數認為這是合理的，即使政府部門存在不少親蔣派人士。

甘迺迪總統意圖藉由外交檔案〈1943年中國情勢〉的出刊，打破國民黨政府把撤退至台的責任歸罪給美國奧援的不足，抑或是遭美國外交人員出賣等悲情形象。而國民黨政府此時的憤恨更是可想而知，台北當局透過媒體不斷重複地宣傳與強調，國民黨政府之所以失去中國大陸，乃是遭受「醜陋的」美國人背後暗算之所致。

1962年7月5日，時任美國駐台大使柯克（Alan G. Kirk）交付一封總統甘迺迪的親筆函給台灣的蔣介石總統，主要內容有三，其一是美國的中國政策不變；其二，至目前為止，美國不支持反攻大陸；其三，希望台北

當局停止口號對中共政權挑釁。由此顯見，甘迺迪總統明確地讓蔣介石總統瞭解，意圖把美國捲入反攻大陸的想法是不可行的。

同年（1962）夏，蔣介石總統乃派其子蔣經國前往美國，進行為期一年的訪問，針對美國的中國政策交換意見。然而，由於所有的會談皆未發表正式聲明，顯見雙方自始至終並無共識；據傳當蔣經國力陳反攻大陸的主張時，美國政府則以「兩個中國」或「台灣民主化」而給予回應。其後不久，甘迺迪總統乃遇刺身亡，國民黨政府僅派駐美大使蔣廷黻出席喪禮，間接表達台北當局的失望、喪志與不信任。

甘迺迪路線的延續

1963年11月，美國總統甘迺迪遇刺身亡後，副總統詹森依法繼任總統職。而詹森總統的兩岸政策基本上仍承繼過去甘迺迪總統路線，惟手段相對彈性，即「視中國之動向而重新檢討對中政策」的立場。然而，北京當局則認為詹森政府在製造兩個「中國」而加以非難；至於台北當局近乎是萬念俱灰，但仍引頸期盼美國的「中國」政策能有轉圜餘地。

不料，翌年（1964）3月，美國正式向台灣的國民黨政府發出通告，將於1968年全面終止「美援」之經濟協助，其背後則蘊含撤廢軍事援助之意圖。同3月25日，美國國會參議院外交委員會主席傅爾布萊德（J. William Fulbright）發表演說，間接表達美國政府的立場，其重點在於兩個「中國」事實上並不存在，只有一個「中國」！即共產主義者持續統治的中國大陸。在台灣的國民黨政府對此說法，感到震驚與憤怒。然而，即使透過媒體放話抨擊美國社會的姑息主義，抑或是由國府外交部發言人要求美國政府為其立場表態，甚至是蔣介石總統直接召開記者會強調美國仍是北京政權的頭號敵人，但這些言論與主張卻在在被漠視。

同年（1964）4月，美國國務卿魯斯克（David Dean Rusk）出席在馬尼拉舉行的東南亞集體防禦條約組織（The Southeast Asia Treaty Organization, SEATO），回程時順道赴台與蔣介石總統進行會談，再次明確表示「美國政府與人民支持中華民國是中國的合法政府，我們反對任何剝奪中

華民國在聯合國合法地位之建議，我們亦反對任何讓中共政權在聯合國替代中華民國之建議」。在這段外交辭令中，很技巧地避開了關鍵問題，包括「支持中華民國政府為中國唯一的合法政府」，以及「並非反對中共政權加入聯合國」，而是反對以排除國民黨政府而使中共政權入會的做法。顯然，美國政府的立場的確有些許動搖，而這也是外界認為之所以在雙方會談之後沒有發表聯合公報的主因。

同年（1964）10月以後，由於中共進行核子試爆成功，外加英國工黨取得政權，國際情勢的變化導致國民黨政府的立場更趨窘迫。當時台灣的媒體〈自立晚報〉的社論則語重心長地提出警語，強調「我國雖必須阻止中共加入聯合國，若在不幸失敗之際，我們應有退一步的準備，絕對須避免因激憤而退出聯合國。是否留在聯合國一事，對我國今後的國際地位或內外情勢，將有很大影響。世界大勢將決定我們的道路，而我國絕無可能變更國際情勢」。

正當國際情勢對國民黨政府愈形不利之際，越南戰爭的激化，暫時紓緩台北當局的壓力。越戰問題成為詹森總統外交政策的重點，1965年2月，美軍開始進行「北爆」行動，即砲轟北越，正式介入越南的內戰。包括美國在內，世界各國均對中共政權將直接介入戰局而深感憂心，國民黨政府乃伺機決議派遣志願軍參與，開闢亞洲第二戰線。

受到1950年代「麥卡錫主義（McCarthyism）」恐共思潮的影響，美國社會不太在公開場合探討「中國」政策議題。然而，此一時期中共政權是否介入越戰，成為社會輿論關心的焦點，1966年3月美國國會參議院外交委員會竟打破禁忌，召開相關議題公聽會，讓一些中國專家針對中國之現狀與未來，以及美國的兩岸政策提出建議，而多數學者都主張在民族自決的原則下應支持台灣獨立。這項主張一如哥倫比亞大學巴涅特教授（A. Doak Barnett）所說的，「基於政治、戰略與道義等理由，美國應繼續防衛台灣不受外來之攻擊，並應堅決支持由台灣一千三百萬住民自決的原則」；同校的薩高利教授（Donald S. Zagoria）亦主張「有關台灣問題到最後最有意義的解決之道，莫過於台灣的自治」；就如同加州大學

史加拉畢諾教授（Robert A. Scalapino）所說的「就長期而言，住民自決主義必將是美國的利益，亦是我們的道義所在，而此點則是美國的道義與政治利益巧妙一致的一個案例」；而哈佛大學的舒瓦茲教授（Benjamin I. Schwartz）更直指，美國政府應在聯合國採行「一中一台」的立場，一如同校之費正清教授（John K. Fairbank）所謂的「事實上，台灣擁有一千兩、三百萬的人口，遠超過聯合國三分之二的會員國」。

　　透過公聽會帶動討論的效益逐步發揮之後，美國政府開始積極處理中國問題，同（1966）3月16日國務卿魯斯克則在國會眾議院外交委員會中闡明美國政府的立場，並提出十項政策方針。基本上，這幾項原則被認為是沿襲1963年以來美國的政策路線，並無新意，但卻是自1950年代以來，美國政府高層首次就中國政策發表的正式聲明，意義自然重大。

　　國務卿魯斯克的十項政策方針，以一言蔽之，即對中共政權行「無孤立化圍堵政策」，前四項是確立援助處於中共政權威嚇下的亞洲國家，特別是對台灣的援助以及聯合國席次之確保；而其後的六項則明言美國並無打擊中共政權之意圖，而是透過正式與非正式接觸，進行雙邊會談。

　　國民黨政府最後的反擊則是透過蔣介石總統的御用學者陶希聖，以及第一夫人宋美齡等，批判「無孤立化圍堵政策」乃是對中國共產主義錯誤認知下的產物，且絕不存在兩個「中國」的問題。然而，為了不得罪美國，國民黨政府把砲火直指前述的傅爾布萊德參議員、費正清教授與巴涅特教授等人為「失敗主義者」，而對費正清教授更以共產黨同路人攻訐之。

　　然而，對於美國政府的善意展現，中共政權卻不領情，理由無他，因為「其一，美國不放棄台灣；其二，美國之於中共政權恢復聯合國合法議席之問題，態度不變」。換言之，就北京當局的立場而論，不過是在圍堵政策之前，要求中國人民放棄固有的嚴正立場。

　　無論中共政權做何感想，美國政府依舊按照既定政策進行其「無孤立化圍堵政策」，處理中國問題。當時美國駐聯合國大使高德柏（Arthur J. Goldberg）提出美國的底線，即在有條件的情況下，同意中共政權成為

聯合國之一員。而條件有四，其一是中共政權不得以強要國民黨政府之退出，做爲其加入聯合國之前提；其二是中共政權過去曾要求聯合國要爲朝鮮戰爭中援助南韓之事道歉，以做爲其加入聯合國之前提，此點必須撤回；其三，中共政權應撤回修改聯合國憲章之要求；其四，中共政權必須忠於聯合國憲章，即遵守放棄武力並以和平手段解決紛爭。

　　同時，美國政府國務院以前述費正清、巴涅特、史加拉必諾等八位中國專家爲主，成立一個中國事務諮詢委員會。由於這些成員多爲兩個「中國」論學者，因此國際社會相信未來美國的對中政策之轉向，是可預期的。

　　然而，計畫趕不上變化，美國政府評估中共政權領導人毛澤東即將退位，政權內部將世代交替，然而這一切卻在無預警的文化大革命與越戰走向白熱化的情況下，亂了陣腳。更甚的是，中共政權開始發展核武實力。對美國政府而言，中共政權的核武戰力將影響亞洲的區域安全，而如何把台灣納入美國的防衛體系內，則是詹森總統的課題之一。

　　但是，只要在台灣的國民黨政府堅持主張自己是代表「中國」的正統政權，並以「反攻」大陸做爲基本國策，則台北當局便難以獲准加入「東南亞條約機構（SEATO）」或「東南亞諸國聯合（東協、ASEAN）」，因爲這些區域防衛組織的成員國擔心會受到兩岸關係的波及。1968年1月，經由審愼檢討後，詹森政權認爲兩岸問題，還是必須釜底抽薪，讓國民黨政府的駐軍撤出金門、馬祖，然而文化大革命使得中國今後的情勢愈趨不明，而越戰局勢更陷入泥沼化，詹森政權已是無暇他顧了。

　　1968年民主黨的總統候選人尼克森在美國總統大選中出線，而上任之後的首要任務之一，即改善與中共政權的關係。翌年（1969）7月，美國政府以文化大革命已到了尾聲階段，因此透過對中國旅行規制與產品進口限制之鬆綁，意圖對中共政權展現善意。接著，同年（1969）12月，中共政權與美國政府在波蘭華沙的「中國」大使館重新開啓雙邊接觸，這是中斷兩年之後的新契機。鑑於中共政權早於同年（1969）4月的黨九全大會中通過黨章程修訂案，在總綱中取消「黨必須與全國人民達成解放

台灣的任務」，這與對美關係的緩和具有重要意義，同年12月24日美國政府乃決意將守護台灣海峽的第七艦隊之定期巡弋行動，修訂爲視狀況出巡。

　　國際情勢瞬息萬變，美國政府與中共政權的緊張關係之所以順利解凍，源自於中共政權內部的文化大革命，以及中南半島的戰爭情勢，還有前一年（1968）8月蘇聯入侵捷克的事件、以及同年（1969）3月中共與蘇聯之間位於烏蘇里江邊境珍寶島的衝突事件，息息相關，而這些問題在在牽動各國之間的外交路線與戰略設計。

關鍵的1969年

　　自1960年代中後期開始，中共政權必須面對內部文革運動的白熱化、陷入泥沼的越戰，以及蘇聯所引發的捷克事件與中蘇國界衝突等問題，爲了避免走向孤立化，中共政權領導人毛澤東開始思考「美國牌」的運用。而在1968年美國總統大選中脫穎而出的尼克森總統，甚早便意識到中共政權的重要性，爲求有效破解蘇聯與中共政權的裙帶關係，乃試從地緣政治學的角度思考世界秩序的均勢關係，頻向中共政權表示善意，從而戲劇性地建構出美國、中共、蘇聯的國際政治三角關係，亦帶給包括台灣在內的國際社會不小的衝擊。

　　而1969年西伯利亞烏蘇里江沿岸中蘇邊界的一連串衝突，在尼克森總統的認知上，蘇聯對中共的軍事介入莫非是入侵捷克的翻版，更是古巴危機以來破壞國際均勢關係的另一嚴重威脅。倘若中共政權與捷克政府的命運雷同，而成爲蘇聯的從屬國，這對美國而言將是一個畏怖隱憂。眼見中蘇邊境紅軍勢力日增，美國助理國務卿理查森（Elliot Lee Richardson）乃發表演說，強調政府並非是爲了自身權益而欲利用「中」蘇間的敵對關係，從中圖利，美國之所以關心該兩國間的對立關係，是擔心此舉是否會「演變成嚴重侵害世界和平或安全保障」等事態。

　　有鑑於此，美國政府承認中國的獨立自主是維持世界均勢關係所不可或缺的存在。同年（1969）夏，尼克森總統做了一項重要決策，即修訂

對中路線改採柔性策略，同時向蘇聯表態，美國政府絕不允許中共政權受到攻擊；同7月21日宣佈放寬對中貿易、旅行之限制。當時的國務卿羅傑斯（William P. Rogers）更於澳洲坎培拉發表演說，向國際社會表達意圖改善美中關係之立場。另一方面，尼克森總統亦利用海外訪問之際，向中共政權的友邦羅馬尼亞與巴基斯坦，請託兩國政府代向中共政權表達美國政府的善意立場。

　　戰後以來，美國政府突然一改過去從不接觸，且心存敵視之態度，而意圖在中共政權遭受蘇聯威脅時給予奧援，不可不謂是世界國際關係史上的大事。然而，在此同時，台灣的國民黨政府則接收到來自美國政府的訊息，即美國政府隨時可能終止第七艦隊在台海的定期巡航。突然間美「中」兩國互動緊密，中共政權首先釋放兩名該年2月漂流至中國廣東附近海域的美國人；接著，駐波蘭的中國使館寄送餐宴邀請函給駐波蘭的美國大使，這是中國共產黨取得政權以來的創舉。同年（1969）12月24日，美國正式終止第七艦隊在台灣海峽的定期巡航。

1960年代進口替代時期的國民外交

　　前述「美援」的存在，緩和了1950年代台灣外匯短缺的困境，有效控制第二次大戰後通貨膨脹的問題，並促進台灣的經濟發展。雖然美援加深台灣社會對美國的依賴，但也帶動1960年代社會經濟朝往「進口替代」工業化方向轉型。

　　所謂「進口替代」經濟政策是指政府透過各種措施限制某些外國工業品進口，以促進國內相關工業品的生產，而逐漸在國內市場上以本國製品替代進口品，爲本國工業發展創造有利的環境與條件，或稱進口替代工業化政策是內向型經濟發展戰略的產物。一般做法是國家透過給予稅收、投資和銷售等方面的優惠待遇，鼓勵外國私人資本在國內設立合資或合作方式的企業。或透過來料和來件等加工貿易方式，提高工業化的水準。爲使國內替代產業得以發展，乃透過提高關稅、實施數量限制、外匯管制等手段，限制海外工業品進口，以使國內進口競爭工業在少競爭、無競爭的條

件下順利成長。

　　1960年代，政府透過保護措施，發展低技術、低成本、勞力密集產業，由國內廠商設廠內銷，這些產業多半是民生工業相關。另一方面，透過低廉工資爭取代工機會，增加出口。此一時期，正逢美國社會調整產業結構，乃力促其國內勞力密集產業出走海外。值此之際，1965年政府在高雄前鎮設置加工出口區，而成為亞洲第一個加工出口區。1969年，又在高雄楠梓與台中潭子等地，增設兩處加工出口區。初始之際，政府僅允許製造業入區投資，區內的生產製品則以高外資、高勞力的加工或代工產業為主，且依規定須全數外銷。

　　設立「加工出口區」的構想，目的是在政府提供廠房、公共設施、租稅減免等優惠條件下，吸引外商來台投資，藉由台灣社會優秀且低廉勞力的成本優勢，搭配外商本身現有的銷售管道與市場，激勵台灣經濟逐步走向出口導向型工業發展。而在前述社會經濟的發展背景下，台灣社會對國際空間的需求愈加重要。

　　然而，自1949年以來，政府在海外的活動每每受到中共政權的阻撓與排擠。唯仰賴美國的支持，國民黨政府的外交活動在國際社會依然有所作為。至於國民外交方面，則從1950年代開始便意圖朝往民間活動轉型的「世界道德重整會」，依舊蓬勃發展。1962年，「世界道德重整會」中國聯誼會曾以演出「龍」劇，以宣傳反共思想，進行海外出訪，從歐洲至美洲巡迴演出，促進國民外交；此一時期，因西方世界仍瀰漫一股濃厚的反共氛圍，而以「亞洲人民反共聯盟」為基礎的反共團體，則擴大組織而成為「世界反共聯盟」。此一期間，台灣社會的對外關係仍擁有足以揮灑的外交空間。

　　簡言之，此一時期台灣社會的國民外交，一方面延續著1950年代以來的反共外交路線；但另一方面，透過對外的經濟發展，國民外交開始朝往多元面向試行。

延續反共堡壘角色的國民外交

　　一如前述，1950年代以後「世界道德重整會」在台灣的各大專院校

成立合唱社團，而到了1960年代更可謂是「道德重整合唱團」的鼎盛期，約有二十餘個社團同時存在。

　　另一方面，由於亞盟組織與活動的蓬勃發展，進而帶動1960年代世界反共勢力的形成。1966年11月，「亞洲人民反共聯盟」第十二屆會議於漢城召開，經決議通過：「以亞洲人民反共聯盟爲基礎，擴大組織爲世界反共聯盟（World Anti-Communist League）」。「世界反共聯盟」簡稱「世盟」（WACL），由亞盟執行委員會內的七個委員單位負責推動，包括澳洲、日本、韓國、菲律賓、越南、泰國、中華民國等，而中華民國的代表人員則有谷正綱、曾虛白、吳炳鍾等三名，其中谷正綱則被推爲「世盟」籌備委員會主席。

　　翌年（1967）9月25日，「世盟」所舉行的第一屆會議在中華民國首都台北召開，有來自全世界主倡反共的六十四個國家與地區，以及十二個國際反共組織領袖出席參加，當時台灣的總統蔣介石親臨致詞。來自世界各地的兩百多位代表，則就全球性反共議題交換意見，並針對如何有效遏止世界共產黨勢力蔓延，確立普遍可行的幾項原則。

　　世盟共擁有八十九個國家會員、十三個國際組織會員，以及十個贊助會員，共計有一百一十二個會員單位，遍布世界各地，而常設祕書處則置於韓國的首爾，並由韓籍禹在昇擔任祕書長一職。「世盟」中華民國分會理事長谷正綱，則於1968年所舉行的「世盟」大會中被推舉爲榮譽主席；1970年又被膺選爲「世盟」永久榮譽主席，而其權責被明文寫入〈世盟憲章〉，負責督導「世盟」的反共議題。

　　1962年蘇聯在中印戰爭中暗助印度、1964年中國原子彈試爆成功震驚蘇聯、1968年因珍寶島事件中蘇關係空前緊張，使得中蘇雙方逐漸由盟友變成敵人。此一時期，蘇聯與中共政權因路線之爭，引發國際共產集團內部的分歧；美國則意圖藉機改變其與中國之間的關係，西方世界的反共立場開始出現鬆動。

　　雖然國際世界的反共立場有弛緩傾向，但透過「世盟」大會的運作，台灣社會無論是官方外交或國民外交，皆力圖扮演世界反共勢力的主導

角色。特別是對歐外交工作一向是台灣對外關係上較為薄弱之一環，在1960年代歐洲國家僅七國與台灣有正式邦誼，但出席第一屆「世盟」大會的歐洲國家卻有十一國之多，特別是那些與台灣沒有邦誼關係的英國、法國、荷蘭、德國、奧地利、挪威等，皆派有代表，或以觀察員身分出席。雖然在表象上這些國家派出的人員並不能代表官方立場，但卻都是在政界、輿論界等深具影響力人士。因此1960年代台灣社會在國民外交上的成就，則莫過於前述1967年有效促成第一屆「世盟」大會在台北舉行。

1969年，「世盟」榮譽主席谷正綱則應美國「被奴役國家週委員會」之邀，以身負宣傳反共任務造訪美國，並藉此拓展台美之間的外交邦誼，促進美國朝野人士對中華民國社會的瞭解。但不容置疑地，此舉背後的深層意義則與當時美國社會瀰漫一股對共產世界的姑息氛圍，息息相關。因此中華民國政府除了鼓勵學者、工商界人士、國會議員等赴美訪問，藉由國民外交之機制，針對美國社會姑息主義者的錯誤主張作出正面駁斥之外，更藉機促進台美人士意見交流，希圖美國朝野能對台灣以及共產主義等做出正確認識。

1960年代的台灣社會藉由「亞盟」與「世盟」等民間的國際性場域，宣揚反共主張，試圖聯合受共產主義威脅或抱持同情態度的國際友人，強化國際間反共陣營的合作關係，為政府在官方外交的困境中尋求一條活路。而透過國民外交的管道，試圖突破官方外交可能遭致的形勢險峻之環境與窒礙難行的條件。在外交推展的困境下，舉凡能增加中華民國在國際社會的曝光度，便把握住把國旗掛出的任一機會，致力突破僵局。

國民外交的多元觸角化推展

不過，相對於「亞盟」與「世盟」等團體以反共立場推展國民外交，台灣的社會大眾為了在國際世界尋求生存空間，更從經濟、文化等各層面，在不同領域社會菁英的努力下，一起走出海外。

社會經濟的面向上，在前述「進口替代」經貿政策的推動下，台商以「一卡皮箱走天下」的精神直搗海外市場；而面對第三世界國家或是發展

中國家，政府則派遣農耕隊前往提供農業技術的協助，透過「外交下鄉，農業出洋」的做法，鞏固邦誼；而文化面向的國際交流上，台灣的女性則以「中國小姐」頭銜，積極參與世界性選美活動。出國參賽的「中國小姐」則被賦予「促進國民外交」、「宣慰僑胞」、「爭取國際友誼」等使命，因此雀屏中選的佳麗乃成為當時台灣社會在國民外交上的另一種代言人。

1. 民間企業對外的經貿交流

先從民間企業對海外經貿交流的問題談起，1965年美援中止之後，外商來台投資，取代美援，提供台灣社會經濟的發展資金。在各種外資中，又以美、日資金最為重要。台灣社會在1960年代出口導向經濟時期，透過「管制、保護、獎勵」等策略的混合運用，在公營企業基礎上，扶植民間企業發展；同時，為了吸引外資企業在台投資設廠，藉由台灣社會低廉且優質勞動力等客觀條件，發展勞力密集加工出口產業，而延攬美、日各國前來投資。於是，台灣成為國際分工的重要據點，即從海外進口原料、機械設備、零件、技術等，在台灣加工，再運銷至其他海外市場。而美國市場對台灣的出口導向工業化發展而言，更是不可或缺的存在。1960年代台灣社會的出口製品，從農產品加工開始，乃至合板加工、塑膠製品、紡織、電子機器、雜貨等，應有盡有，社會整體對國際經濟的脈動，反應敏感，更奠定日後1970年代台灣的「經濟奇蹟」。

所謂「一卡皮箱走天下」指的是，台灣企業界為了拓展海外市場，經常派人提著裝有樣品的007公事包出訪海外，繞著地球尋找商機。為了確保訂單不絕，拓展外銷市場，民間企業人士積極招徠外商，致力於雙方情誼之鞏固。面對外交發展須與中國競爭的年代，民間自主性的國民外交對鞏固邦誼，默默扮演著觸媒角色。

以「泰山染織廠」為例，曾獲選為「優良中小企業」的泰山染織廠，憑藉著百餘坪的廠房、四十多名員工、二十六台紡織機，在研發上投注心力，而在外銷市場拓展上更是成效卓越，其生產織造的錦緞以華麗而聞名海外。來華訪問的外賓使節夫人，總會自動要求接待人員為她們安排參訪

久聞其名的泰山染織廠。美軍太平洋區總司令夏普上將每每來華訪問時，據說其夫人都要求前往泰山染織廠參觀選購。

　　1960年代拓展外銷市場的不二法門，即提高品質與降低成本。一如台灣一般廠商的做法，泰山染織廠在品質改進上也是先臨摹再創新。該廠人員經常從法國、日本等地，購買各種新品錦緞，再一絲一絲地抽出研究，截長補短；而顏色與圖樣更盡可能地迎合海外人士之喜好，鮮豔奪目、推陳出新。當時台灣的外銷加工絲織廠中，泰山染織廠每年的外銷獲利約十餘萬美元，是外銷業績較好的數家之一。

　　企業透過臨摹起家再創新研發，而逐漸茁壯發展，乃台灣產業界的發展模式。在建立技術口碑之後，進而成為提供外賓參訪的「觀光工廠」，也間接擔負起國民外交的任務。另一方面，為提升台灣產業界的能見度，拓展對外貿易市場，在政府的大力倡導下，民間也積極出訪海外，出席國際性商展活動。此類活動經常由政府撥專款補助，經相關單位會商後，擇要籌備參加，平均每年出國參加的商展活動約有七、八次之多。

　　政府鼓勵國內工商界人士組團前往海外參訪，促使業者藉機觀摩其他國家的生產製品，透過台灣業者與當地業者間的近距離接觸，增進雙方的貿易交流。而出席海外所舉辦的商展活動，更可藉由展期中聚集國際目光的機會，介紹台灣製品，有效拓展海外市場。從促進對外經貿發展、國際宣傳與國民外交等面向觀之，活絡民間企業對海外的經貿交流，也是民間協助政府鞏固外交邦誼的做法之一。

2. 亞洲華商國際貿易會議

　　「亞洲華商國際貿易會議」源自於1962年10月海外華商領袖在台北舉行「華僑經濟發展研討會」，但由於出席者以亞洲地區華僑為多，且多從事商業活動，為因應自由世界國際貿易之發展，以促進區域經濟合作與華僑社群的商業繁榮，乃決議改成立「亞洲華商國際貿易會議」，每年在亞洲各地輪流舉辦。

　　翌年，首屆「亞洲華商國際貿易會議」在日本東京舉行，政府期待能借力使力，以對外貿易作為國民外交之前鋒，政府外交的後盾。因此，台

灣方面不僅組團參加，並試圖主導會議運作，1964年，「亞洲華商國際貿易會議」回到台北舉辦，不僅通過「亞洲華商國際貿易會議章程」，更以揭櫫「促進亞洲貿易之合作與發展」作為會議宗旨。不容諱言地，當時中華民國政府希圖藉由華商的力量在海外市場行銷台灣製品，以間接打擊中國對外的經貿發展。另一方面，政府也積極在海外設立商務機構，透過華資銀行資金上的融通，與華商航運業的配合，協助台灣製品宣傳與行銷。

　　而1967年舉辦第五屆的「亞洲華商國際貿易會議」，則由日本華商貿易公會接手主辦，並在大會中決議把「亞洲華商貿易會議」改為「世界華商貿易會議」。換言之，在1960年代初期，為凝聚海外華僑對中華民國台灣的關懷，試圖透過華僑經濟力的結合，建構華商經貿交流機制之「亞洲華商國際貿易會議」，則因「世界華商貿易會議」的成立而擴大海外華商之參與。

3. 農技援外交流的試行

　　台灣運用農技援外鞏固邦誼的外交策略始於1959年，最初曾派農耕隊前往越南、琉球等地，進行農業技術的交流。然而，此一時期是配合美國的對外政策，由美方出資，而我方則派遣人力協助。

　　1960年代中國試圖奪取台灣在聯合國的席次，過往聯合國會議中關於「中國」代表權的爭議一起，美國則藉由其之於聯合國大會的優勢，經常以程序問題為手段，將議案擱置不予討論。儘管蘇聯或阿爾巴尼亞等與中國友好的國家，每年總是提出應由中華人民共和國取代中華民國在聯合國席次之提案，但均被緩議處置。然而，1960年代許多亞、非地區第三世界新興獨立國家紛紛加入了聯合國，使得聯合國大會的主導勢力逐漸從親美開始轉向親中氛圍發展。台灣面臨可能坐失席次的威脅，為爭取這些新興會員國的支持，非洲國家乃成為兩岸外交角力下，兵家必爭之對象。

　　鑑於過去農技援外的經驗，中華民國政府外交官楊西崑提出「農技援非」的思考，並設計「外交下鄉，農業出洋」口號，開啟政府派遣「農耕

團」協助非洲國家推展農業，促使低度開發國家民眾得以自立獲取基本的糧食所需，藉此模式建立並鞏固與非洲新興國家間的邦誼關係。

自1961年起，政府改由台灣社會主導農技外援計畫，協助對台友好國家的農業發展。而早在前一年（1960），由當時的外交部、經濟部、農復會、以及美援公署等曾合作成立一個「先鋒案執行小組」，因應「先鋒計畫」的推動，而成立農耕團。由中華民國政府委派民間的農技團，針對非洲國家的糧食需求提供各種農業技術上之協助。

1960年代農技團最先協助的國家從賴比瑞亞開始，逐步擴增至十幾個國家，促使台灣社會與非洲國家之間的往來，盛極一時。而這個做法確實對台灣在外交空間的拓展上有所助益，也延緩了中國取代台灣在聯合國席次的時間。當時的外交部非洲司長楊西崑，乃因而被尊稱為「非洲先生」。

而台灣在推展農技外交的人才來源，主要則以當時全台的三十八所農職學校為主。為了擴大農技援外的需求，1962年甫成立的「中非技術合作委員會（ROC-Africa Technical Cooperation Committee）則與台灣省教育廳就訓練農技人員，修訂了高職農技教學科目，希圖以台灣的農校學生為骨幹所成立的技術工作隊，除了在語文方面強化隊員的英、法等外語訓練，並加強機具修護、田間操作等實習訓練，藉此充實了台灣農校的基礎訓練。

面對這批為台灣從事國民外交的農業尖兵，當時外交部非洲司長楊西崑強調：「農耕隊的成就，不但是從事非洲農耕工作的隊員們，為自己的職業上爭取無比的光榮，也替國家取得無比的榮譽」，而「農業出洋，使我們的民族自尊心大為增進」。

當時政府試圖以合作與援助的方式增進台非關係，而農耕隊員帶著東方人傳統「勤」與「儉」等美德，深入非洲不毛地帶的精神，的確受到非洲民眾之愛戴，也贏得非洲國家的邦誼。但儘管農耕隊贏得不少的榮譽與友誼，但迫於國際現勢，中華民國政府的外交仍節節敗退。當初台灣以農技援外的模式，試圖鞏固聯合國的會籍；而退出聯合國之後，更藉以維持

外交邦誼，至今已超過五十年。而目前農技援外的外交策略，已退守於務實階段，儘管沒有正式的外交關係，農技團的足跡仍停留在許多無邦交的非洲國家。

負責「農技援非」重責大任的中非技術合作委員會（簡稱「中非會」），除了派遣農耕隊到非洲提供農技協助之外，也邀請非洲農技人員來台研習。1965年，位於台灣大學試驗農場的中非大樓落成，這裡既是中非會的基地，也提供非洲農技人員做為教室與宿舍之用，而成為台灣與非洲國家間在國民外交上重要的紀念建築。直到1990年代，中非會被改組為「財團法人國際合作發展基金會」，簡稱「國合會」，並把會址搬遷至台北天母，而中非大樓的舊址則由台灣大學收回使用，改建為「植病新館」。過去在兩岸外交競爭中，扮演爭取非洲國家邦誼基地的中非大樓，則逐漸被淡忘。

自1961年開始，台灣先後派遣四十餘個技術工作單位，赴非洲二十多個國家進行協助，甚受非洲國家及海外人士讚賞。美國時代週刊（1968年10月18日）曾對台灣的農技援外發表詳盡報導，並定義為「一種範圍雖小，但成效驚人的技術援助計畫」；而美國前開發總署署長貝爾曾說「中華民國的技術援助，在非洲受到歡迎，並且得到巨大的成功」；紐約時報（1970年11月9日）則報導：「中華民國協助散播綠色革命——中國人教導非洲人更佳的農業技術」，這些國際輿論充分反映台灣對非洲國家農技援助的正面效果。

由此可知，1960年代台灣社會以農技援助為國民外交的策略安排，創造邦誼，建立正面形象，營造台灣之於國際社會的有利局面。對海外的農技援助乃當時台灣發展對外關係的重要手段之一，也是外交競爭上的一大利器。

多年來台灣在艱困的外交戰場上，國民外交成為維繫與友邦之間情誼的一項手段。農技團的農技顧問在這些蠻荒地區孤獨奮戰、奉獻犧牲，甚至客死他鄉，成為外交戰場上的無名英雄，近幾十年來已有三十一位農技專家可謂是為國捐軀。外交部與國合會合建紀念碑，以紀念為外交工作默

默奉獻，因公殉職的農技英雄。

4. 國際選美活動的參與

　　以文化活動的面向觀之，派出「中國小姐」前往海外參與世界性選美活動之選拔，可謂是國民外交手段上的另一典型案例。1960年在大華晚報社主辦下，展開首屆的「中國小姐」選拔活動。此後，1960年代台灣社會共舉辦過四屆的「中國小姐」選拔。

　　經過四屆的選拔，曾產生出十位「中國小姐」前往海外參與世界性的選美活動。此一時期的「中國小姐」被賦予「促進國民外交」、「宣慰僑胞」、「爭取國際邦誼」等國家層級的使命。但在諸多爭議以及各種因素運作下，政府乃於1964年決意停止辦理「中國小姐」的選拔活動。

第一～四屆「中國小姐」當選者出國參賽的成績一覽

時間 參賽地點	第一屆 1960年	第二屆 1961年	第三屆 1962年	第四屆 1964年
長堤	林靜宜	馬維君 入決選第6名	方瑀 入決選第6名	趙令瑜
邁阿密		汪麗玲 入決選第6名	劉秀嫚 環姐第4名	于儀 環姐第5名
倫敦		李秀英 世姐第2名	江樂舜	林素幸 世姐第3名

資料來源：邱思瑋，〈戰後台灣的「中國小姐」選拔及其爭議〉（台北：國立台灣師範大學歷史所碩士論文，2009），頁125。

　　而這四屆的「中國小姐」在參賽過程、或宣慰僑胞的巡迴期間，在海外的確受到國際媒體的矚目，促使各界僑胞將他們對台灣社會的關懷投射到這些「中國小姐」身上，對她們展開熱情歡迎，從而顯示出她們確實圓滿達成台灣社會所賦予的「國民外交」或「宣慰僑胞」之使命。

　　事實上，選美活動在台灣首見於1959年的「商展小姐」選拔，當時是由全國工商總會、全國商聯會、省工商會、省商聯會、生產力中心等單位，為求有效推銷國產製品而聯合主辦的活動。就在這個基礎上，翌年美

國長堤的世界小姐負責人奧斯卡・孟哈特（Oscar Meinhardt）積極與大華晚報社接洽，期待台灣能派員參加比賽，共襄盛舉。就在這樣的機緣下，乃促成前述1960年首屆「中國小姐」選拔活動。

基本上選美活動是一種針對體態、外貌的色相競賽，然而，舉辦首屆「中國小姐」的《大華晚報》社長耿修業，則特別提出此一活動背後隱含的三項議題，即雀屏中選的女性，其一是應負有文化交流的使命；其二則是建立淑女的典範，應以良好的風度、健美的體態、秀麗的容貌、聰穎的智慧等，作為女性美的楷模；其三，選拔活動應被視為是一種體育競賽，參賽者應保有運動家精神，不計得失，同時也期許參賽女性能為社會服務，並扮演好賢妻良母角色。從耿社長的談話內容，明顯看出當時「中國小姐」選拔活動所被賦予的時代意義。

當台灣社會決意辦理「中國小姐」選拔活動時，隨即在社會上引發廣大迴響，包括淡江文理學院副院長張建邦、東海大學教務長唐孚謙、銘傳女子商業專科學校校長包德明等人都認為，這是促進「國民外交」之良機。而主辦單位的大華晚報社也表示，「中國小姐」將出國參與世界小姐選美，和來自世界各地七十多國的佳麗接觸，對促進國際間的理解大有裨益，也是「國民外交」的手段之一。

而經過佳麗間的激烈競爭後，外交官之女的實踐家政專科學校校友林靜宜，則以最多票數而成為台灣歷史上首位「中國小姐」。而「中國小姐」被選出後，除了必須前往前線金門勞軍之外，更要為出國參賽預做準備。首先，必須理解國家的政經狀況，以便能對友邦人士，以及海外僑胞做出明確介紹，以善盡國民外交、宣慰僑胞的使命。

同年（1960）8月，林靜宜前往美國參加在長堤舉行的世界小姐選拔，雖無法在初選時入圍，但當時政府駐洛杉磯總領事李夢萍則致函《大華晚報》，說明這項活動對台灣在「國民外交」上的確有重大收穫，不但引發僑胞對台灣社會的關懷，「中國小姐」在訪美期間，也促進台、美兩國民間友誼的連結。而「中國小姐」在海外的優雅表現，更令國際人士與海外華僑印象深刻，有效完成一次成功的「國民外交」。當台灣社會派

遣佳麗出席世界小姐的選美比賽時，開始受到其他國際選美單位矚目。於是，國內人士更認為「中國小姐」選拔有繼續辦理的必要。

而1961年第二屆「中國小姐」評選的結果，由前三名包括冠軍的馬維君，與獲取亞軍、季軍的汪麗玲、李秀英等，分別出席在美國長堤、邁阿密，以及英國倫敦等地的比賽，即三人個別出席了三項不同的國際選美賽事。

以馬維君為例，紐約《華美日報》曾刊載一則來自加拿大溫哥華的電訊，描述馬維君受歡迎的情形，「國姐馬維君抵達碼頭，一時中西人士湧到碼頭欲爭睹馬小姐丰采者，途為之塞」，足可見當時「中國小姐」受矚目的程度。但在世界小姐選美活動中，馬維君並未進入決賽。選拔結束之後，馬維君則以「中國小姐」之姿造訪全美各地，根據1961年8月16日《中央日報》第八版報導，加州的斯托克頓市市長為了表示熱情歡迎之意，乃宣佈8月13日為該市的「中國小姐日」，充分表達對其來訪的重視。又有1961年9月2日《聯合報》第三版刊出，紐約市長則稱許她是「人間最美麗的雕琢之一」。馬維君在海外的出色表現，不僅獲得僑胞和海外人士的讚許，更證明此行在國民外交工作上的成就。

至於李秀英則是在台灣與英國之間沒有官方外交的情況下，無法以「中國小姐」的名義參賽，而改以「自由中國小姐」（Miss Free China）之姿，成功地前往倫敦參加世界小姐選拔。抵英之後，隨即展開她在英倫的國民外交，也成為出席英國國會午宴的首位「中國小姐」，而有機會會晤該國若干重要的內閣閣員。

當時英國各大報紙皆以巨幅照片與文字介紹李秀英，當地電視台更派出一個十四人小組，拍攝「中國小姐」相關的電視專輯，透過電視的播放讓英國民眾目睹李秀英的風采與倩影。有數百萬份銷路的《標準晚報》、《新聞晚報》、《每日郵報》與《每日鏡報》等皆相繼刊出她的照片；此外，1961年11月7日台灣社會的《台灣新生報》第二版，《中央日報》第八版等亦競相報導，此時的「中國小姐」可謂是海內外的矚目焦點。

而李秀英也不負眾望，在1961年倫敦所舉辦的世界小姐選拔中榮獲

第二名，而其優異的表現，立刻成為海內外媒體競相報導的焦點，更在當時外交競爭的時代，帶給台灣社會一股榮耀與自信。《大華晚報》與《聯合報》等媒體皆在〈社論〉中強調，舉辦「中國小姐」的選拔活動的確是增進國民外交的可行做法。

　　而倫敦的世界小姐選拔活動結束之後，李秀英則遠赴歐洲，以及遠東地區造訪各地僑界，所到之處皆受到當地媒體的矚目。當李秀英以中華民國代表的身分訪問巴黎市政廳時，當時法國銷路最廣的〈法蘭西晚報〉則以頭版的整頁篇幅刊載「中國小姐」的照片，而歐洲其他地方也有特派記者為此做一專題報導。

　　而結束歐洲與土耳其的行程之後，轉往東南亞地區，在華僑聚集的地方，李秀英所獲取的禮遇也愈加隆重。曼谷當地的華文報紙《世界日報》也以頭版刊登其來訪的相關新聞，而《京華日報》社論的報導標題更以紅色套印，以示隆重。甚至，泰國總理及其夫人更破例接見「中國小姐」李秀英；而越南的《遠東日報》則強調李秀英是「國民外交使節」身分。「中國小姐」的明星式旋風造就出國民外交的無限潛力，也成為台灣社會宣揚「中華民國」依舊存在的一塊重要看板。

　　1962年，第三屆「中國小姐」方瑀則出席在美國長堤舉行的世界小姐初選，並贏得「最佳本國服裝獎」，以及「最佳演說獎」等雙料冠軍。而1964年第四屆「中國小姐」林素幸則出席在倫敦舉辦的世界小姐選拔活動，而榮膺世界小姐第三名。她是繼李秀英之後，在英國倫敦獲取名次的「中國小姐」，同時也是唯一來自東方的佳麗。即使在賽事期間，中國的外交代表針對邀請「自由中國小姐」出席世界小姐選拔活動之事，向英國政府的外務部門提出嚴正抗議，但英國政府則以「世界小姐」選拔活動屬非政治性的民間活動，與官方立場無關，而不予理會。

　　海峽兩岸在非政治性的世界小姐選拔活動中，為了「一個中國」代表權的問題而劍拔弩張，而當時的「中國小姐」無論李秀英或林素幸，都讓中華民國的國旗能在會場飄揚。換言之，參與國際性的選美活動也是提高「自由中國」在非友邦國家能見度的方法之一。

　　雖然1960年代「中國」小姐的選拔是賞心悅目、輕鬆愉快的文化活動，但其背後卻蘊藏嚴肅的政治使命與意義。每一位「中國小姐」不僅身負美貌的層面，更兼負宣慰僑胞、爭取國際邦誼等使命，除了吸引華僑對台灣社會的向心力之外，更透過國民外交的手段，對中國展開外交空間之競爭。而1960年代所選出的「中國小姐」則藉由國際性選美活動的舞台，在海外媒體的報導下，為「中華民國」代言。然而，由於幾位「中國小姐」在載譽歸國後，卻因故而受輿論批評，「中國小姐」的選拔活動乃逐漸變得式微。

　　眾所周知，自1941年太平洋戰爭以後至1960年前後，台灣的社會經濟幾乎是處於閉鎖的黑暗期。而這二十年來也是台灣近百年以來，經濟需求的壓力最為沉重的時候，特別是1960年代，在戰後生產力尚未恢復的情況下，短期間內湧入大量的人口、人事費用的額外負擔、通貨膨脹下所引發的額外需求等。

　　然而，1960年代卻是海外跨國公司勃興的年代，歐美國家陸續解除大戰期間的資本管制，進而提升國際間的資本移動。台灣社會成為跨國公司投資的對象，進而帶動1960年代外匯制度的改革與加工出口區的設置，以及產業結構的變化。更重要的是將台灣社會的封閉經濟融入了世界經濟圈，更間接培育了一批有國際觀的中小企業家，為後續的台灣經濟與外交關係開闢了新的天地。

第六節　1970年代以後國際世界之於台灣的思考

　　一如所述，美國政府與中共政權之間之所以能重啟雙邊關係，主要拜賜於甘迺迪與詹森總統的積極與努力。美國政府雖然反對聯合國排除台灣而讓中共政權加入的做法，但卻不反對中共政權加入聯合國組織。換言之，針對聯合國內的中國代表權爭議，美國的立場是不支持國民黨政府為中國唯一的合法政府；同時，美國的詹森總統更呼籲中共政權應該停止自我孤立，必要時美國政府亦樂意協助中共政權以和平的模式回歸國際社會。

美「中」關係在尼克森總統的時代逐步解凍。1970年1月2日，尼克森派副總統安格紐（Spiro T. Agnew）赴台表達美國政府意圖改善對「中」關係的立場，台灣的國民黨政府開始對美國保持警戒態度，但也僅能靜觀其變。同年1月20日，美「中」之間於波蘭華沙再次展開雙邊會談，中共政權爲迎合美國政府之意圖，乃表達希望能轉換過去「鐵幕（Iron Curtain）」國家之意象，破解敵對性包圍網的夢魘，換取戰略上的安全感。

有了一個善意的開始之後，同年（1970）2月18日，尼可森總統透過「外交咨文」，首次表達爲求美國的國家利益，將致力於與中共政權和解之立場。而中共政權亦順水推舟，兩天後的2月20日，同意美方可派特使前往北京。然而，這一切卻因爲該年春美國政府介入柬埔寨內政，以及國民黨政府蔣經國行政院副院長的訪美等而暫時停擺。但不容置疑地，就地政學的均勢理論與現實的利害關係觀之，蘇聯在遠東地區的軍事擴張，美「中」關係變得緊密，將是一條必走之路。

同年（1970）10月，尼克森總統透過聯合國二十五週年慶的機會，邀請各國元首前往華盛頓，藉機表達美國政府期待與中共政權和解的立場，並改以「中華人民共和國（The People's Republic of China，簡稱China）」稱之，在國際外交上傳達出重要的訊號。接著，再由加拿大與義大利等相繼承認中共政權。於是，聯合國會議的「中國」代表權問題再次浮上檯面。美國則順水推舟，表達將開始認眞檢討兩個「中國」策略。

同年（1970）11月20日，聯合國大會表決阿爾巴尼亞所提「接納北京政府、排除蔣政府」案時，[6]首次出現贊成票超過反對票的情形，這項事實迫使美國政府在改善與中共政權關係之同時，亦須思考如何協助台灣的國民黨政府能繼續留在聯合國組織裡。然而，此時國民黨政府在國際社

6　根據聯合國第2758號決議案「...to expel forthwith the representatives of Chiang Kai-shek from the place which they unlawfully occupy at the United Nations and in all the organizations related to it」，強烈指稱蔣政權的代表非法占據了聯合國，以及其他相關組織之席次。

會的地位即使低落，但支持該政府的國家多意圖試以「兩個中國」或「尊重住民意願」等模式，讓台北當局的席次能繼續被保留。中國順水推舟，向美方表達歡迎美國派員前往北京討論台灣的問題，翌年（1971）初，更加碼提出歡迎尼克森總統前往北京參訪之邀約。同年2月25日，尼克森總統透過「外交咨文」表達將繼續遵守與國民黨政府之間的條約規定，更意圖改善對中關係，闡明「兩個中國」的想法。此時美國方面對中共政權的稱呼，不同於過往使用的「共產中國」一詞，而改以「中華人民共和國」稱之。

不容諱言地，這一切的轉變都讓國民黨政府倍感焦慮。海外的華文媒體透過輿論強烈建議，不要主動與承認中國的國家斷交！更不可退出聯合國！學習東西德，致力追求「一個民族、兩個政權」的可行性。當國民黨政府派人向美方抗議使用「中華人民共和國」一詞之際，美國政府回應這並非是意味美國已正式承認中國，但另一方面美國依舊繼續強化與中國的友好關係。美國政府的立場，透過助理國務卿格林（Marshell Green）的說法表示，倘若排除了中國，就難以進行國際對話，更遑論解決國際問題。

中國為了回應美國的善意，乃利用1971年3月17日巴黎共產國際百週年紀念之際，透過媒體社論批判蘇聯的布里茲涅夫總書記是「變節者」，間接傳達蘇聯已經取代美國成為北京當局的頭號敵人；接著，同年4月7日又招待美國桌球選手代表隊前往中國交流，切磋球技，並前所未有地廣發簽證給隨行記者，世人稱之為「乒乓外交」。於是，同年（1971）4月16日尼克森總統繼1970年10月之後，再次藉機表達訪問中國之意願與期盼。

4月28日，美國政府為了協助台北當局確保聯合國內的席次，乃再次提出「台灣主權尚未解決」之見解，然而這項做法不僅忤逆了中國，在台灣的國民黨政府亦不領情。翌日（29），美國總統尼克森召開記者會，表示美國對於聯合國的席次問題未有定論，「兩個中國」或是「單一代表權」皆為可能之選項。接著，5月10日，美國方面透過巴基斯坦總統傳達

訊息給中國的總理周恩來，強調尼克森總統重視美中關係的正常化，且亦準備接受中國邀請前往北京。而這個過程中，美國總統的國家安全事務助理季辛吉（Henry Alfred Kissinger）則居中扮演窗口的角色，處理訪問事宜的前置作業，但這一切都在檯面下秘密進行。

1971年7月9日，季辛吉以旅行途中身體不適，須入院靜養為由，從巴基斯坦輾轉進入中國，在北京與周恩來總理進行長達十七小時的會談，討論的議題包括中蘇對峙、越南戰爭等懸而未決的問題之外，台灣的問題則是尚待處理之次要議題。據聞季辛吉在會談之初便主動表態，不存在「兩個中國」、「一中一台」、「台灣獨立」等問題，讓中方感受到美國的善意，因此周恩來總理亦同意在尼克森總統訪中的共同聲明文中，不觸及台灣問題。

1971年7月11日，順利結束了雙邊會談之後，選定巴黎做為未來雙方接觸的地點，將由美國的華特斯將軍（Walters）與中國駐法大使黃鎮交涉。同月15日，依事前約定，季辛吉與周恩來總理發表美國總統的訪中聲明，不出所料地世界震撼。

另一方面，為了安撫台北當局的不滿情緒，7月20日，尼克森總統以親筆函送交給台灣的蔣介石總統，重申儘管美國總統計畫訪中，但仍一如過往地尊重條約內容與堅守友好關係。然而，翌日（21）美國參議院外交委員會一致同意，通過廢止1955年1月通過的「台灣決議案」，強烈表現美國社會改善美中關係之意圖。另一方面，尼克森總統必須彌補不尊重國務卿羅傑斯（William P. Rogers），而秘密遣使季辛吉赴中，乃同意羅傑斯在該年度的聯合國大會上針對中國代表權問題，提案主張「雙重代表模式」。換言之，美國支持北京當局入主聯合國的同時，亦反對將台北當局逐出，並與相關各國商討對策，以「指定重要事項」與「複合雙重代表權」兩案並呈處之。

美國國務院亦讓日本派人協助遊說蔣介石總統，以一般會員國身分繼續留在聯合國組織，然而蔣總統堅守其虛幻的「中國唯一正統正權」，而以「漢賊不兩立」婉拒美、日兩國之勸說。尼克森總統為使其幻滅，情急

之下於同年（1971）10月20日再度遣使季辛吉訪中，強烈表現美中友好的決心與態勢；而25日聯合國大會再度以贊成票76、反對票35、棄權票17，幾近壓倒性票數通過阿爾巴尼亞的提案「接納北京政府、排除蔣政府」。中華人民共和國終於在建國二十一年之後，成功地入主聯合國。從此以後，台灣之於國際社會的地位，變得岌岌可危。

　　1970年代國際社會之於台灣造成最大衝擊的莫過於台美斷交，而鑑於離間中蘇關係，以及為美國企業投資中國鋪路，美國卡特政府與中國建交的同時，1979年1月美國政府另外制定了「台灣關係法」（Taiwan Relations Act），一般簡稱TRA，共十八項條文，內容涉及美國政府的對台基本政策，主要是立基於以協助維護西太平洋之和平、安全與穩定，並繼續推動美國民眾之於台灣社會的商業、文化及其他等活動，以促進美國外交政策或其他目的之推進。然而，一般認為台灣關係法的深層內涵攸關台美之間的軍事同盟，詳細條文內容則可參見「美國在台協會」之相關網頁。

第五章　彈性外交、務實外交與全民外交的時代

第一節　1970年代國際孤立下的彈性外交

　　伴隨西方陣營試圖打破鐵幕開始與中國接近，1970年代台灣社會的對外關係乃面臨前所未有的困境。一如前述，1971年10月25日，在情非得已下，中華民國政府正式讓出了聯合國席次。接著，從翌年（1972）9月中日斷交開始，直到1978年12月16日美國政府片面宣佈中止與台灣的外交關係，在馬太效應運作下，一連串的試煉迎面而來。自1971年以來，全世界與台灣有官方邦誼關係之國家僅剩二十餘國。換言之，從1970年代開始，台灣倍嚐被國際社會孤立的苦澀滋味，並陷入了被邊緣化的困境。

　　此時，透過民間團體的力量打開外交之門，而試與國際對話，則成為其後政府努力的目標。以前述的「世界道德重整會（MRA）」為例，該會在台灣的各大學成立道德重整社團，並透過道德重整會活動，包括組織合唱團，藉由歌聲向世界發出來自台灣社會的聲音。從1976年開始到1980年代中葉的十年間，全台有二十餘個大學道德重整社團，唯自1986年以後，伴隨社會的轉型、時代的變遷，這些社團乃逐漸式微。

　　而1970年代的台灣，除了面臨國際政治環境的險峻局勢外，更受到兩次世界性石油危機的衝擊。而隨著國際外交走向孤立，過去以發展農業與輕工業而賺取外匯之社會經濟，今後將會面臨何種局面？為了未雨綢繆起見，當時的台灣省主席謝東閔乃於1972年提出「客廳即工廠」的概念，鼓勵以家庭代工，增加國民所得，拓展外銷。此外，政府亦苦思其他因應之道，而於1973年起採行擴大公共建設之策略，推動十項基本建設之六年計畫，當時稱之為「十大建設」。

　　於是，1970年代台灣社會國民平均所得乃從1971年的四百零七美

元，逐步增加至1979年的一千八百六十九美元；而對外貿易之金額，更從1971年的四十四億美元，逐步增加至1979年的三百億美元。

　　1970年，戰後台灣的對外出口貿易首次出現順差現象，然而政治與經濟基本上是不易分開處理，在國際外交的孤立與石油禁運等雙重衝擊下，台灣的社會經濟能否持續發展下去，國際外交的做法上就必須改弦更張，重新思索一套因應策略。1970年代台灣政府的駐外使館將貿易推廣列為主要工作項目之一，海外使館經濟參事處的角色扮演，日益重要；至於與台灣無政府邦誼關係之地區，則另設商務辦事機構，透過商務處、協調會、經貿中心、文化中心等不同之旗幟，推展非官方外交關係。換言之，政府試圖透過經貿議題，強化台灣與國際社會的連結。

　　當時的經濟部長孫運璿主張，政府可藉由與海外經貿合作等機制，強化對外關係，而具體做法有二：其一是利用國民外交之手段，動員國內工商界人士或海外僑民等經貿人脈，強化台灣社會與海外民間貿易、金融機構，以及國際經濟合作組織等之聯繫，同時在海外各地設有貿易機構，協助從事國際貿易的推廣與交流；另一則是透過政府駐海外商務機構，在友邦國家宣揚台灣的經濟狀態與投資環境，爭取外商來台投資設廠，同時亦蒐集海外商務資訊，進行市場調查與研究，俾使台灣製品能順利銷往海外自由貿易地區。而當時的國民大會代表曹挺光等六十八人亦共同提出「政府應迅採有效措施，擴大團結旅美華僑，共同致力國民外交案」之一策，表達民間支持政府，並期待能透過國民外交之力量，共度外交困境的立場。

　　除了強化民間的對外經貿關係，藉此打開政府間的外交僵局之外，政府更意圖透過民間的力量，以各種不同形式增進國際社會對台灣的理解與認同。

　　同時，政府亦不斷教育民眾，啓動國民外交機制乃是每位國民之義務與責任，進而提醒民眾應注意自己的言行舉止，才不會鬧國際笑話。當時的外交部長周書楷曾在立法院答詢時，強調「不隨地吐痰」、「行車走路能遵守交通規則」，才不會讓訪台之外國遊客詬病，如能同鄰近的新加坡

一樣，以「亞洲最清潔的城市」聞名，則海外訪客必為之宣揚。

外交困境下的「中國國民外交協會」

　　1970年代的國民外交，一如過去，「中國國民外交協會」依舊扮演著重要角色。但台灣對外關係的戰場已從國際政治的舞台逐漸轉向經貿關係之方向發展，特別是與非邦交國發展實質性的經貿雙邊關係。因此，「中國國民外交協會」一方面持續背負著過往之使命，承擔國民外交的重責；另一方面，在外交困頓的年代，被賦予更多的經貿任務。

　　1971年，美國國民外交協會決議在台設立分會，以強化台、美兩國民眾之聯繫，促進台、美兩國在文化、音樂、藝術等方面之交流，並與「中國國民外交協會」締結為姐妹會，共同為增進台、美兩國間之相互理解與合作共同努力。

　　此會係由前美國總統艾森豪於1956年以個人名義創立，而歷任美國總統均曾擔任過該會名譽主席，當時在美國國內有十五個分會，而海外則有十四個分會，擁有會員二萬餘人，可謂是具有影響力之民間團體。而1970年代當時的會長杜替博士率團訪台時，一如往例，由「中國國民外交協會」負責接待，帶領參觀經建設施，藉此而與台灣民間社會有接觸機會。杜替在台發表談話，強調台灣的經濟發展及其國際地位，絕不因在聯合國失去席次而受影響。他舉西德為例，（1973年以前）西德並非聯合國的會員國，但該國在經濟上的成就卻是舉世共矚。

　　1971年「中國國民外交協會」重新改組，為了與「國際國民外交協會（People-to-People international, PTPI）」接軌，乃改以「People-to-People Republic of China, PTP ROC」西譯之，並把台北聯絡處安置於今銘傳大學校國際教育交流處。

　　1973年，「中國國民外交協會」改選理監事，周雍能被選為理事長，常務理事有劉闊才、谷正鼎，吳幼林、延國符、汪竹一、李大超、包德明、李儒聰、陳茂榜等，另常務監事則有韋永成、裴存藩、吳火獅等。同年，國民外交協會秘書長胡濤赴慕尼黑出席國際國民外交協會執行會

議，除了接受當地國民外交協會招待之外，並與出席會議之各國代表擬訂各項交流計畫，組團互訪。

同年（1973）5月，「中國國民外交協會」秘書長胡濤致函美國眾議院議長艾伯特（Carl Albert），對美國政府與中國互設「聯絡辦事處」表示關切，並請求議長明確說明美國今後的政策動向。6月，美國眾議院議長艾伯特則函覆「中國國民外交協會」胡秘書長，強調鑑於台灣社會為民主自由之理想奮鬥，而美國與中華民國的國家安全休戚與共，美國國會必將全力支持中華民國。

1974年，國際國民外交協會在漢城舉辦首屆之世界會議，台灣的「中國國民外交協會」秘書長胡濤則獲選為國民外交協會國際總部之常任理事。而出席大會的美國、英國、香港等國家與區域代表團等一行七十人，則應「中國國民外交協會」之邀，滯台訪問三天，由該會理事長周雍能與秘書長胡濤等在立法院接待室設宴款待。

1974年，在「中國國民外交協會」主辦下，由立法委員與工商界人士組成一個東南亞訪問團，由立法委員張啓仲領隊，而團員則有蔡萬財、李儒聰、邱仕豐等社會賢達共三十三人，前往東南亞七個國家與地區參訪交流，力促國民間之相互理解與交流。同年，「中國國民外交協會」又接受「丹麥國民外交協會」邀請，出席該年7月14日在首都哥本哈根所舉辦之開國九百四十週年慶祝大會。翌年（1975），另由「中國國民外交協會」理事長周雍能率領十五人代表團前往香港，出席首屆在亞洲地區所舉辦的國民外交協會亞洲會議。

1976年，「中國國民外交協會」秘書長胡濤致函美國眾議院艾伯特議長，慶賀美國獨立二百週年紀念，艾伯特覆函致謝，表明將為鞏固台、美兩國友好關係而努力，並永久不變。翌年（1977），「中國國民外交協會」除了與海外各國國民外交相關機構共同討論推動國際交流之計畫外，並選舉新的理監事。同年，美國總統卡特（Jimmy Carter）「友誼團」會長史密斯牧師來台參訪，亦拜會了「中國國民外交協會」，以及觀光協會、留美同學會等民間團體，共同研商推動1978年5月期間美國友誼

團二百五十位民間成員的交流活動，但這項計畫後來卻因中美斷交而未能成行。

以國民外交突破官方外交之困頓

　　回顧過去1949年國民黨政府播遷來台時，台灣社會的對外貿易總額僅七千萬美元，但在1970年代初始之際，台灣的對外貿易總額已超過三十億美元。在官方外交面臨困頓的年代，如何推動對外的經貿發展，則成為台灣社會尋求活路的當務課題。政府多方苦思下，乃決意透過外圍團體之設置，試圖以彈性處理來突破官方外交之困境。具體做法上，莫過於以經貿、技術與文化而成為對外交流的槓桿，強化台灣之於國際社會存在的價值與重要性。

1. 中華民國對外貿易發展協會

　　1970年，在外交部與經濟部的合作主導下，而成立政府的外圍團體「中華民國對外貿易發展協會」，一般簡稱為「外貿協會」或是「貿協」。過去海外市場的調查與商業情資之蒐集，皆透過政府外館所成立的商務機構，在經濟參事處或商務員兼理下進行，但這種做法在無邦交國家，自然變得窒礙難行。因此，由政府另外出資成立前述之「貿協」，以財團法人民間組織之模式在海外自由貿易區活動，除了拓展經貿市場之外，更可藉由經貿關係有效推動國民外交。

　　「貿協」成立至今超過四十年，所承攬之業務內容包括開拓海外市場、招商引資行銷台灣、服務業貿易之推廣、辦理台北國際商展業務、提供國際貿易資訊、以及國際企業人才之培訓等。而隨著業績不斷增長，業務範圍亦日漸擴大，目前還兼營台北世貿中心展覽大樓、台北國際會議中心、南港展覽館之營運，以及網路行銷服務等。而「貿協」在國內的辦公據點亦從原來的台北、新竹，逐步增加了台中、台南等兩處，另有海外據點六十處。

2. 亞東關係協會

　　1971年10月，在第二十六屆世界聯合國大會上，因「代表權」合法

與否等問題，中華民國代表周書楷「退出」席次後，台灣社會開始面臨國際孤立的困境。翌年（1972）9月，台日斷交。日本方面擬以籌組「日本財團法人交流協會」，取代原有的日本大使館，辦理商務、僑務以及領事等相關業務，並分別在台北與高雄設置辦事處。該機構由當時日本的財經界領袖堀越禎三擔任初代會長，而前日本駐華大使板垣修乃成爲首任理事長。

　　相對於此，台灣方面亦由各界的民間領袖包括張研田、辜振甫、王永慶等四十五人，聯合發起籌組「亞洲關係協會」與之對應。「亞洲關係協會」日後則更名爲「亞東關係協會」，設在台北的總會則由當時台糖公司董事長張研田擔任會長，而駐日本的分支機構代表則由當時中國廣播公司董事長馬樹禮銜命赴任，原發起成立之各界民間領袖則分別兼任理監事等職務，在國際關係險峻的環境下繼續推動台、日間的文化與經濟交流，並辦理領事與僑務等相關業務。一如「中華民國對外貿易發展協會」是政府經濟部門的外圍組織，「亞東關係協會」則是政府外交部門透過民間形式的外圍組織，專司推動對日關係之窗口。

3. 與產油國家之間的經技合作

　　第二次世界大戰後，爲了猶太人的復國問題，以色列與周邊的阿拉伯國家間經常爆發衝突。1973年10月，埃及與敘利亞利用10月6日猶太人的「贖罪日」，分別對以色列的南北兩處進行突襲，意圖迫使正在禱告誦經中的以色列軍民難以還擊，而一舉殲滅猶太民族。

　　然而，在以色列國防部長戴揚（Moshe Dayan）指揮下，派出轟炸機反擊，有效摧毀敘利亞軍的坦克部隊，又直接登陸埃及，進逼埃及的首都開羅。最後，在聯合國調停下雙方暫時停火。以色列占領運河西岸的埃及領土一千九百餘平方公里，以及敘利亞戈蘭高地以東四百四十平方公里的土地。

　　世界主要石油出產國多爲中東地區國家，他們對以美國爲首的西方陣營支持以色列深感不滿，在沙烏地阿拉伯的主導下以石油禁運爲手段，而引爆1970年代人類歷史上第一次的「石油危機」。因「反共」立場一

致，而與台灣仍維持邦誼關係的產油國家沙烏地阿拉伯，卻因台灣在「以阿問題」上是站在美方立場，被沙國視之爲非「友好國家」，而難以被視爲是「中立國家」，因此在石油供應上，台灣社會隨時可能走上被禁運之路。

　　事實上，台灣與中東產油國家關係之建立，可追溯至國民黨政府播遷來台以前。當時政府重要的外交人員葉公超便曾建議，爲鞏固邦誼，應統一規劃對中東國家進行技術相關之合作交流，但礙於中東情勢詭譎多變，經常不得要領。直到1963年6月，透過農業技術的雙邊合作，台灣與沙烏地阿拉伯才開始相互接觸，並委派中研院植物所所長李先聞，以及台糖海埔新生地墾殖處處長朱益等前往沙國進行相關調查。在簽訂農業技術合作相關協議書之後，1965年3月首批的農耕隊初抵沙國，協助當地農民改善耕作方法。

　　當1960年代中華民國政府在聯合國的「中國代表權」變得岌岌可危之際，農耕隊駐守在沙國之事實，則成爲鞏固邦誼的重要助力。1966年在聯合國大會中，沙國代表對「中國代表權」之議題，則從中立的立場上棄權，轉而支持中華民國。

　　繼1971年10月台灣退出聯合國之後，爲了能安然地渡過石油危機，當時的總統蔣介石乃兵分兩路，派人前往中東地區的沙烏地阿拉伯，以及另一產油國家科威特進行遊說。在中油前總經理胡新南的率領下，當時的經濟部長孫運璿則攜有蔣介石總統親筆函，遠赴利雅德晉見沙國國王費瑟；而中油前副總經理張慕林則拜會科威特的國營石油公司。果眞皇天不負苦心人，油源的問題在這兩個國家對台北當局的敵視被有效突破之後，暫時解除危機。

　　然而好景不常，1978年10月中東地區事端再起，伊朗的石油產量因政情不穩而日益縮減，翌年（1979）1月竟停止出口海外，而引發史上第二次「石油危機」。伊朗的石油占全球輸出量的15%，如此一來，國際社會對石油的需求變得更加吃緊。而這場危機歷時五年，直到1982年沙烏地阿拉伯石油增產，供需變得平衡之後，才告結束。

　　面對1970年代的石油危機，一如1960年代的農技外交，中華民國政府再次派出農技團前往中東產油國家，協助該國農業經營之推廣。除了維持1971年12月與沙國簽訂的五年期「中沙水稻暨栽培協定」之外，1976年12月，又簽署新的「中沙農業合作協定」。而根據這項新的協定，台灣方面派遣農業技術人員以顧問身分，協助沙國推動農業發展，訓練該國農民從事農技相關之改良與增產，並引進合宜的新作物與小型農機具，用於沙國的綠洲與梯田地區。

　　另外，除了協助沙國提升農業經營的技術與範圍之外，更提供其他的援助計畫，例如電力發展以及建立工業區等相關工程，透過電力技術的合作協定，派遣熟悉電力經濟、規劃、設計、控制以及監督營繕工程之技術人員前往沙國，協助推動鄉村電力發展計畫；而中興工程顧問公司則為沙國設計、監造利雅德、吉達與達曼等三大工業區；榮民工程處則先後在沙國承包興建數條重大的公路與軍港，總金額高達新台幣一百四十多億元；另，又與沙國合作設立肥料廠，並代訓技術人員，以協助沙國培育工業技術人才；其他，另有漁業開發、以及石油化學技術等各項合作計畫。台灣社會透過各種技術援外計畫，而與中東的產油國家建立互信、互惠的關係。

　　而雙方在此密切的合作下，更有多元的貿易交流。由台灣供應給沙國二十萬噸的水泥、十萬噸以上的食糖，以及塑膠水管、鋁門窗、磚瓦、衛生器材等各種房屋建材，還有冷凍蔬菜等。相對地，1978年沙國則同意台灣的中國石油公司可與沙國的油礦組織續訂新約。而由沙國所直接售與台灣的石油量，每天增加為四萬桶，另有部分重油、以及液化石油氣等。透過沙國石油增售的善意之舉，有效解決在第二次石油危機中台灣社會所面臨的恐慌。

　　包括1978年完工的「中沙大橋」在內，兩國在過往數年之間的合作關係，也間接架起民眾相互間在國民外交上的情誼。

4. 體育外交

　　1970年代中國一改過去在國際體育賽事上自我封閉，從桌球運動開始積極參與國際間的體育盛會。1971年3月，中國首度派遣隊伍至日本名古屋，參加第三十一屆的世界盃桌球錦標賽。當時的中國領導人毛澤東透過桌球運動員在日本對美方球團進行國民外交，並於賽後邀請美國代表隊前往中國訪問，於北京、上海兩地進行友誼交流賽。而為求禮尚往來，翌年（1972）4月，中國則派遣桌球訪問團造訪美國，在紐約、華盛頓等地進行十三場的球技表演或友誼賽，並在白宮獲得尼克森總統的接見。

　　透過體育交流，自然且巧妙地打破冷戰以來中美關係之僵局，亦正式揭開兩國親善關係的序幕，更間接促使尼克森總統訪問中國，甚至走向中美建交的結局。這項成果在戰後的中國外交史上，稱之為「乒乓外交」，更是毛澤東得以「小球轉動大球」的自詡之作。此前此後，除了邀請澳大利亞、加拿大、哥倫比亞、英格蘭、尼日利亞桌球隊訪中之外，中國桌球隊亦出訪尼泊爾、錫蘭、埃及、尼日利亞、南斯拉夫、蘇聯、義大利、法國、瑞典、加拿大、智利、美國等地，並舉辦了幾場亞非南美桌球邀請賽。這些體育交流活動，讓中國有效打破過去文革時期所導致的自我孤立，重新樹立起別具正面意義的國際形象。

　　然而，相對於中國在國際體壇的積極參與，台灣方面則因離開了聯合國，國際地位逆轉直下，更在國際體育賽事處處受制於中國的掣肘。1972年，中國在國際性的運動組織中開始積極進行所謂的「驅蔣」鬥爭，這項政策隨即引發海峽兩岸之於奧林匹克運動會或其他國際性運動協會等相互間的對立。當時，台灣方面經常面臨著某項運動協會受制於中國的阻撓，而喪失其在國際總會既有的會籍資格，而原有之會籍則在「一個中國」認知下，改由北京當局直接取代，當時的台灣社會稱此狀況為「排我納匪」。

「排我納匪」的反動策略：威廉瓊斯盃國際籃球邀請賽

　　在驅蔣政策發酵下，國際運動總會的「排我納匪」案明顯增多，外交部乃邀集各相關單位共同會商，提出因應策略，而其主要方案有三，其

一，會籍名稱及運動員出場名稱使用「中華民國」，自當接受；其二，會籍名稱維持「中華民國」，運動員出場之名稱若被改用「台灣」，我方代表則須表達抗議，但不離席或退會；其三，會籍名稱及運動員出場名稱均被改稱為「台灣」，我方代表則須提出抗議並離席，但暫不宣佈退會，另謀挽救之道。

　　面對國際體壇之困境，同時亦受到「乒乓外交」的啓發，台灣社會乃試圖透過籃球運動，突破國際孤立的困境。然而，何以選擇「籃球」呢？事實上，戰後爲了推展籃球運動、磨練選手技能，台灣曾積極組隊參與國際籃球賽事，以促進國際性的體育交流。而過去在亞洲盃或世界盃等國際賽事中，中華隊皆曾獲得前五名之佳績，因此台灣的籃球運動在國際籃壇上亦據有一席之地。

　　1974年，在波多黎各所舉辦的第七屆世界盃籃球比賽，卻因國際籃總（FIBA）提出不能有兩個「中國」的主張，台灣的籃協被迫暫停會籍；緊接著，亞洲籃協（ABC）亦暫停了台灣會籍，迫使台灣的藍球選手喪失任何參加國際籃球賽事之機會，更斷絕了透過籃球界而與國際交流的可行性。台灣社會因政治因素而被孤立於國際籃壇之外，並成爲台灣籃運發展最低潮的黑暗時期。

　　1976年，爲突破中華籃球代表隊在世界籃壇舞台上被封殺的困境，當時的中華籃協理事長余紀忠，乃致力爭取台灣的男、女籃球選手出席國際賽事之機會。所謂「德不孤必有鄰」，透過國際籃協榮譽秘書長威廉瓊斯博士（Dr. William Jones）的鼎立相助，進而有了「威廉瓊斯盃」國際籃球賽事之構想出現。即以威廉瓊斯個人在國際籃壇的聲望及其人脈關係，邀請各國籃球選手組隊來台參與比賽；同時，爲了紀念其對中華民國籃壇的友好與支持，賽事名稱則特意掛上了「威廉瓊斯盃」名號。

　　1977年由台灣的中華籃協籌辦之首屆威廉瓊斯盃國際籃球邀請賽（William Jones' Cup International Tournament），除了可藉由國際性的籃壇交流，提高國內籃球運動的水準與技術，更可藉由賽事活動深化國際間的邦誼交流，有效提升台灣在國際籃壇之地位，對會籍之恢復或許有所挹助。

　　然而，在1970年代所主辦三屆的威廉瓊斯盃賽事，參賽國家與隊數並不算多，且多為以俱樂部球隊為主力；除了美、韓兩國之外，其他隊伍的實力其實大多不如台灣代表隊。儘管如此，由於台灣方面未能出席正式的國際賽事，參與盛會，威廉瓊斯盃的舉辦就成為我國與海外球隊切磋球技、相互交流的良機，至少還可以從籃球超級強權美國以及亞洲勁旅韓國等球隊的攻防過程中，獲得部分寶貴經驗。

　　由此可知，在1970年代，台灣坐失聯合國的席次之後，國際奧會的會籍跟著喪失，以籃球運動為始，體育選手逐漸失去參與國際競技之機會。而迄1980年代，以「中華台北」名義重新取得參與國際體育賽事之權利以前，威廉瓊斯盃籃球比賽一直都是台灣籃壇與海外交流的重要平台。

5. 教會外交：中國天主教會與台灣基督長老教會

　　早於1970年行政院「光復大陸設計研究委員會」所召開之第十七次全體委員會，便已指出外交形式必須多樣發展，不需定於一尊，因而有所謂「政治外交、經濟外交、文化外交等等」的出現。在同年之第十八次全體委員會議中更再次重申，「外交確是內政的延長，內政當然與外交不能分離，尤其是在整體外交的今天……今天我們談到整體外交，對於軍事、經濟、文教等，也都包括在內……今後政府應在全民外交上發展為整體外交」。其中，作為國民外交方式之一的宗教，在某種程度上亦值得注意。時任中華文化復興委員會副主任委員，同時亦是天主教樞機主教的于斌便曾對此做了進一步的闡釋，他主張「宗教可說是反共的基本力量……而宗教無論是天主教、基督教、回教、佛教等許多世界性的大宗教，都是反共的，要真是組織起來，占人類一半以上的多數，真要能行動起來，卻可以旋轉乾坤，這不是一句虛語」。

　　換言之，對外關係正當性的爭取不僅是政府官方的責任，台灣社會的基督教會亦有其需求。因此，為求1970年代外交孤立的轉圜，除了政府應負起相關之職責外，台灣的基督教會亦扮演起推動國民外交之要角。

　　台灣社會的教會外交，大致可劃分成兩大類型，一是透過威權體制下

的領導中心「蔣家」對西教之堅定信仰，即台灣社會堅守維護西教信仰自由之決心，並意圖藉由宗教信仰獲取西方世界對中華民國政府之認同，拉近與其他國家之間的距離；另一則是建立在蔣家與台灣社會對西教的認同基礎上，由基督教會主挑大樑，以民間交流之模式，爭取國際社會對台灣的認同與支持，而這項重責大任則落在「中國天主教會」與「台灣基督長老教會」等兩大世界性宗教團體的肩上。

　　以走本土化路線的台灣基督長老教會為例，1975年8月10日，為求「探討確認教會時代使命」，並「對國家貢獻棉薄之力」，長老教會召開了第二十三屆全省傳道師總會暨靈修會，主講者除了長老教會的神職人員高俊明、王再興等之外，還有日本喀爾文專家的渡邊信夫，以及特別被邀請與會的外交部禮賓司副司長林尊賢等共同出席，發表演說。

　　林尊賢的演說〈教會與國民外交〉之內容指出「外交是政治的延長」，因此今日中華民國若要「追求外交勝利」，便須發揮與運用「整體外交」之模式。而所謂的整體外交，即包括國民外交、經濟外交、體育外交等非官方的外交形式。而從林氏的談話可看出，1970年代前後台灣的外交政策別具積極性。外交不僅是為了追求法理上的獨立自主，更要「追求外交勝利」。林尊賢更進一步指出，國民外交若要成功，國民形象便須重視，而最重要的莫過於公德心的培養，「（略）外國友人說，中國人富有人情味，但缺少公德心」。而「這種公德心的培養，如再進一步深度的研究時，可以歸納在教會的靈性的培養之範圍」，即培養國民的公德心，不僅落在政府的肩上，教會亦背負著同樣的責任。林尊賢的演講帶出了中華民國的外交困境需基督教會在海外發聲的思惟，而為避免讓台灣變得孤立，則應「揭發共匪的陰謀」等；另外，教會可藉由宗教靈性之化育，而教養出文明社會的國民，並讓他們在整體外交上發揮效益。

　　接著，台灣基督長老教會更做出了支持教會國民外交之宣誓，「再者，面臨著國際姑息主義的氣氛日濃，我國孤立的情勢愈趨險惡之際，我們主張作為國際性宗教的基督教會與天主教會，應當認清本身所具有的潛在實力，義無反顧地擔負起國民外交的重任，透過與全世界各地愛好民主

自由的國家之宗教人士或團體等的互助與合作，來加強雙邊或多邊的交通關係。這對我們教會發展而言，固然有極大的裨益，同時對協同打破目前國家所遭遇的孤立情勢來說，更是一股莫大的助力」。對教會長老而言，此舉不單對教會的國際交流有所助益，爲破解台灣社會國際孤力之局面，更有推波助瀾的意義。

國民黨政府使用的愛國意識與「恐共」宣傳以動員教會協助，確實發揮積極效益，並間接促使教會在宣教、會議等活動上，抱持強烈的政治意識與愛國情操。各教會紛紛表達願盡微薄之力，共赴國難，背負起國民外交之重責大任。

同年（1975），天主教羅光總主教亦主張，「我們國家所處的境遇，在國際上很受中共孤立政策的打擊。因此，和我們政府斷絕邦交的國家越來越多。政府所以才有全面外交和全民外交的政策。天主教和基督教都是國際宗教，爲歐美各國人民所信仰。我們宗教界人士願意合作，盡自己的力量，從事國民外交工作」。

而爲了響應政府政策，「基督教聖公會」甚至一度出現了教會外交與政府外交幾乎同步之情境。聖公會主教龐德明曾作出如下之宣示，指出「中華民國退出聯合國的時候，我正在美國參加美國聖經公會主教院的會議，對於某些美國聖公會聖品人員和教友們支持中共加入聯合國乙事，我曾提出強烈的抗議。在場的主教們雖然有些是反對我的意見的，但是他們也同情我的立場。在其他的會議和演講；特別是跟美國聖公會總會的最高職員談話中，我很清楚地表明，如果美國將來要承認中共，同時美國聖公會也支持它們國家政策的話，我們台灣聖公會雖然是屬於美國聖公會的一部分，必定會很堅決的反對，在必要時，甚至退出美國聖公會，好像我們的國家退出聯合國一樣。他們不只是同情，而且支持我們這個國家、民族的立場。我想，教友也具有國民的身分，我們應盡公民的責任，愛國家，在國際性的教會會議中，更肩負國民外交的責任。」在對外關係面臨風雨飄搖的年代，台灣社會的西教團體不僅支持國民外交，甚至內化了政府對教會應善盡國民責任之要求，教會與國家同船共渡，更成爲當時教會的課

題之一。

　　1977年，當美國的台海政策開始轉向與中華人民共和國邦交正常化的傳聞不斷時，面對風雨飄搖的台美關係，10月于斌樞機主教應政府之要求，率領「中國宗教徒聯誼會訪美團」抵達華府雙橡園，進行所謂外部正當性的搶救工作，理由是出於「（略）他們也是為美匪將要建交，而站在宗教立場，向美國人闡明這是錯誤的一張牌」，而這項行動最後則以失敗告終，然而「一下子就擁有那麼多人，好像雙橡園的酒會是為迎接他而開的，有了于樞機撑起了中華民國的大旗，彷彿就能風雨不透」；換言之，當時樞機主教于斌以其個人之魅力與風采，意圖透過基督信仰的力量，挽救處於孤立局面的台灣社會。

　　翌年（1978）8月16日，于樞機主教在參與新任教宗選舉時，因心臟病發猝死於羅馬。其後，前第一夫人蔣宋美齡女士則撰文肯定其「爭取國際間的友誼，一再奔走呼號，希望藉此喚醒對共產主義危險本質認識不清者，轉而支持中華民國反共的正確立場，身為一個上帝的僕人，于樞機以盡心竭力，為反無神主義而戰。他同時又是中華民族文化、精神、醫德和制度的維護者」之卓越貢獻。

　　教會作為爭取中華民國外部正當性之後勤體制的一環，以國民外交模式積極參與台灣的外交事務。政府在面臨棘手的外交課題時，直接委外給天主教會協助處理，利用天主教會與西方國家之間在宗教上的裙帶關係作為汲取外部正當性的管道，更逐漸成為一種策略慣性，而台灣基督長老教會亦被國民黨政府納入了此一政策慣性中。為了爭取對外關係上的正當性，國民黨政府對於黑名單上的神職人員改採較為寬鬆的標準。〈國事聲明〉與〈人權宣言〉起草人之一的基督長老教會總幹事高俊明牧師，亦同樣有被政府動員協助推動國民外交之經驗，高牧師的回憶錄中對此有如下之記載，「有時，他們請外教派的代表來講話：『高某某，你現在如果要出國，很困難。我已經替你安排好，可以參加ICCC的國際會議，出入境和簽證沒問題，費用也不必負擔，一切由我們張羅。請你來參加』，又有一次，天主教教宗要訪問菲律賓。國民黨中央黨部找我談，說他們商量

後，決定請長老教會總幹事，就是我，拿故宮博物院的國寶級寶物，送給教宗。旅費和其他手續費，國民黨代辦，我負責送禮，無須為國民黨說好話或做什麼事」。

　　但不容諱言地，中華民國政府儘管推動委外型的基督教會國民外交，但也並非毫無條件地准許或禁止長老教會神職人員出席各項活動。國民黨政府會極力鼓吹教會參與反共相關之世界性教會組織；但倘若基督長老教會打算與其他左翼國家教會組織同席，如「W.C.C.（世界基督教協進會）」組織等，政府自然會出手阻撓。因此，委外型基督教國民外交並不代表國民黨政府放任基督教會可以自主行動，基督教會及其活動是被篩選的。而所謂W.C.C.組織，全名為World Council of Churches，是迄今世界最大規模的新教教會聯合組織。它是二十世紀世界教會合一運動（Ecumenical Movement）的成果。1961年W.C.C.接納了東歐共產國家教會為會員，該組織為求進一步在國際上規範中華人民共和國，乃於同年2月正式支持中華人民共和國加入聯合國。

　　繼中華民國政府離開聯合國組織之後，1978年蔣經國接任中華民國第六任總統，而同年卻發生了台美斷交，翌年（1979）更進而引發在高雄的「美麗島事件」，當海內外政局一片山雨欲來風滿樓之際，國民黨政府在對外關係上改走「彈性外交」路線，即更積極與無邦交國家發展經貿關係。而不容諱言地，所謂的「彈性外交（Diplomacy of Flexibility）」之前提依舊是堅持「一個中國」原則，舉凡與中華人民共和國建交之國家，國民黨政府均以「斷交」處之；而凡與中華人民共和國相關之官方性國際組織，台北當局的因應態勢是主動「退出」，抑或「留而不與會」。

　　「彈性外交」之要義，扼言之，即當一國家面對非常之情勢，在不違背基本國策、不危害國家利益的前提下，採適應性與伸縮性之靈活外交策略，以資因應，最忌墨守成規，躊躇不前，甚至因而坐失良機，削弱國家力量，間接矮化國際地位。而為避免墨守成規，就必須以新觀念、新做法，以更富靈活與彈性之態度處理對外關係，俾使各項外交活動不受既成觀念束縛。不容諱言地，台灣社會的對外關係從「彈性外交」轉換至「務

實外交」路線，則需等到1988年在地人士接任總統職務之後了。

第二節　1980年代務實外交的思考源流

　　一如前述，繼1971年中華民國政府離開聯合國，翌年（1972）9月日本與台灣斷絕政府間的外交邦誼，1978年12月美國又與台灣斷交，台灣之於國際社會的地位更加險峻。台灣社會部分人士開始對國民黨政權的統治倍感不耐，他們逐漸無法忍受一個政黨長期執政，面對威權、專制深感無奈之餘，對民主自由化社會的期待愈益升高。1979年12月10日，與《美麗島》雜誌相關的黨外人士計畫利用「世界人權日」，發表演說，並帶領民眾走上街頭，但在當時政府的蓄意阻撓下引發了震驚海內外的「美麗島事件」。

　　「美麗島事件」爆發之後，一連串的社會運動接踵而至，從勞資爭議的問題開始，老兵「返鄉」運動、先住民的「還我土地」運動、學生的「野百合三月學運」等，戰後的台灣社會在一黨獨裁下，島上的民眾對政府無法有效解決各種問題的不滿，一舉爆發。而對當時的國民黨政府而言，「美麗島事件」可謂是因政府在對外關係上的失足，進而引發民眾對今後台灣社會經濟的發展倍感不安的一種警訊。

　　1970年代，伴隨戰後首次大型的公共建設計畫，即「十大建設」的逐步完成，1980年台灣民眾的平均國民所得已增加至二千三百美元；然而，在工資不斷調漲的壓力下，傳統勞力密集產業逐漸失去競爭力，台灣社會的產業結構必須朝往資本與技術密集的方向轉型，產業外移的現象日增。在此同時，面對經濟逐步穩健成長的年代，1979年1月台北當局終於開放民眾出國觀光，也為1980年代，一個從「不可能」變「可能」的時代揭開序幕。

「中國國民外交協會」的活躍發展

　　前述之「中國國民外交協會」仍持續地參與國際活動，並受到國際社會之青睞與認同，部分亞洲分會等相關重要活動，甚至交由台灣主辦，這

意味著台灣在「世界國民外交總會」的影響力，與日俱增。

　　1981年，第四屆「國民外交總會」亞洲區會議在台北舉行，由「中國國民外交協會（People-to-People Republic of China, PTP ROC）」主辦，來自亞洲七個國家與地區之代表一百一十人參與。整場大會由當時的「中國國民外交協會」理事長周雍能主持，當時的總統嚴家淦與「世界國民外交總會」會長杜替則於會中致詞。

　　自「中國國民外交協會」理事長周雍能擔任銘傳女子商業專科學校（今，銘傳大學前身）董事長以來，該校創辦人包德明及其三子李銓等人亦先後擔任「中國國民外交協會」理事長及執行總裁。換言之，自此之後，「中國國民外交協會」乃與日後的銘傳大學結下了不解之緣。

經濟奇蹟下的國民外交

　　對外貿易是台灣社會經濟發展的重點之一，而歷經1970年代兩次石油危機之衝擊，台灣社會的經濟發展逐步朝往穩健成長的方向轉型，對外貿易亦從入超轉為出超。1980年代在美國的貿易保護主義下，除了必須開放進口市場之外，台幣被迫升值。1987年，台灣社會對外貿易之出超金額高達一百八十七億美元，創下空前的歷史紀錄，且在持續擴大中。

　　另一方面，從1980年代後期開始，包括農林漁牧業在內，台灣社會的傳統產業在生產成本急速上升的情況下，把生產中心迅速朝往大陸、東南亞地區移轉。不容諱言地，這項事實的確為台灣島內高科技產業的發展提供一個舞台。產業升級速度加快，第三級產業發展迅速，製造業則改以資訊半導體產業為主，高科技產業成為台灣社會經濟的支柱性產業，技術密集性製品則成為新的出口主力。

　　民間企業在出口快速成長過程中不斷累積資金，亦為以後台灣社會經濟的發展奠下基礎。但另一方面，工資的迅速上揚，土地價格飆升，1980年代中期以後，台灣的社會經濟不斷地陷入泡沫化。同時，台灣社會逐漸走向開放的經濟體系，政府開始鼓勵自由競爭、健全市場機制、盡量減少不必要的行政干預，而達到市場機能的發揮、資源合理分配、提高

經濟競爭力與效率等目的的改革措施，接踵而來。社會經濟的轉型考驗著政府威權體制今後的走向，而台灣社會的國際地位亦需被重新正視。民間的經貿活動與國際市場互動密切，也爲日後1990年代的全民外交鋪路。

　　而在1970年代最後一年，政府開放民眾出國觀光，是台灣國民海外雄飛的開始。1980年代一批又一批的台灣旅客出現在世界各地，爲了有效辦理簽證事宜，更間接促使一些與台灣政府沒有正式官方邦誼的國家，在台設立非官方形式辦事處，「代理」簽證申請作業。換言之，開放台灣民眾自由出國觀光，間接爲台灣在對外關係的拓展上找到另一出口，開創新的局面。

　　在國際政治的舞台上，1980年代中華民國的外交多是透過「經貿」與「文化」等管道，來突破國際孤立的問題。根據一位退休外交官員的說法，就某一方面而言，台灣目前的外交成果實歸因於國民在經濟發展上的努力，進而換得其他國家的尊重。畢竟此時政府官員間的公開接觸，幾乎是不可行，多數時候藉由民間的溝通管道去異求同，而取得兩國間的共識。由民間部門出面主辦國際性會議，透過各項國際性議題之探討，與海外人士交換意見，進而達到實質溝通的目的，可謂是有效達成實質外交的彈性作法之一。

　　事實上，台灣自離開了聯合國之後，無法參與國際貨幣組織、世界銀行等相關團體，在國際社會陷入孤立局面。因此，要打開國際外交困境的死結，仍需依循「兩條路線」，重啓回歸國際社會之機制。所謂的兩條路線，其一是由東往西走，即從韓國、日本、夏威夷而至北美地區；另一則是朝西往南，從香港、菲律賓而至印尼等地，而此兩條路線最後再匯集於歐洲。往東發展所需之人才以諳日語、英語爲主體；而朝西發展則需廣東話、閩南話，以能與當地華僑社會融爲一體者。

　　而台灣社會經濟的實力，則是務實外交的本錢，畢竟台灣經貿界人士不乏熟諳多種語言，能洞悉海外各地風土人情者，透過民間人脈，代表政府出席半官半民的政商活動，傳達訊息，交換意見。不容諱言地，即使經貿活動之交流，難以有效轉換成正式的外交邦誼，但卻可成爲台灣社會發

動實質關係的動力引擎。透過民間的經貿交流，以下茲舉辜振甫、辜濂松叔姪，以及王又曾、吳火獅、徐風和、周文璣等人為例，說明台灣社會財經界人士之於國民外交的影響。

1. 辜振甫與全國工商協進會

　　辜振甫是台灣社會工商鉅子，擁有多項企業董事長頭銜，經常出席各種國際重要的會議與活動，無論是「太平洋經濟合作會議」、或「太平洋盆地經濟理事會」等，皆可見其身影，素有「經貿大使」之美譽。辜氏經常透過國際性經貿交流活動，而為台灣社會推展實質的對外關係，其之於台灣的國民外交成就斐然。

　　辜振甫經常以政府或全國工商界代表之姿，出席各項重要的國際性經濟會議，與各國政要建立深厚情誼。辜氏的海外人脈，在日本方面主要是承襲自父親辜顯榮之庇蔭，而與日本政界要人交相往來；至於美國方面，辜振甫則與當時擔任美國加州州長的雷根，以及美國駐聯合國大使的寇卓派克等人交流；而東南亞的菲律賓方面，他與馬可仕、艾奎諾等菲國政要亦有往來。

2. 辜濂松與「亞太商工總會」

　　台灣企業家辜濂松亦透過財經實力，配合台灣社會的經貿發展，以民間人士之姿為國家拓展對外貿易，在國際性的工商組織中發揮影響力，更經常為政府出席各項國際性工商會議。

　　「亞太商工總會」是促進亞太地區經濟合作的國際組織，辜濂松於會長任內，成功地爭取該會在台北設立永久會址及秘書處。透過辜濂松的努力，促使台北成為亞太商工總會的後援地；而一些無邦交會員國亦因「亞太商工總會」之故，而開啟與台灣社會頻繁往來的契機。

　　事實上，原本「亞太商工總會」的組織在當時曾一度瀕臨倒會危機，但辜濂松意圖藉由該會的存在，有效成為台灣國際能見度的指標之一，因而竭力強化該會的組織運作。雖然在過程中遭遇不少阻力，而當時最大問題莫過於台灣在亞洲地區除了韓國之外，幾無邦交國可言。為了達成某項議題共識時，更顯困難。例如當時印度對台灣社會不算友善，辜氏為求理

想，乃邀請印度工商界人士組團訪台，或自己親自出馬，在台、澳之間往來奔波，以求順利達陣。

3. 王又曾與「全國商業總會」

「全國商業總會」領導人王又曾，則透過該會組織，力促台灣社會商業團體間的相互聯繫；同時，為了讓世界華商對台灣社會的經濟建設有深度理解，乃於1984年5月主辦「世界華商貿易會議」，王氏亦因而獲頒中國國民黨所頒贈的「實踐獎章」，表揚他對拓展國民外交，爭取貿易機會，不遺餘力。

4. 吳火獅與「新光集團」

戰後以紡織業發跡的吳火獅，為求取海外市場與新技術，自1957年之後，經常至海外考察，先後到東南亞、美國、韓國及歐洲等地參訪，瞭解海外社會的市場趨勢，貿易動態，並以所獲資訊作為其經營方針之參考，同時亦藉機將台灣製品銷往海外。

吳火獅透過經貿關係而與日本政經界人士有深厚交誼，而其高明的折衝與協調能力，經常以國民外交管道，協助解決台灣社會對外關係的困境。例如，在中日斷交之初，政府曾一度暫停對日採購，這對兩國社會經濟帶來嚴重的負面影響。吳火獅乃力促日方應以微婉態度對處，切勿施以報復手段。幾經吳氏居中協調、折衝後，台日雙方再度言歸於好，共蒙其利。而吳火獅旋即力邀當時日本實業家安西浩組大型採購團赴台參訪，藉以有效削減台日間的貿易逆差，增進兩國的實質關係。

早於1970年，吳火獅便曾被日本《產經新聞週刊》譽為「台灣的松下幸之助」；而1977年，吳氏則獲美國聖若望大學頒贈榮譽商學博士；1984年，更接受英國瓦斯工程學院頒以榮譽會員頭銜。換言之，在台灣對外關係困頓的1970、1980年代，因吳火獅在財經界的成就而廣受海外社會肯定，不僅顯示吳氏之於戰後台灣經濟發展的重要性，亦因此間接提升台灣社會在國際的能見度。

5. 徐風和與「厚生公司」

台灣的企業家徐風和因與美國的雷根總統、布希總統為首等海外政界

名流皆有私人交誼，且關心國家的政經情勢，因而有「經濟外交大使」之美譽。即使身處戒嚴時期，徐風和為了解決1980年代台灣社會經濟的發展困境，乃以國家經改會委員之姿，大膽提出應開放對中國貿易之相關建言。在外交情勢困頓的1980年代，徐氏多次透過國民外交而完成政府所託付的使命。為洗刷當時台灣在國際社會所謂「海盜王國」之惡名，由徐風和擔任主任委員，成立民間版的反仿冒委員會，致力於反仿冒運動之推行。

6. 周文璣與「中華民國工商婦女企業管理協會」

在國際社會聲名遠播，且對台灣社會推展國民外交多所貢獻之人士，亦不乏女性經營者，台灣女性對國際社會的影響力不容忽視。而受到美國社會第二波女性運動之影響，1980年代台灣社會的女性主義思想日漸抬頭。

1980年「中華民國工商婦女企業管理協會」成立，面對政府在外交工作的困頓與險峻，為能在國際貿易拓展商機，該協會多次組團前往美國、西德、比利時、澳洲、荷蘭等國參訪，並出席國際性「婦女工商世界總會」會議，介紹台灣的經貿環境與成就。1988年，在出席荷蘭海牙所舉辦的第三十八屆世界大會時，「中華民國工商婦女企業管理協會」理事長周文璣就台灣的「水」資源相關之運用與保護，發表精闢演說，而獲得與會人士讚賞，為台灣社會的國民外交貢獻心力。

破繭而出的文化與人道外交

1982年，財團法人自由基金會舉辦「個人經驗看國民外交」座談會，國際青商會副會長劉炳森曾談及在某些歐洲人的眼中，台灣就是個大型貨品加工廠，台灣出去的人都是手拿一只007手提箱，逢人就打開拿出樣品，問對方買不買的推銷商人，乃呼籲除了「在商言商」之外，亦建議應伺機向國際人士介紹台灣的民情與文化。換言之，1980年代的國民外交，除了透過民間經貿交流的管道之外，更開發出民間文化交流的另一路徑。

　　一如前述，政府的對外關係經常透過國際性經貿交流的管道，動用民間「非正式外交人員」協助，而國際性的文化交流亦同。當時台灣社會國民外交的意義經常侷限在經濟層面上，而「雲門舞集」創辦人林懷民則提醒，「其實在經濟到達相當水準時，台灣應該在文化或體育層面，以主動、自然、溫暖的方式告訴國際人士，我們除了經濟富足外，還有精緻的文化、健康的國民」。而透過文化、體育、人道活動之交流，推展別具實質意義的國民外交，則成為1980年代台灣社會之於對外關係的重要特色。

　　例如，李鍾桂博士的「太平洋文化基金會」、紀政的「中華田徑協會」等，皆以民間個人或團體之力，協助台灣社會對外關係之拓展。1982年「吳三連文藝基金會」便曾邀請蘇聯大作家索忍尼辛（Алекса́ндр Иса́евич Солжени́цын）訪台，此舉亦是官方外交的困頓年代善用民間外交潛力，為台灣的對外關係拓展新局面的具體案例。

　　無獨有偶地，蘭陽舞蹈團創辦人秘克琳神父（Fr.Gian Carlo Michelini）則以他個人之力，為台灣向國際社會尋求發聲管道。他向聯合國教科文組織下的「國際民俗藝術節協會」（CIOFF）爭取，讓台灣加入該組織成為會員國，並透過協會的運作，邀請海外團體來台表演或推薦國內表演團體出國演出，強化海內外藝文交流。秘克琳帶領蘭陽舞蹈團出國表演，舞者足跡踏遍全球，並曾獲天主教宗九次的接見。舞團傑出的表現，有效提升台灣的國際能見度，透過本土藝術的傳承，協助台灣民間做好國民外交。

　　延續以往農技輸出的外交模式，1980年代台灣社會更從人本主義的角度出發，以醫療團人道救援服務推動國民外交。在援外醫療的工作中，以在沙烏地阿拉伯的規模最大，台灣派出約千名的醫療人員駐守；此外，哥斯大黎加、玻利維亞、利比亞、韓國、印尼、馬來西亞等國亦曾透過政府行政院衛生署，而與國內醫學界緊密聯繫。台灣所提供的醫療技術，除了一些較複雜的外科手術外，還包括生育計畫、瘧疾疫情之控制等。

　　在民間對外交流的活力挹注下，根據外交部統計，1983年台灣社會

參與海外各類國際性民間組織而擁有會籍者高達六百三十五個，相較於1979年的二百七十一個，四年間增加了三百六十四個。不少的機構或團體皆積極申請加入海外國際組織、出席國際性交流活動，意圖強化台灣在國際社會的曝光率與重要性，台灣社會民間在國民外交上的努力由此可見。

1988年，台灣政府的經貿官員與民間業者組團前往蘇聯，進行商務考察，當時仍堅守「漢賊不兩立」舊思惟的總統府秘書長沈昌煥，在國民黨中常會上手捧《蘇俄在中國》，怒斥經濟部官員是「欠缺敵我意識」；然而，這位過去以「外交教父」著稱的總統府秘書長在其後不久便請辭了，這項事實亦可謂是為舊時代外交政策畫下句點的象徵，同時亦為其後1990年代的「務實外交」策略埋下伏筆，在國民外交的前提下，經貿外交、政黨外交、宗教外交等亦相繼出現。而1989年李登輝以「從台灣來的總統」之姿訪問新加坡，這是政府播遷來台之後，台灣的元首首度以官方身分出訪海外，不僅是政府在官方外交上重要的突破，亦可謂是1980年代朝野上下之於國民外交共同努力的成果展現。

長久以來，政府在官方外交陷入困頓，對外關係的挫折與逆境，加深民眾對「一個中國」政策產生質疑，亦進而反省與正視腳下這片土地的未來及其走向。這是1980年代台灣的政治發展朝往本土方向思考的背景之一；而受到前述國際美元貶值的影響，當時台灣的外匯存底不斷激增，間接展現台灣社會的經貿實力。然而，美國保護主義思惟作祟，台美間的經濟談判屢屢失利，對台灣的社會經濟與國民生活帶來新的衝擊，民眾對政府政策所蓄積的不滿情緒，逐漸轉向對威權體制的反動。各個社群團體紛紛走上街頭，試圖爭取屬於自己的權益，進而促使台灣社會的政經結構開始改變，而社會利益亦重新分配。

再談體育外交，在國際體育賽事上一如前述，從1980年開始威廉瓊斯盃籃球比賽逐漸成為台灣籃壇之盛事。台灣籃壇亦試圖改變以往的組隊模式，而將過去以單一俱樂部球隊，如單以軍系球隊「飛駝」出席比賽之形式，改以從每年國內的「自由盃」籃球錦標賽中，遴選中華男、女代表

隊各一組參與威廉瓊斯盃籃球比賽。同時，亦從該年度第四屆比賽開始擴大辦理。在前幾屆的舉辦期間，台灣的政府皆為來自海外參賽隊伍提供單程機票與膳宿招待；而籃協所發出之邀請函亦由點而面地擴大出去，長久下來，來自海外參賽隊數不斷增加，亦帶動台灣社會籃球活動之熱力，也算是達成當初創辦威廉瓊斯盃籃賽之初衷。

　　1980年至1985年期間可謂是威廉瓊斯盃籃球比賽最盛期，此一時期的參賽隊伍實力堅強，而場邊觀眾更是冠蓋雲集。以1981年為例，國際籃協會長甫耶特及其秘書長史坦考維奇、亞洲籃協會長李秉禧、以及其他各國籃協會長等多人，都先後來台參與盛會，由此推知海外對此項國際籃賽之舉辦抱持較高評價，對台灣籃協國際地位的提升，多所助益。而連年舉辦威廉瓊斯盃國際籃球邀請賽，也讓海外籃壇瞭解台灣社會對籃球運動的關心與熱衷。

　　歷經七年的努力爭取，國際籃總乃於1981年6月8日改以「中華台北籃球協會（Chinese Taipei Basketball Association）」之名，恢復中華籃協的國際會籍。8月2日，在菲律賓所舉辦的亞洲籃協執行委員會議，全體執行委員一致通過恢復中華籃協會籍，這是繼1974年停止會籍後，台灣代表被允許重返亞洲籃協。而印度代表則當場致函給台灣代表團，邀請台灣派遣隊伍出席在印度加爾各答所舉辦的第十一屆亞洲盃男子籃球邀請賽。然而，其後卻因國旗與國歌等問題引發種種不平等待遇，終究還是無法派遣隊伍參與賽事。

　　在1980至1985年威廉瓊斯盃籃球賽事鼎盛時期，除了以國民外交之力成功促成台灣社會重返國際籃壇之外，更帶給國內籃壇人士一展長才的機會。然而，自1982年台灣恢復國際籃協會籍後，雖有機會再度重返國際籃壇舞台，但卻因而淡化籃球界對威廉瓊斯盃國際籃球賽事的需求，加上主事者之人事更迭、舉辦場地中華體育館的焚燬、國內觀賞美國職籃NBA的普及化，以及威廉瓊斯盃各參賽隊伍的水準差異過大等，難以吸引球迷興趣，在票房不佳等多重衝擊下，自1986年以後，台灣社會對威廉瓊斯盃的熱情逐漸由盛而衰。

　　儘管如此，威廉瓊斯盃為國際孤立期間的台灣社會打開了一扇窗，透過國際友人以及民間力量的維繫，讓台灣的籃球界不自絕於國際籃壇之外，亦成為朝野殷切期盼國際情勢改變，重新接納台灣社會的轉圜手段之一。

　　1988年3月9日，當時的李登輝總統在訪問新加坡之後的返國記者會上，對新加坡稱他為「從台灣來的李總統」或「從台灣來的總統」一語表示，「本人雖不滿意，但是可以接受」，並強調「在此種情況下，我們不需去計較名稱，而來做我們應該做的事情」，這項事實可謂是1980年代台灣走「務實外交」路線的具體表徵。

　　自1988年以後，台灣社會在對外關係上走務實路線，首先突破既有之框架，接受邦交國對中、台兩方之「雙重承認」，無論是重利輕名或捨名求實，目的都是意圖在國際社會上能與中國和平競爭、平等共處，而手法亦呈多元，如眾所周知的金援外交、度假外交、過境外交、政黨外交等名目，都以增進邦交國數目，或提升與非邦交國之間的關係層級為要。

　　政府從正視兩岸分治的現實開始，首度承認台灣與中共政權是互為對等的政治實體，在此前提下，推動務實外交。政府清楚領悟到台灣四周環海，以貿易立國，一定得順應民意走出去，不能因中國的打壓而自我設限。於是，一改過去「零和遊戲」的規範，相信「出席即存在」的作法，不堅持意識型態，不計較形式與名稱，只要能平等參與、互惠互利，在享有同等權利與尊嚴的前提下，各種外交上的問題皆可因時因地制宜，謀求解決。包括民間社會與中國的相關交流在內，只要不損及我方權益，基本上政府不予過問，一切都以爭取台灣社會在國際的生存空間為首要目標。

　　以一言蔽之，務實外交的策略運用首重功能主義，在未有官方交流之前，先以功能性如民間的經濟、文化交流等突破官方外交可預期之困境，再以漸進主義逐步提升對外交流的層級。基本上，應以實質利益為重，並透過經濟援助、首長互訪、鼓勵廠商前往投資、簽署經濟協定，積極參與國際組織等，有效達成對外的雙邊互惠關係。

　　為求擴大與世界各地民間往來之同時，亦竭盡心力以提升「官方」或

「半官方」關係為目標，在「承擔國際義務」等言詞下，達成擴展國際生存空間、重返聯合國，使台灣社會乃以自主獨立之政治實體而能有效獲取國際社會之認同。而自1980年代後期，台灣社會朝野不遺餘力地推行「務實外交」，近乎到了不計名義的地步，只要能走出去，任何名義或模式都可接受，而其背後所隱含之深層意義在於台灣社會的特質，即商業民族所建構出來的海洋國家，在對外關係上絕不能固步自封、閉門造車。

　　自1988年起政府便試與多個國家建立或恢復邦誼關係，並安排總統出訪海外，包括新加坡、菲律賓、泰國、印尼、約旦、阿拉伯聯合大公國、美國等無邦交國，以及南非、巴拿馬等邦交國，強化與日本之間的關係，推動「南向政策」以增進與東南亞鄰邦之交流，擴展政府官方外交空間，同時也以「台澎金馬關稅領域」名義申請加入「關稅暨貿易總協定」（GATT），以「中華台北」之名加入亞太經濟合作會議（APEC）。

第三節　從「務實外交」走向「全民外交」的1990年代

　　1990年代的台灣，國民所得一舉突破一萬三千美元，與韓國、香港、新加坡等並列為「亞洲四小龍」，而受到海外社會矚目，也增進台灣社會之於國際參與的機會。當經濟必須朝往自由化方向發展的同時，政治更須民主化，而尊重社會多元化本質，以及強化務實外交等全民之期待，戰後數十年來所累積的社會力，瞬間一舉迸發開來，1990年代台灣社會對過去的威權體制產生一股反動風潮。

　　中華民國政府延續1980年代後期官方外交改走務實路線，把傳統以歷史、地理、文化、血緣等所設定之「一個中國」的概念暫時擱置，而改以眼前的政治現況處之，即海峽兩岸的關係是基於兩個「對等」的政治實體，不僅在地理上是分裂的兩個不同區塊，在法律上更是互不相屬的獨立法域。

　　在上述的主張下，政府外交策略的運作上亦有變革。其一，在國際社會發展多邊關係；其二，則是以「雙重承認」的方式取代過去「一個中

國」的原則。前者的重點在於不要因堅守名稱而喪失參與國際組織的機會；後者則成爲爭取政府間官方外交的新模式。同時，爲了增進與無邦交國的實質關係，亦經常以「過境外交」、「元首外交」或「高層外訪」等手段，讓國家元首或是政府高層有機會前往海外，無論是與邦交國或無邦交國家等進行參訪，即使需彈性處理出訪名義或出訪者的頭銜，亦在所不惜。

台灣雖藉由與部分工業先進國有龐大的雙邊貿易或投資關係，但這些國際互動卻難以轉換成正式的官方外交；而對外援助固能維持一定之邦交國數，但有不少國家遊走於兩岸之間，對台邦誼不甚穩固。參與國際性組織是自1980年代以來，台灣社會走向海外的重要手段之一，但仍以經濟性的國際組織爲主。台灣社會以參與聯合國旗下之相關機構爲始，終極目標則是重新加入聯合國。部分台灣的民間社團則以各種手段製造國際宣傳，希圖讓海外世界正視台灣之於國際社會的問題。

1980年代以來在人類社會逐步走向全球化的發展趨勢下，國家之於國際有諸多問題，絕非憑藉一己之力而得以解決，必須透過國際間相互的合作與交流，才能有效解決問題。爲了避免被泛政治化，導致問題處理陷入困境，透過國際間非政府組織（Non-Governmental Organization，簡稱NGO）之運作，有效彌補政府功能之不足。因此，自1990年代以後，當政府的處理機制失靈時，非政府組織便發揮功能，爲國際社會解決問題，亦造就世界NGO組織的蓬勃發展。

一般而言，政府組織被視爲是第一部門，營利性的企業團體則被稱爲第二部門，而NGO組織通常被稱之爲遊走於政府與企業之外的第三部門。當政府無法有效分配社會資源，而企業則因利潤問題無法滿足公共需求時，NGO的存在多少可彌補社會資源配置不均的問題。

伴隨國際商務活動的觸角不斷往外拓展，以及海外移民所衍生的國際社群網絡，傳播科技的興起帶動世界的全球化潮流，台灣社會可與國際性或全球性議題相呼應的機會與日俱增，參與專業性或經濟性NGO組織的數目年年遞增，甚至開始設置跨國合作下的「國際非政府組織（Interna-

tional Non-Governmental Organization, INGO）」，台灣社會在對外關係
的互動上有了新契機。事實上，台灣社會在離開聯合國之後，出席或參與
聯合國旗下的各種INGO組織之數目不斷增加，直至2000年爲止，台灣社
會約有一千零六十四個團體或個人參與NGO，其中多以經貿或人道性質
之組織爲重。

　　過去受到政治環境之所迫，台灣社會民眾的結社活動以及公共參與，
曾受到限制與壓抑，直到政治解嚴之後，民間蟄伏已久的社會活力與潛
能，透過各種形式之結社與活動方始再現，而成爲NGO組織在台灣蓬勃
發展的重要動力。同時，鑑於台灣的國際地位特殊，傳統的外交途徑難以
有效突破台灣社會在海外所面臨之困境，NGO組織的存在則提供了台灣
參與國際社會的管道，藉此凸顯台灣社會之於各項議題的訴求。這對經常
無法出席國際會議的台灣社會而言，NGO組織的角色扮演愈顯重要。

　　藉由台灣的NGO組織跨越國界之機制，有效突破台灣社會因國際政
治所造成的困境，並與其他國家的民間組織合作、往來，透過災難救援、
醫療服務等之提供，有效展現台灣社會善盡國際公民一員之職責；亦可藉
此完成援助他國之義舉，而間接成爲展現國家實力的表徵，進而贏得國際
社會對台灣之認同，爭取海外民間人士的支持。特別是NGO組織之於國
家實力的展現，對台灣社會國際形象的提升，以及對外關係的互動，有其
正面效益。

　　延續冷戰期間之做法，長久以來台灣曾試以經濟援助換取外交承認的
對外策略，曾一度被媒體形容爲「金援外交（Dollar Diplomacy）」，在
語意上隱含負面評價。過去以維繫邦誼作爲外交策略之目標，而成爲台灣
社會對外關係陷入困境的根源之一；同時，在僵化的外交策略下，即使是
援外義舉，亦經常失之於彈性思考或議價空間。然而，1990年代台灣社
會的對外關係，除了政府意圖在外交層面展現積極作爲之外，更試圖藉由
民間NGO組織管道，強化國民外交的影響力。而其中尤以「人道救援」
被視爲是最有效益的交流手段之一，因爲它具有軟性且友善之特質。畢竟
人道救援是一種普世價值，愛心更是無國界之分，因此較容易爭取被救援

國家的善意回應。即使受到中國的打壓，而讓世界許多國家不敢貿然接受台灣官方所提供的人道援助，但透過NGO組織之力量，則可完成政府所無法達成的使命，有效提升台灣社會的國際能見度。

　　民間團體的人道救援讓政府在外交工作的施展上，變得靈活且較不具爭議性。儘管台灣與海外不少的國家沒有正式邦誼關係，但透過人道救援平台仍可為台灣社會與其他國家搭起民間友誼的橋樑。以「世界展望會」或「慈濟功德會」等在國際災難救援的付出為例，透過國際救援之參與，間接拓展台灣社會在國際活動的空間。

　　一般而言，NGO組織之於國際社會的參與，所獲得的評價與尊重多歸於組織本身，但對台灣社會而言，民間團體的國際交流、合作、串連與援助，卻被賦予為國家提升國際能見度的深層意義。無庸置疑地，這個現象對NGO組織本身而言，亦是一種壓力，但大多數台灣社會的NGO組織只要能保有「非政府」本質，則可避免受到政治力過度干預，因此除了人道救援的本義之外，為了國家，仍願以使命視之。

　　以下，務實外交策略下針對政府的對外關係，民間團體又如何因應、轉型與發展，茲舉幾項案例做概略性分析與說明。

中國國民外交協會

　　伴隨全球化時代的來臨，在1990年代豐厚外匯存底之背景下，「中國國民外交協會」仍持續其之於國民外交工作的角色扮演。而台灣社會在世界性「國際國民外交協會（PTPI）」中展現活力，並受到國際社會矚目。

　　1994年，「世界國民外交協會（People-To-People International，簡稱PTPI）」於台北舉行第十一屆的世界會議。當時銘傳大學創辦人包德明擔任「中國國民外交協會」理事長，因此由該校旗下之銘傳管理學院副院長李銓陪同美國蘭布斯大學校長勃伊博士，以及「世界國民外交協會」國際總會副總裁兼執行長維恩博士來台，探勘場地。同年，「慈濟功德會」證嚴法師獲得該會所頒贈的「艾森豪國際和平獎」，「世界國民外交協

會」會長華納則在中華民國分會主席王藹芬的陪同下拜會法師，感念她對促進人類世界和平的不凡貢獻。

　　1998年，台南市進出口公會理事長以及「國際國民外交協會」台南分會第十屆會長陳榮東，率團前往英國契斯特市（Rochester, UK）參加「國際國民外交協會」第十二屆年會。在五十二個會員國、三百多個城市會員當中，身爲台灣代表之一的陳榮東則從一百三十五席理事中脫穎而出，獲選爲「國際國民外交協會」亞洲區副總會長。翌年（1999），「國際國民外交協會」亞洲會議更選在台南市舉行，包括該協會之世界總會總裁賈比斯・威廉、副總裁瑪莉・艾森豪（即該會創始人美國前總統艾森豪的孫女），以及美國、澳洲、阿爾巴尼亞、外蒙古、日本、韓國、香港、菲律賓、泰國和東歐、中南美等各國代表共同出席，參與會議。

世界自由民主聯盟：「世界反共聯盟」的轉型

　　除了「中國國民外交協會」、「國際國民外交協會」台南分會的努力之外，在1960年代曾叱吒一時主張反共抗俄的「世界反共聯盟」，伴隨國際共產勢力的解體，也逐漸轉型成追求民主自由的國際性團體。

　　在人類歷史上，1989年是相當關鍵的一年，該年6月中國發生了「六四天安門事件」；11月阻撓東西德統一的柏林圍牆倒塌，共產主義開始走向窮途末路。亞盟與其後的世盟過去均以「反共」爲宗旨，但一如主導中國「民主女神號」廣播船的民運領袖嚴家其之所言，世盟若要永續經營，便必須擺脫過去「反共」的稱號，但「反共」的本質卻不能改變。

　　1989年11月9日，象徵國際共產體制解體的柏林圍牆倒塌，長久以來以「反共」爲信念的「世界反共聯盟」，頓時失去立足的平台，甚至一度淪爲立法委員口中的「外交部養子」。鑑於追求自由乃永恆不變的普世價值，1990年7月，世盟第二十二屆年會乃決議通過，把「世界反共聯盟」更名爲「世界自由民主聯盟（WLFD）」。

　　時任世盟會長的趙自齊認爲世盟在改組過程中，亦應革除長期以來的舊弊，組織運作才能活性化。包括第一、不能一人一個分會，委員會內必

須包括現職政黨領袖、政府人士、國會議員或學界代表，以擴大對國家政策的影響力；第二、會員不能全是退休人員，許多分會主席多為退伍軍人。軍人徹底反共，但是太過右傾，無法全面動員而有效凝聚國家整體力量。透過上述的思惟變革，「世界自由民主聯盟」則一改過去世盟時期偏重於與退休政要之接觸，而轉型為與現役之國會要員等保持緊密聯繫，並有計畫地與前共產國家之政界人士交相往來。

為了體現「創新求變，務實前瞻」的理念，趙會長乃試圖力促與現實脫節的世亞盟迎上世界潮流。一如前述，鑑於民主自由乃人類社會的普世價值，在1990年「世盟」更名為「世界自由民主聯盟」。翌年（1991），在世盟第二十三屆年會中更決議另改組成立「世界自由民主聯盟總會」，簡稱「世盟總會」，並設置會長，而原有的「亞盟」亦隨之更名為「世界自由民主聯盟中華民國總會」。1993年，「世盟」正式加入聯合國非政府組織（NGO）成為會員。

「世盟總會」會長係由原「世盟」執委會推選，經會員大會通過，任期四年連選得連任，初代總會會長即中華民國分會會長趙自齊，總會址設在台北市，而秘書處仍設於韓國首爾，其下另設有專責委員會，研究如何加強與聯合國的合作路徑，並繼續參與聯合國非政府組織活動。

大會亦支持波羅的海三小國的獨立，並對蘇聯放棄共產主義思想、解散共黨組織表達肯定與支持；同時發表聯合公報，主張台灣的中華民國已成為世界主要貿易國，國際社會應支持中華民國加入關稅貿易總協定（GATT），同時呼籲中共政權應放棄在台海使用武力，以及共同防止中國共產黨繼續在國際社會孤立台灣。

世盟以強化「自由民主」之名，在褪除鮮明的「反共」旗幟後，會員數從1989年的六十九個國家與地區，翌年（1900）會員數增至一百一十個國家、二十個國際組織，外加十個觀察員。事實上，當世盟拿掉「反共」旗幟之後，過去舊蘇聯旗下的東歐共黨國家皆可自由地加入該會，亦間接拓展台灣社會與東歐國家間的交流關係，世界自由民主聯盟有效成為拉近民主國家與共產國家距離之平台。

　　除了更改名稱之外，過去世盟分會人員亦由反共之右翼退伍軍人改由現任政府官員或國會議員、學術領袖兼任之。經重組與招收新會員之後，國會議員、大學校長和政黨領袖等則占主要成員的三分之二以上。1900年各分會會長，計有八位是現役總理、副總理，另有十一位則是國會議長。至於活動的舉行模式亦有變革，其第一要務是把活動地點由國內延伸至世界各國首都，輪流舉辦，以拓展世界自由民主聯盟在國際社會的影響力。

　　此外，活動型式也從過去以舉辦大型的群眾活動、高喊口號、推銷空泛的反共論調等型式，而改以舉辦國際性學術研討會模式，邀請各國現任或卸任之政要與會，並把議題放在如何追求世界自由民主人權等普世價值上。例如，透過「支援被奴役國家週」之名義，與學術界人士合作，而成為學術研討會的交流議題。在1900年「支援被奴役國家週」活動中，與比利時魯汶大學合作舉辦研討會，邀請各國與會學者共同探討反共理論，與會貴賓除了民主國家之相關學者外，也邀請六四學運領袖柴玲、嚴家其、萬潤南等人，發表他們在威權統治下的人生經驗，而這個作法在當時可謂是創舉。趙自齊會長所思考的「創新求變，務實前瞻」之理想，與同一時期的前總統李登輝所主張的「務實外交」，交相呼應。

　　參與盛會的加拿大國會議員艾特威爾即公開對比利時媒體表示，「不久的未來，我們將可見到民主與共產兩大集團手牽手的參與世盟大會」。1901年，「世界自由民主聯盟」又與美國知名智庫克萊蒙研究所（The Claremont Institute）合作舉辦「波灣戰後的世界新秩序」國際學術研討會，由美國國防部副部長伍茲維夫主持，與會學者多達一百五十名。活動期間更邀請前美國總統雷根發表演說，以提高該會之於國際社會的影響力。雷根在演說中特別讚許中華民國在國際事務的務實成就，以及前總李登輝統的改革與貢獻。

　　當世界自由民主聯盟從「反共」朝往「自由民主」路線轉型之後，不僅讓該組織有更多參與國際性活動的機會，為台灣社會開闢更多海外交流的空間。例如，1900年9月聯合國裁軍事務部致函邀請趙自齊代表世盟總

會，以觀察員身分出席日內瓦所舉辦的「第四屆防止核武繁衍條約檢討會議」；翌年（1901）1月，又獲得聯合國裁軍事務部之邀出席「限制核武試爆條約修訂會議」，有效提升台灣之於國際社會的能見度；1902年，世盟大會更選在匈牙利的布達佩斯舉行，台灣的外貿協會董事長王章清亦應邀在會中發表專題演講，講題為「往一個開發經濟到新興工業化經濟上之演進：中華民國經濟發展過程中，中小企業所扮演的角色」，促使與會人士對台灣經濟的成功經驗深度瞭解，並藉此就「台灣經驗」、「市場經濟與國家發展」、「匈牙利貨幣與金融制度」等議題交換意見，發表聯合公報，而受到當地新聞媒體矚目。世界自由民主聯盟亦藉由「123自由日」，力邀海外相關團體或政要領袖來台出席活動，在非官方場域中拜會台灣的政府要員。

　　1993年12月12日，世界自由民主聯盟總會通過審查，而成為聯合國非政府組織正式成員，每年均派員出席聯合國總部所召開之年會，並參與聯合國非政府組織所舉辦的各項會議。同時，亦邀請各國國會議員參與世界自由民主聯盟總會之活動，促進各國國會議員間的交流，進而扮演各國政府與非政府組織間的溝通橋樑。在會長趙自齊的運作下，世界自由民主聯盟亦試圖提出「支持中華民國進入聯合國案」，將大會決議文寄予聯合國大會主席，並要求各國與會代表將決議文帶回該國外交部，懇請各國支持。雖此舉並未成功，但不容否定的，世界自由民主聯盟透過國際會議有效地將中華民國推向國際社會，增加台灣在國際媒體的曝光度。

　　過去，無論是「亞盟」或「世盟」，其運作所需之經費均由中華民國政府外交部以國民外交之經費支付，但伴隨時空環境的變遷，該筆經費預算在立法院內逐年被刪。甚至經立法院會議決議通過，主張世界自由民主聯盟總會屬國際性民間團體，如需經費奧援，則應比照一般民間團體向政府申請補助即可。

　　簡言之，轉型後的世界自由民主聯盟乃成為聯合國非政府組織之一員，結合各國愛好自由民主人士將自由、民主、人權、平等之普世理念，推展至世界各地，尤其是社會主義共產國家。自1993年呼應柏林圍牆倒

塌，組團赴德舉辦世盟年會之後，翌年（1994）則因應舊蘇聯解體，赴莫斯科舉辦世盟年會；2000年更在韓國仁川舉辦年會，共同紀念韓戰六十週年；其後，2011年則在台北舉辦年會，慶祝中華民國建國百年；2012年更爲促進自由民主與世界和平，而在澳洲墨爾本舉辦年會。

婦女團體的柔性外交

　　伴隨全球化時代的來臨與政治威權體制的結束，長久以來藏身於台灣社會一角的新女性運動，重新崛起。如何培養女性管理人才，並在社會上向男性爭取立足點平等，強化國際間女性團體的相互交流，有效達成人道關懷之使命，則成爲1900年代台灣社會女性團體的一項新課題。

　　1900年6月，爲促進各女性團體間的相互合作，結合女性力量增進國際文化交流，「中華民國基督教女青年會協會」、「國際崇她社中華民國總社」、「中華民國工商婦女企業管理協會」、「中華民國聯合國同智會婦女委員會」、「國際職業婦女協會台北第一分會」等五大婦女團體，聯合成立了「中華民國婦女協會」，並由時任中華民國基督教女青年會協會理事長辜嚴倬雲出任該會主席，藉由女性領導人才之培育，推動國民外交。

　　歷年來中華民國婦女協會在國際參與、國民外交、培養婦女領導人才等議題上，已有一定的成就與貢獻。特別是在出席國際場合時，有效發揮女性柔性外交之長才，而獲取其他與會國成員的尊重與友誼，成功協助世界女性組織之間的相互理解與認同。特別是在外交艱辛的年代，中華民國婦女協會參與了聯合國所認可的三個重要婦女組織，而成爲包括「國際婦女理事會」、「亞洲婦女協會」，以及「美國婦女聯盟」等組織之成員，以下針對這三個國際性婦女組織，以及這些國際性女性組織與中華民國婦女協會之間的互動關係，概略介紹。

1. 國際婦女理事會（International Council of Women，簡稱ICW）

　　國際婦女理事會成立於1988年，主要目的是在不同領域增進女性福利，而這項工作則是透過該會在世界各地之相關協會分工達成的。由於國

際婦女理事會屬聯合國經濟社會理事會（ECOSOC）旗下非政府組織之諮詢性機構，派有代表常駐聯合國。國際婦女理事會則透過聯合國的組織運作，而有機會表達世界婦女的共同訴求，並提供意見作爲各國政府施政之參考。

中華民國婦女協會身爲國際婦女理事會成員，長期派遣代表出席國際婦女理事會之定期大會、亞太區域會議、執行委員暨會長會議、以及聯合國的婦女地位委員會會議等，使台灣的婦女團體在國際性女性團體會議中不缺席。目前中華民國婦女協會擁有十一個團體會員與八十九位個人會員。

2. 亞洲婦女協會（Federation of Asia-Pacific Women's Association，簡稱 FAWA）

亞州婦女協會創立於1959年，而中華民國亦是創始會員國之一。成立宗旨在於結合亞洲女性之力，推展婦女工作，共享文化、社會與經濟等成就。

1992年，前述中華民國婦女協會辜嚴倬雲理事長被推舉爲亞洲婦女協會榮譽理事長，汲宇荷女士則任榮譽顧問，由此可知中華民國婦女協會之付出，以及其之於亞洲婦女協會的重要性，已獲肯定。

3. 美國婦女聯盟（The General Federation of Women's Club，簡稱GFWC）

創立於1891年的美國婦女聯盟爲美國社會歷史最悠久、規模最大的婦女組織。該會在美國的每一州皆有聯盟成員，結合各州聯盟後，又加入了海外會員國，而結構成美國社會重要的婦女組織，每年定期舉辦全美及國際性大會，而台灣的中華民國婦女協會亦是聯盟的成員之一。聯盟旗下的各婦女團體致力於社區服務、教育推廣、社會福祉等議題推廣，並關懷各種婦幼問題，包括愛滋病、乳癌防治，以及協助減少毒品的氾濫使用等。

4. 世界華人工商婦女企管協會中華民國分會

1993年3月，土耳其總統夫人來台訪問，並由前述1980年代活躍一時的「中華民國工商婦女企業管理協會」出面接待，爲台灣社會的國民外交

貢獻心力。1998年，該協會改組成「世界華人工商婦女企管協會」中華民國分會，以促使國內婦女團體熱心國際事務者，協助政府從事國民外交為宗旨。

　　而中華民國分會的成立，亦邀請官員夫人以及女性政要等共同參與，包括當時的總統李登輝夫人曾文惠、行政院長蕭萬長夫人朱俶賢、總統府資政吳伯雄夫人戴美玉、前國大議長錢復夫人田玲玲、國安會秘書長丁懋時夫人、國民黨婦工會主任黃昭順等，共襄盛舉，協同促進國民外交之推動，並由曾文惠女士出任榮譽理事長。

企業界的主動出擊

　　1900年，當時的行政院長郝柏村指示外交部研擬，推薦民間企業人士出任大使或駐外代表，協助加入拓展國家對外關係之行列，而這項思考亦受到企業界的普遍認同。

　　威京集團總裁沈慶京認為，外交與經濟活動猶如汽車兩邊的輪胎，可發揮相輔相成之效益，透過企業界的對外貿易或投資等商業活動，間接深化台灣社會的對外關係；當時宏碁電腦董事長施振榮則認為，企業人士藉由與海外業界，甚至官員之間的往來機會，鼓吹台灣經驗，爭取海外人士對台灣的認同，事實上就國民外交而言，他認為企業界已做出顯著貢獻。

　　當時的外交部長錢復乃邀集「中華民國工商協進會」國際關係研究會成員，鼓勵企業界積極參與國際活動，藉由實質的外交關係提升台灣的國際地位。而當時的駐日代表蔣孝武亦主張，經貿外交的推動仍須藉由企業界與日方間的人脈管道，因此一如過去，台灣水泥公司董事長辜振甫仍致力於台日經貿關係的建立，而今後亦是企業界推動國民外交相對較好的模式之一。

　　以辜振甫為例，1990年代的辜氏已成為擁有十七家企業董事長頭銜之經貿界要人，同時亦擔任工商協進會理事長。李登輝總統時期乃聘任辜氏出任總統府資政、無任所大使、海基會董事長，並代表政府出席東亞經濟會議、太平洋盆地經濟理事會、G7諮詢委員會、日皇明仁所舉辦的春

季園遊會等。辜氏透過長年以來厚植的社會地位與政商關係，遊走於海外政要與商業鉅子之間，在外交困境的年代成為政府對外發聲的傳聲筒。

　　換言之，1990年代台灣社會憑藉七百億美元的外匯存底，以及民間企業各項海外投資，台灣的企業家在國際社會已擁有一定程度的信譽與地位，透過經貿管道之運作，多少可緩和官方外交窘境與困頓。以台灣資訊科技業的山汝公司為例，該公司雖屬中等規模，但其個人電腦之相關業務卻深耕於歐洲市場。董事長劉山根除了電腦本業之外，亦致力於國民外交的推動。例如，贊助俄羅斯中央電視台記者造訪台灣，錄製台灣特輯；或邀請德國記者採訪台灣；甚至協助匈牙利體育記者延長訪台期限等，讓歐洲國家對台灣社會有進　步的認識與瞭解。

　　另一方面，中國大陸的社會經濟走向改革開放後，中國的經濟發展逐漸與包括台商在內的海外華商，融合成經濟性共同體。然而，在華商的世界裡，1990年代形成了兩個政治色彩迥異的國際性華商團體。例如，1991年首屆「世界華商大會」在新加坡舉行，在中國的支持下，即使場面熱烈，但台灣企業卻無法參與盛會，共襄盛舉；而凝聚海外華商力量逾五十年的「世界華商經貿會議」，迄至1990年代仍未容中國企業涉足參與。

　　1992年成立的「世界華商經貿會議」，其前身即「亞洲華商貿易會議」，由於台灣社會工商業界的團結，以及海外華商的熱情響應，在政府相關單位的協助與業界間的相互合作下，參與的地區與人數逐漸增加，整個組織日趨擴大。

　　事實上，1990年代以後，海外華商的產業結構逐漸從傳統的零售業轉型為製造業，以及包括貿易、金融、運輸相關之服務業，甚至透過多國籍企業之發展，而成為帶動僑居地經濟發展的重要力量。值此之際，以經貿交流作為槓桿的國民外交，多少紓緩困頓的官方外交對台灣社會所帶來之衝擊。

增進跨業交流與提供社會服務爲宗旨之國際性社團

即使台灣社會無法藉由官方外交的努力有效改善國際地位，但並沒有阻礙類似國際扶輪社、獅子會、聯青社等國際性社交、服務性質的民間組織成立。而透過這些社團組織，定期舉辦各類國際性的集會活動，有效行銷台灣，讓海外世界注意台灣的存在。

1994年，國際扶輪社年會在台北召開。這是扶輪社創立八十五年以來，首次在台灣舉辦年會，來自全世界八十二個國家、超過三萬一千名海內外工商業界菁英參與盛會，更是戰後台灣社會所舉辦過少見的大規模國際會議。這個會議在台灣舉行，不僅帶給台灣的觀光旅遊業實質貢獻，來自海外三萬名扶輪社員滯台期間的消費，更爲台灣社會帶來豐厚收入。更重要的是，伴隨來自世界各地扶輪社員的宣傳，亦等於爲「中華民國在台灣」作了形象廣告。

由七十多個民間社團聯合主辦的「國際和平會議」，1996年在台灣的桃園巨蛋體育館舉行，一千多名來自台、日、美、港、澳等地的宗教、商界、政界代表共同爲世界和平祝禱，大會敲響和平鐘、施放氣球、宣讀和平宣言，並成立「民間聯合國」，希圖藉由民間社團之力促進各國間的國民外交，而日本明仁天皇的皇叔六条有康親王，以及皇弟伏見博明親王等亦親臨現場觀禮，共同爲促進世界和平而努力。

國際援外與人道救助

冷戰結束之後，全世界的政經局勢有了重大轉變，國與國之間的經貿依存與合作關係較以往變得緊密。在全球交通更爲便捷的情況下，強化了經濟穿透力的能量，在1990年代幾乎沒有什麼國家是可以不被海外經濟之變動所影響。國際間經濟的互動關係緊密，相互間的依存度增加，因此「對外援助」（foreign aid）在外交場域上乃成爲一種展現友好關係的手段。而國際間所謂的「對外援助」是指援助國（donor）將金錢、貨物、或技術轉移至給受惠國（recipient）。

台灣的援外政策，依前行政院農委會技監王明來之所述，最早可追溯

自1959年，當時是為了協助越南從事農田水利、作物改良、農村建設、組織農漁會，以及土地改革等，而派遣農技團與農會人員共八十六人前往協助。然而，長久以來，政府並沒有把國家的援外資金統合運用、或有效處理開發中國家之友邦的援外活動，更遑論拓展與非邦交國之間的相互交流。有鑑於此，1990年代行政院乃提請立法審議，於1995年12月19日三讀通過「財團法人國際合作發展基金會設置條例」，決議自1997年起台灣社會的援外業務重新整合，並改由外交部主導。把過去散見於外交部、海外技術合作委員會（海外會）、經濟部海外經濟合作發展基金會（海合會），以及農業委員會等機構之相關援外業務做一整合，改由外交部轄下的財團法人「國際合作發展基金會」（簡稱「國合會」）負責執行。該基金會在資本額十一億美金的後盾下，以延攬民間專業人士擔任業務執行人員，結合政府與民間的才智與力量，共同規劃各項國際合作與援外工作。

透過所謂的「台灣經驗」，為友邦提供技術服務與專業指導，乃國際合作發展基金會的任務目標。依據台灣與友邦簽訂之技術協定內容觀之，多以派遣農技團、漁技團、醫療團、竹工藝團、交通團、印製團等技術性團隊前往受惠國，促進友好關係與維護邦誼為要。

國合會配合政府「務實外交」之推進，技術合作的內容從農業逐步拓展至工業；合作模式亦由純技術合作逐步轉型為對外投資、融資貸款，或捐贈器材、實物等方式；合作的國家則由初起之際的非洲而逐步拓展至中南美洲，其後更以獨立國協、東歐，以及波羅的海國家為重心。同時，國合會亦試與國際組織以及非政府組織合作，例如與「中美洲經濟整合銀行」、「亞洲開發銀行」、「歐洲復興開發銀行」、「非洲開發銀行」，以及「美洲開發銀行」等相互提攜。

另外，早在1994年經濟部海外經濟合作發展基金會設有「海外經貿志願工作團」，1996年配合該基金會之改制而成為財團法人「國際合作發展基金會海外服務工作團」。這個工作團在性質上以促進世界和平、協助與台灣友好國家之經濟發展為目的，並配合擴大辦理台灣社會援外事務，其性質類似美國和平工作團（Peace Corps）之國際志工組織。

　　1998年3月，該團首批志工二十二人經青年反共救國團甄選，以及一個月專業培訓後，陸續前往哥斯大黎加、宏都拉斯、史瓦濟蘭、塞內加爾等十一國，協助電腦教學、中小企業初級諮詢，以及農村生活改善等工作。翌年（1999），又派志工十五人，分赴六個國家服務。

　　1999年1月27日，政府與南歐的馬其頓（Macedonia）簽署建交公報，正式宣告台灣與馬其頓共和國建立外交關係，這是政府遷台五十年來首次突破中共政權在歐洲的對台封鎖線，亦是繼教廷國之外，在歐洲新增的邦交國。國合會隨即派遣秘書長羅平章組團前往考察，並擬定各項援助計畫。同4月，台灣成立駐馬其頓技術團，協助馬其頓發展農業及其中小企業；9月，馬國亦派遣技術人員九十八人，來台接受為期四個月的職能訓練，以提升該國工業水準。這是台灣的外交史上首次對歐洲國家所進行的大規模技術外援。

　　政府在馬國設置了台灣商務中心與加工出口區，中國國際商業銀行亦在馬國首都斯高彼亞（Skopje）設立辦事處，台灣的醫療團在科索沃危機（the Kosovo War）期間更對馬國提供醫療救援。政府意圖運用國合會在歐洲開發銀行（EBRD）的資金，在馬國進行投資計畫。無奈台馬的邦誼關係，因故僅維持兩年即宣告終止，而成為政府主導金援外交的一個失敗案例。

　　然而，跨國人道援助早已成為國際趨勢，更是「世界一家」精神之體現，1990年代台灣以世界第十三大貿易國之經濟實力，在國際災難等人道救援上善盡國際責任，除了對台灣國際形象之提升有其正面意義外，更藉此有效拓展外交空間。因此，自1990年以後政府預算編列了「國際災難人道救濟」經費；另外，在國際災難人道救援之相關事務上，民間更主動且積極扮演「國民外交」之尖兵。以下茲舉台灣世界展望會、慈濟功德會、中華兒童福利基金會、伊甸殘障福利基金會、台灣義診團、台北海外和平服務團等幾個耳熟能響之社團，概略介紹。

1. 基督教機構「台灣世界展望會」

　　台灣世界展望會成立於1964年，初起之際以接受來自海外之援助經

費，扶助台灣社會貧困兒童成長為主。然而，自1990年以後，伴隨台灣社會經濟的成長，台灣世界展望會亦加入了國際世界展望會全球關懷與救援的行列，轉而由台灣捐助資金回饋海外，協助扶持世界其他地區貧困兒童成長。透過「資助兒童計畫」、「飢餓三十一人道救援活動」、「發展型計畫」等，把台灣社會的愛心逐步擴展至全球貧困、戰亂、饑荒地區，此亦成為台灣愛心援外的重要里程碑，以下茲舉台灣世界展望會的幾項重要活動，概略介紹。

(1)國際緊急災變救援

自1990年開始，該會透過「飢餓三十」活動，每年為全球緊急救援工作籌募款項。而救援之對象包括飢荒中的兒童、街頭遊童、愛滋病孤兒，以及身陷戰火下的兒童等。

(2)資助國外兒童服務

自1991年開始，該會推出「資助國外兒童計畫」。根據資料顯示，迄1998年2月受助兒童已有二萬多名，含三十三個國家，包括歐、亞、非、拉丁美洲等國。其中，馬拉威、史瓦濟蘭、多明尼加、海地、宏都拉斯、尼加拉瓜、薩爾瓦多等國與我有邦誼關係，其餘則多為與台灣沒有政府間外交關係之國家。

(3)國際社區發展型服務計畫

該會透過「愛的麵包」儲蓄活動，為國際社區發展型服務計畫籌募經費。

2. 慈濟功德會

佛教團體「慈濟功德會」成立於1966年，在全世界二十七個國家設有分會或連絡處，約有會員四百萬名。自1991年，以援助孟加拉水患為始，揭開日後慈濟功德會國際賑災之序幕，迄今已援助過七十個國家或區域。在「尊重生命」、「眾生平等」理念下，不分國籍、種族、宗教與膚色，對於受災國家提供糧食、衣服、藥品等急救物資，此外亦提供房舍、校舍之建築救援，協助水源開發與醫療義診等服務。該會從最早的台灣本土關懷出發，在國際宏觀視野下，逐步發展成全方位人道關懷。

　　慈濟的全球性國際救援活動，足跡遍及歐、美、亞、非、大洋洲等地，2003年，慈濟功德會獲得聯合國肯定，而成為台灣加入國際非政府組織（NGO）的慈善團體之一。以下茲舉1990年代慈濟海外救援活動初始之際的主要內容，一覽如下：

1990年代慈濟基金會海外援助一覽

年份	援助國家	援助原因	援助內容
1991年	孟加拉	水患	援助金
1992-1997年	中國大陸15省	水患、風災	米糧、衣物；興建災民房舍、敬老院、學校等
1993年	外蒙古	貧困	奶粉、毛毯、厚外套
1993-1996年	衣索比亞	內戰、乾旱	興建醫療中心、集水區（受惠347,000人）
1994年	尼泊爾	水患	興建房屋
1994年	盧安達	內戰、天災	醫療援助
1994-1997年	柬埔寨	湄公河氾濫	米糧、修復學校（受惠逾400,000人）
1994年	幾內亞比索	貧困	醫藥援助
1995-1997年	泰國北部	貧困難民	扶困計畫（受惠12,000人）
1995-1997年	南非	貧困缺衣	米糧、舊衣
1995年	車臣	戰爭	緊急醫療援助
1996-1998年	象牙海岸	街頭遊童	600,000美金援助
1996-1999年	亞塞拜然	戰爭	援助難民、殘障者
1996年	菲律賓	貧困	義診
1997年	甘比亞	貧困	舊衣
1997年	賴比瑞亞	貧困	舊衣

資料來源：參自劉達人、謝孟寰，《中華民國外交行政史略》（台北：國史館，2000），頁305。

3. 財團法人「中華兒童暨家庭扶助基金會」

中華兒童福利基金會原名為「中國兒童基金會（China's Children Fund，簡稱CCF）」，乃1938年由美國維吉尼亞州里奇蒙市（Virginia Richmond）之教會人士，為救助中日戰爭期間流離失所的中國孤兒所設。1983年才更名為中華兒童福利基金會（Chinese Children's Fund，簡稱CCF/Taiwan），並自1985年起不再接受海外資金奧援，而成為台灣社會自主獨立的兒童福利機構。自1987年開始，更辦理認養海外兒童之業務，受扶助區域遍及亞洲、美洲、非洲各地等二十餘國，並致力倡導與提供兒童保護服務。1990年，基督教兒童福利基金會世界聯盟（International Network of Christian Children's Funds, INCCFs）成立，該會亦加入其中，而成為聯盟旗下會員。1996年，該會執行長榮膺基督教兒童福利基金會世界聯盟主席。1999年，則因業務內容擴張，而再次更名為「中華兒童暨家庭扶助基金會（Chinese Fund for Children and Families/Taiwan，即CCF/Taiwan）」，擴大推展各項服務一般簡稱為「家扶基金會」，並獲第二屆「國家公益獎」之殊榮。該會在世界所認養的貧困兒童數約一萬四千餘名，遍及世界近三十個國家，包括印度、甘比亞、獅子山國和布吉納法索等。而以1997年為例，該會援助海外所需扶助金共計約新台幣八千八百二十餘萬元；而認養人贈與海外兒童之禮金，亦有新台幣五百餘萬元。

4. 財團法人「伊甸殘障福利基金會」

伊甸殘障福利基金會創始人劉俠，自幼因罕見疾病導致身體殘障，1982年以多年出版之稿費儲金，找了六位志同道合者共同成立「伊甸殘障福利基金會」，為身心障礙者提供輔訓、生涯規劃等復健服務，並以聖經中的「伊甸園」命名。1997年該會推出「愛無國界」活動，捐贈輪椅給因誤踩地雷而受傷之海外人士，首度加入援外行列。該年共捐贈了八百部輪椅至阿富汗、安哥拉、莫三比克與韓國等；1998年又贈送一萬部輪椅給柬埔寨等政情不穩的國家使用。

5. 台灣義診團

　　1990年，美籍醫師羅慧夫為幫助先天顱顏缺陷，包括唇顎裂、小耳症或其他罕見顱顏缺陷的孩童，能接受最好的治療而成立了「羅慧夫顱顏基金會」。1998年3月，由該基金會與長庚醫院醫師組成義診團，前往越南胡志明市，為越南貧窮的唇顎裂兒童進行修補手術。而在越南方面的主動要求下，義診團更以教學模式進行過二十次手術，指導越南醫師進行修補唇顎裂醫療技術。義診團不僅完成有意義的人道關懷工作，更有效做了成功的國民外交。從此，在愛心無國界宗旨下，台灣義診團的足跡遍及海外醫療弱勢的地區，為唇顎裂兒童動進行修補手術，並協助提升當地醫療人員之技術、或捐贈相關醫療器材。

6. 中華人權協會「台北海外和平服務團」

　　1980年越南、柬埔寨與寮國先後因共產黨取得政權而赤化，大批遭受戰火波及或避走共產黨政權統治的難民，湧入政情相對平穩的泰國邊界，其中包括為數眾多的華裔難民，亟待外界救援。台灣的政府乃成立「中泰支援難民服務團（TCRS）」，以援助流亡泰國邊界之華裔難民為目標，並派遣志工在泰柬兩國邊境難民營協助人道救援。1993年配合聯合國難民遣返計畫，亦協助三十七萬五千名柬埔寨難民返回家園，展開新生活，TCRS在泰柬邊境之階段性任務乃告一段落。

　　1994年，TCRS則擴大改組為「台北海外和平服務團（TOPS）」，秉持人道關懷和愛無國界之信念，將服務擴大至世界各落後或戰後有救援需求之地區，持續致力於國際人道援助，亦讓台灣社會的人道援助遍及亞、非兩大洲，除了中南半島的泰緬邊境、柬埔寨之外，更拓展至非洲的盧安達、坦尚尼亞、肯亞等地。

　　而台北海外和平服務團之服務項目，則從原先早期物資發放與急難救助，逐漸延伸至難民的職業訓練、難童教育，以及醫療上的貧病營養補助等，實際的援助內容如下：

(1)柬埔寨

　　1996年，協助首都金邊成立「職訓中心」，規劃街頭遊民之技能訓

練；另，設育嬰房、幼兒班等，提供受訓遊民學習孩童之基本照護與教育；協助建立「資源學區」概念，以提升教育品質與減少人力資源浪費之概念。台北海外和平服務團於該年11月在柬埔寨出版教育學相關刊物，讀者對象為四萬五千名小學教師，以及四千七百餘名的行政人員，成為柬國唯一探討教育改革之刊物，更於1998年獲得聯合國兒童基金會（UNI-CEF）部分的費用贊助。

(2)泰國

1989年因中國社會爆發六四天安門事件，有不少中國民運人士抵泰尋求政治庇護。聯合國難民高級專員公署（Office of the United Nations High Commissioner for Refugees, UNHCR）乃請求台北海外和平服務團提供協助，服務項目包括翻譯中文書面陳情書，以及難民資格審核約談之中英口譯、筆譯等工作。

另外，1995年，鑑於數十年來緬甸長期處於內戰狀態，境內社會經濟停滯，民生低落，十餘萬的緬甸難民逃至泰國尋求生命安全之保障，泰國政府乃在泰緬邊境設置十座難民營，召集與協調各國際非政府組織，共同執行緬甸難民援助工作，其中亦包括了台北海外和平服務團。

泰國政府主動邀請該團參與援助滯留泰國的緬甸難民救援工作，包括難民營社會服務計畫、難民營學前兒童發展計畫、緬甸貧童教育計畫，以及泰國偏遠鄉村發展計畫等。

(3)肯亞

1995年台北海外和平服務團與比利時的非政府組織Handicap International合作，派員至坦尚尼亞北部難民營協助殘障難民之義肢安裝與復健工作，並協同辦理營區衛生計畫。同時，又在1995-1996年期間配合法國非政府組織Action Nor Sud在肯亞西部Kitale地區，從事水源保護與水質改善，造就周邊二萬名居民及其後代子孫能安心生活。

1996年，該會又與美國機構International Rescue Committee合作，協助肯亞西北部的Kakuma難民營進行盲人重建計畫，由於計畫合作的對象乃國際聞名之救援組織，對提升台灣社會國際能見度，俾有助益。

一如前述，早在1970年代台灣社會因應聯合國席次之坐失，而有「國民外交（citizen diplomacy）」觀念的提出，即透過各種溝通與互動管道，試與無邦交國建立實質的外交關係。雖說是「國民外交」，但不容諱言地，很多時候都是著眼於政府公部門之目的而作為。1990年代初起之際，仍本著政經合一之原則，透過經貿、文化、科技、旅遊、軍事等對外交流，試與無邦交國建立實質關係。然而，伴隨民間社團之於海外事務的主動出擊，台灣社會的「國民外交」透過各項議題之連結，亦逐步有效地落實「國民外交」的原創精神與理念。

以台灣的外交處境而言，不少政府部門無法出面的國際場合，可藉由民間組織之運作有效達成目標；對政府外交部門而言，善用民間社團人流與物流等資源之協助，在公共行政上不僅可跳脫國會之於外交預算的監督與限制，更可避免受到政府外交協商或談判形式之約束，更重要的是不受制於「中國代表權」爭議問題之困擾，而有效超越中國干涉之範疇。

回顧過去，1950年代的台灣是接受海外救援的國家，但自1990年代開始，台灣已逐步具備了援外能力，民間的非政府組織亦從本土的社會救濟開始，逐漸朝往海外救援邁進，「慈濟」便是一個典型的台灣非政府人道救援組織之發展例；一如前述，中華兒童福利基金會原是為台灣社會所設之國際組織，以關照台灣社會兒童福利為目的，但如今卻反過來走到世界各地認養貧苦兒童，此項轉變除了展現台灣的經濟實力之外，更是台灣社會試圖透過愛心傳送與人道關懷，走出屬於自己的國民外交之路。

延續1980年代後期以來對外關係的務實策略，只重參與而不重名稱的前提下，台灣社會的國際參與開始有積極作為出現，特別是民間組織之於對外關係的主動與積極，逐漸打破了政府在官方外交的侷限性。1999年5月，當時的外交部長胡志強在出席一場大學座談會中，曾提出利用民間資源增進國家對外關係之主張，而這種結合民間力量共同發展對外關係的思惟，在翌年（2000）政黨輪替下，民進黨政府陳水扁總統的時期更以「全民外交」之理念，繼續推動。

一如前述，1990年代務實外交在政經合一的原則下，政府試圖透過

經貿、文化、科技、旅遊、軍事等交流，與無邦交國建立實質的官方交流關係，以做為台灣重回國際社會的跳板。但自2000年代以後，台灣社會在對外交流上，一改過去的務實外交偏重於政府公部門意向之作為，著重政治與經濟相結，並透過民間社會各種議題之連結與運作，強化對外交流，有效發揮國民外交的理念與精神。源自1980年代的務實外交路線，在1990年代以後因NGO組織的蓬勃發展而開始走向全民化，亦帶動2000年以後全民外交思惟的落實。

　　簡言之，即政府意圖透過民間的各種資源，建立與海外社會相互依存關係。以國民外交作為台灣的政府外交之主體，不僅是為當前政府的外交困境尋求出路，亦可有效突破國會對外交預算之限制，可謂是把二十世紀以來台灣社會之於國民外交的能量，再度擴增至一個新高點。

第六章　美中會談與台灣

　　美國與中國之間的外交互動，肇始於1955年8月1日，地點是瑞士日內瓦國家會議廳。自此之後，直至1968年1月8日在波蘭華沙白米勒斯基宮的會談為止，美中之間的會談，包括公開、非正式與秘密交涉等，至少超過134次以上的會議。其中，1955-1956年期間相對密集，年平均的會談次數都在30次以上；而1957-1960年的四年期間，年平均的會議次數降至10次前後；在這之後，會談次數則每況愈下，到1967-1968年時的年平均次數都僅有1次而已。

　　回溯1955年首次召開美中會談的契機，主要是同年4月當時的斯里蘭卡（時稱錫蘭）首相Sir John Kotelawala在印尼萬隆舉辦的亞非會議上明白指控，共產主義儼然已成為新型態的殖民主義！面對這樣的指控著實讓中國立場尷尬，中國政府清楚瞭解亞洲國家對新中國的存在感到戒慎，而中國本身更不願因台海兩岸的問題而與美國正面衝突。因此，當時的中國總理周恩來乃在會上公開表示，「中國人民不希望與美國戰爭，為緩和台灣地域的緊張關係，希望能和美國對話」，對期待和平解決問題做出立場宣示。美國政府見狀，隨即提出善意回應，國務院表示「只要中國係誠意提出此項建議，我國極表歡迎。但是，美國主張任何有關台灣地區的討論，均應有國府參加」。而對於美國政府的但書，中國方面則再次重申，「台灣地區緊張形勢的和緩和消除，應該由中國和美國坐下來談判解決，但不能絲毫影響中國人民行使自己主權—解放台灣的正義要求」！

　　乍看之下，美中雙方的立場呈平行態勢，兩造會談似乎是希望渺茫。然而，出乎意外地，當時的巴基斯坦總理Mohammed Ali竟有效促成美中會談的首航。在Ali總理的努力促成下，即使雙方的立場壁壘分明，但會談之門依舊敞開，卻是共識。美國政府再度重申隨時準備與中國討論台灣

問題的立場，但絕不會在「國府看不到的地方」，討論與國府利害相關的問題。

　　1955年7月美中會談啓動之後，台灣的國民黨政府表象上做出相信美國的態勢，但事實上卻抱持深切疑慮。中國亦伺機對台北當局進行統戰，總理周恩來在同年7月30日的人民代表大會上，正式提出與國民黨政府和平會談的主張，其後並透過合宜的中間人仲介，向台北當局提出和平條件。而面對中國之於第三次「國共合作」的呼籲，1956年6月29日國民黨政府亦透過新聞局代理局長朱新民回應，條件是將蘇聯人全數逐出中國、停止所有集體農場之運作、把土地與一切相關資產歸還給原有人、解散中國土地上的傀儡政權等。此時的國民黨政府態度強硬依舊，但卻陷入狗咬火車之境地。

中國的對美外交態勢

　　美中會談儼然成局，國際間的緊張情勢亦趨和緩，事實上世界各國皆意圖致力於核戰悲劇的免除，兩國會談的議題將涉及兩大問題，一是被雙方拘留之民間人士的遣返作業；另一則是兩國間未解決的其他問題。不僅止於前述的巴基斯坦，英國、印尼、蘇聯、印度等國皆試與中國總理周恩來接觸，扮演斡旋與仲介角色。

　　所謂被雙方拘留之民間人士的遣返作業，所指的是在中國的美軍俘虜與遭受非法拘留的美國民間人士，以及滯美不歸的中國留學生與旅美華僑。這項議題的結論是，由英國出面協助遭受拘留的美籍人士返國，另由印度出面協助滯美中國留學生回國。

　　至於兩國間未解決的其他問題所指的是，撤廢通商障礙的問題、台灣問題、加入聯合國等美中關係之基本問題。然而，中國方面認爲這些問題應留給更高層次的官僚進行討論。美國方面則主張在前述民間人士的遣返作業未完成之前，著手其他問題的解決，言之過早。於是，美中會談在1956年底便陷入僵局。美中之間雙方會談之所以曠日廢時，關鍵出於民間人士的遣返作業遲滯不進、會談內容一旦觸及台灣的問題便很難有所進展。

在會談過程中，美國提出要求中國放棄對台灣以及其他地區行使武力，中國則以〈聯合國憲章〉第二條第四項以爲因應，即「各會員國在其國際關係上不得使用威脅或武力，或以與聯合國宗旨不符之任何其他方法，侵害任何會員國或國家之領土完整或政府獨立」，而主張中國與美國對於以和平手段解決兩國間爭端，而非訴諸威脅或武力，有所共識。對於這樣的回應與美國的期待相違，乃被要求重新修訂爲「特別針對台灣地區，除個別與集體自衛權之外，美國（及中國）放棄使用武力」，重點是要求中國放棄對台灣使用武力，不過依舊遭中國所拒。

中國與美國之間的歧見在於，中國認爲美國意圖將台海區域的紛爭與國共間的衝突，混同處理，進而間接迫使中國承認美國擁有台灣主權之事實，而這是中國政府所無法接受的。事實上，兩國之間無法取得互信，才是會談過程難以順利進行的關鍵。1956年1月，美軍聯合參謀本部長瑞福德（Arthur Radford）一行訪台之後，美軍高層將官相繼訪台；而國務卿杜勒斯在接受媒體採訪時，據說提出「戰爭邊緣策（Brinkmanship）」，雖然媒體的消息來源是否正確依舊存疑，但這項訊息的曝光卻惹惱了中國。

杜勒斯的「戰爭邊緣策」是形容一個近乎要發動戰爭的情況下，即到達戰爭邊緣，借力使力而說服對方屈服的一種戰術，並舉1953年6月朝鮮半島的問題、1954年4月越南的問題，以及1955年1月台灣海峽的危機爲例，當時美國政府皆以發動核戰攻擊威嚇中國不得輕舉妄動。這種走在危險邊緣的策略被杜勒斯視爲是一種有效政策，因爲它能確保來自任何一方之衝突，以核戰爲名，在相互毀滅的前提下威懾對方保持克制。

而攸關台灣國家安全的議題，美、中雙方毫無共識。中國的主張是兩國之於台海區域的紛爭屬國際問題，但國共之間的軍事衝突則是國內問題；而美國始終堅持「台灣並不屬於中國，而美國亦未占領此一地區，但美國對台灣擁有權利與責任」。換言之，美國主張台海紛爭絕非是「一個中國的內戰」問題。而美國之所以對台灣的國際地位會有如此的主張，其邏輯在於舊金山對日和平條約中，日本放棄其之於台灣的主權，但卻未明

確決定台灣今後的歸屬，而國民黨政府僅是在聯合國的委託下，受理在台日軍的投降並協助管理，因此台灣並非如中國所主張的於戰後成為中國領土的一部分，台灣的國際地位將於未來循政治模式解決。

針對台灣的問題，何以美國強調必須待以未來才能處理？理由在於1956年總統大選在即，美國政府的外交決策涉及政黨政治，經常會為了選舉而暫時擱置以為因應，因此無法配合中國的期待，馬上提升會談代表的層級。美國最後則以放棄行使武力的問題，以及遭致拘留之美國民眾仍未全部遣返為由，而無法再談兩國國民的自由往來與文化交流為由，讓會談議題懸而未決。

伴隨美中會談之進行，北京當局不斷致力於「國共合作」的呼籲，這著實讓美國之於國民黨政府的立場變得尷尬。1956年7月7日，美國政府以副總統尼克森為特使赴台訪問，感謝國民黨政府堅守反共的態度，並表達美國將繼續支持台北當局之立場，為國共合作的可能性注下一劑預防針。

台海紛爭的和平曙光

1958年6月，對於會談的延滯之責，經兩國不斷相互究責之後，中國提出最後的通牒聲明，即「美國政府若於十五日內未派出大使級代表參加會談，則中國政府即決定取消此一會談」。國務卿杜勒斯則於同年7月1日回應說，美國不理會中國的最後通牒，但若將會議地點轉往波蘭華沙，美國則遣駐波蘭大使畢姆與會。此時中國方面已看穿美國並不希望談判破裂的底線；但相對地，針對美中會談能否繼續進行，中方亦有其不得已之考量，中國當時欲推動國內建設，必須透過對外關係凝聚民眾的向心力。一方面藉由對美國的強硬態度，有效展開對英美武力干涉黎巴嫩、約旦進行全國性抗議；另一方面，將台灣問題捲進這個抗議運動中，對金門、馬祖進行砲擊，除了迫使美國感到壓力外，更進而達到凝聚全民共識之目的，巧妙地利用這樣的情境與氛圍，重新回到會議桌上，再度展開兩國間的會談。

　　1958年9月18日，美國國務卿杜勒斯在聯合國大會發表演說，針對台海紛爭的問題，提出解決方案，內容有三，其一是台灣海峽立即停戰；其二是爲避免雙方相互挑釁，需做出一項中國與台灣均能接受的和平狀態；其三則是以和平手段有效解決中國與台灣之於領土的主張。自此之後，美中會談即以杜勒斯的發言爲中心，繼續對話。杜勒斯解決台海紛爭的一席話，對台灣國民黨政府而言，其最大影響就是當時的台北當局確定不再談反共大陸，而這也讓台海情勢的緊張關係變得緩和。

　　然而，中國政府對台灣的強硬訴求，並沒有就此打住。此一時期，中國之於聯合國代表權的支持率年年增加，北京當局入主聯合國已是遲早的問題，中國的隱憂是美國可能會以「兩個中國」的模式來解決席次爭議。而美國政府天眞地認爲，從此美中會談的實質內容可移行至雙方記者的互換問題上，試以友好互動解決紛爭；但中國政府則主張，記者互換的目的在於「爲促進和平解決美國武裝部隊完全撤出中國的領土台灣和台灣海峽地區」。對中國而言，美軍自台灣撤退是「基本問題」，而兩國互換記者則是附帶而來的「次要問題」。會談的兩造心態上同床異夢，美中會談再次陷入困境。

　　事實上，回顧1950年代美中會談的經緯，中國自始至終所堅持的以一言蔽之，即中共政權與國民黨政府之間的紛爭乃內政問題；而美軍占領台灣的問題則是國際問題。無獨有偶地，當時有效治理台灣的國民黨政府亦提出一樣的主張，即台灣的問題乃屬「中國」的內政問題。而美國的主張簡言之，即維護1954年12月美國與國民黨政府所共同簽署的「台美共同防禦條約」之合法性，並意圖將台灣地位的問題解釋成國際問題。弔詭的是，美國政府一方面把台灣問題視爲是「兩個中國」的問題，但卻不認爲這是兩個「中國」的內政問題。

　　雖然表象上美國應該支持台灣的國民黨政府，但其之於台灣問題的想法又與意圖將台灣劃入中國領土的國民黨政府明顯迥異。美國政府以舊金山對日和平條約中，台灣地位未定爲由，進而主張台灣問題牽涉了戰時同盟國的問題，因此屬國際問題。美中會談雖是建構美國與中國對話的管

道，卻也架起了國共合作的平台。

1957年2月8日的〈紐約時報〉與18日〈新聞週報〉等海內外媒體，相繼報導國共合作的訊息時，國民黨政府也意圖藉由這項曖昧不明的傳聞，借力使力，對美施壓。然而，不容諱言地，此一時期的國民黨政府已不復過往般地意氣風發，國際社會的現實對台灣社會產生莫大衝擊，可以確定的是台灣問題走上了歧路，社會輿論之於國民黨政府的兩岸政策，必須檢討的呼聲日高，而《自由中國》即是一份代表性的媒體。《自由中國》對台北當局的策略批判，讓國民黨政府感覺芒刺在背，但卻未立即彈壓。對國民黨政府而言，為了與北京當局有效區隔，就必須強化民主自由的層面，而打壓《自由中國》只會降低外界對國府的評價，甚至失去來自美方的支持。

中國政府對於台灣社會的政情動向十分重視，更關心反國民黨政府獨裁的勢力是否與美國政府有所關聯。1957年3月5日，在中國人民政治協商會議中，總理周恩來發表言論，抨擊美國，批判美國「策動一批標榜所謂自由中國的份子和所謂台灣獨立的份子，進行推翻台灣當局的活動，企圖把台灣變成檀香山一樣的美國屬地」。中國政府的意圖是分化台灣社會，煽起國民黨政府內部的反美勢力，加速國府內部的動搖。中國的隱憂在於台灣與北京的關係可能漸行漸遠，因為美國極有可能在1960年台灣的總統選舉中以胡適博士取代蔣介石總統，台灣社會則有可能走民主化路線，一旦台灣社會棄守「一個中國」的立場，便可能讓「兩個中國」，甚至是「一中一台」，於焉成形。

1957年5月24日，台灣社會發生一起引發台美兩國交惡的「劉自然事件」，亦可謂是北京當局的對台策動產生一定程度的效益。事件起因於同年3月20日，在台北陽明山「革命實踐研究院」任職的男子劉自然，因故在駐台美軍上士雷諾（R. G. Reynolds）的住宅前，遭雷諾開槍致死，但兩個月後美國軍事法庭則以「殺人罪證不足」為由，讓雷諾無罪釋放，而引發台灣社會的反美暴動，美國大使館與新聞處皆遭致攻擊。美國政府堅信這場暴動的背後是出自於國民黨政府高層指使，目的是藉機蒐羅台灣社

會反政府人士的名冊與相關情資。

「美中會談」的實質效益

　　美中會談的存在，對於沒有正常邦誼且互信不足的中、美兩國而言，建立了一個直接溝通的管道，有效避免因誤解而引發戰爭，對遠東地區的區域安全扮演重要角色，其中包括爲期十六年之久的越南戰爭（1959-1975）；而1958年9月至1962年6月因金門砲戰而引發的台海危機期間，亦發揮一定之效益。

　　中國發動金門砲戰的目的，一般多認爲是透過金門戰役，意圖將爭端一舉擴大至海外，以凸顯中共政權的存在，藉此迫使美中會談的層級提升爲外長間的會談，甚至造成聯合國的壓力，以謀求台灣問題的解決。然而，外交正是內政的延長，當時中國國內正在推動總路線、大躍進、人民公社等所謂的「三面紅旗」運動，砲擊金門的眞正意圖是凝聚全民共識，以協助運動的推進，但卻不能點火自焚，必須避免讓戰火延燒至中國本土，甚至引發成核子戰爭。

　　1962年前後情勢一直不被看好的國民黨政府，眼見中國的「三面紅旗」運動走到了窮途末路，政府高層亦意圖透過「反共大陸」，扳回頹勢。台灣海峽的緊張局勢成爲全世界的矚目焦點，國民黨政府是否會違反台美共同防禦條約而任意行事？台美是否會聯手反擊中國或暗中挹注國府反攻？而中國是否會爲了轉移國內不滿而再度攻擊大陸沿岸島嶼？諸多的不安與臆測多因美中會談的存在，有效化解中、美雙方的誤解與疑慮，透過相互的說明與探詢，避免各種突發性衝突的發生。

　　然而，不容諱言地，從國民黨政府的角度觀之，美中會談的存在毋寧說是一種背叛，國府對於會談背後可能的秘密交易感到不安，更考驗著台美邦誼能否長存。

　　而中國內部形勢愈是險惡，對外態勢便愈顯強硬。1966年6月，美國方面透過參議院民主黨幹事長提議，由國務卿魯斯克（David Dean Rusk）應與中國外長陳毅就越南問題，進行單獨會談，畢竟在越南戰爭

的背後有中國的存在，國際社會憂心這場戰役會擴大成美中關係的全面對決，然而這項提案卻遭中國嚴正拒絕。中國政府認爲越南戰爭肇因於美國的侵略行爲，美中會談的目的只是混淆視聽罷了。

　　同年（1966）9月7日，第131次美中會談結束後，中國代表王國權（時任駐波蘭大使）召開記者會，重申中國的既定立場，即要求美軍撤出台灣與台灣海峽，而台灣須回歸祖國，而美國應該負起越戰的責任等。

　　一般認爲，此一時期的中國之所以展現出強硬態度，問題出自於文化大革命（1966-1977）引發了全國性的動盪混亂，以及領導階層權力鬥爭之激化，北京當局藉由對外強硬的態度，以避免自曝其短。此一期間，中國的對外關係左打蘇聯的現代修正主義、右打美國帝國主義，甚至把越戰的問題歸罪成美蘇共謀下的產物。

　　然而，美中會談自始至終在「基本問題」上依舊無法取得共識，美國意圖把台灣問題視爲是國際問題；而中國則始終主張台灣問題是牽涉祖國統一的內政問題；至於台灣社會則是在國際問題抑或是國內問題中，左搖右擺。

附　錄

附錄一　《新建設》所收錄之台灣人的言論與記事一覽

撰文者	記事名	收錄卷號
吳金鍊	或る日の長谷川さん	1942年10月號
黃啓瑞	人心不古 [座談会]　「台湾一家」で戰ふ台湾を語る―始政四十八周年を迎へて 挺身答耕南先生謹步瑤韻〔詩〕	1942年10月號 1943年6月號 1944年9月號
吳氏絹娟	[座談会]　「台湾一家」で戰ふ台湾を語る―始政四十八周年を迎へて	1943年6月號
黃啓木	[徵兵制への決意]　感激に泣く　百の理論より一の實踐	1943年1月號
林石義	[座談会]　戰場精神の發　陸軍記念日を迎へて	1943年3月號
許清樹	[座談会]　戰場精神の發　陸軍記念日を迎へて	1943年3月號
吳陣	[座談会]　戰場精神の發　陸軍記念日を迎へて	1943年3月號
林宗祥	[座談会]　戰場精神の發　陸軍記念日を迎へて	1943年3月號
許勇吉	[座談会]　戰場精神の發　陸軍記念日を迎へて	1943年3月號
徐新丁	[座談会]　戰場精神の發　陸軍記念日を迎へて	1943年3月號
楊雲萍	秋〔詩〕 部落祭りの經驗―七星郡外雙溪部落 [連載小説]　部落日記（第一回） [連載小説]　部落日記（第二回） [連載小説]　部落日記（第三回） [連載小説]　部落日記（第四回） [連載小説]　部落日記（第五回）	1942年11月號 1943年5月號 1944年5月號 1944年6月號 1944年7月號 1944年8月號 1944年9月號
楊逵	常會團樂論	1943年1月號
林勵三	悠久の大義　「戰陣訓」讀後感	1943年1月號

林獻堂	[訪問]有識層よ陣頭に起て　林獻堂氏に訊く	1944年2月號
面天生（?）	巷に拾ふ　奉公運動	1943年1月號
華麗兒（?）	[漫画]　大戦果	1943年1月號
洪朝明	[漫画]　米英の今昔 [漫画]　一瞬の転換 [連載漫画]　愛国婆さん①　硬貨供出の巻 [連載漫画]　愛国婆さん②　防空訓練の巻 [連載漫画]　愛国婆さん③　ヒカウキの巻 [連載漫画]　愛国婆さん　歩け歩けの巻 [連載漫画]　愛国婆さん④　一汁一菜の巻 [連載漫画]　愛国婆さん⑤　俄か雨の巻 [特輯漫画]　決戦下の迎春 [連載漫画]　愛国婆さん　デマ駆逐	1943年1月號 1943年5月號 1943年7月號 1943年8月號 1943年9月號 1943年11月號 1943年12月號 1944年1月號 1944年1月號 1944年5月號
洪晁明	[連載漫画]　徴兵制布かる	1944年9月號
楊氏千鶴	〔徴兵制への決意〕日章旗の下に―女性の立場から	1943年1月號
陳氏勤	麵茶	1943年1月號
駱水源	戦ひはこれからだ貯蓄もこれからだ　宿敵米英を叩き潰すまでは　決戦貯蓄 〔巷の経済学〕算盤からハンマーへ　中小商工業の再編成本島でも愈々実施 〔巷の経済学〕貯蓄戦を勝ち抜かう／十億　突破の貯蓄戦果／低物價と生産増強／米作者に親心／共榮圏物資貿易から交易に 決戦生活は不徹底　赤誠を捧げよ	1943年4月號 1943年5月號 1943年6月號 1944年2月號
郭啓祥	[漫画]　土の戦士たち	1943年4月號
吳氏嫦娥	[看護助手の手記]　靖国の桜に寄せて―勇士の最期	1943年7月號
陳氏秋子	[看護助手の手記]　感傷を乗越えて―歌に綴る看護日誌 [座談会]　志願兵から徴兵制へ　本島同胞の熾烈な叫び 私の工夫　本島服の更生 [座談会]　徴兵台湾を語る	1943年7月號 1943年10月號 1944年2月號 1944年9月號
黃介騫	[座談会]　台湾を見直せ	1943年8月號
林錦源	[座談会]　必勝食糧増産常会	1943年9月號

吳氏昭桃	［座談会］　必勝食糧増産常会	1943年9月號
楊金崇	［座談会］　必勝食糧増産常会	1943年9月號
黄振聲	［座談会］　必勝食糧増産常会	1943年9月號
鍾啓蒸	［座談会］　必勝食糧増産常会	1943年9月號
張柏齡	［座談会］　志願兵から徴兵制へ　本島同胞の熾烈な叫び	1943年10月號
張文環	〔座談会〕　「台湾一家」で戦ふ台湾を語る―始政四十八周年を迎へて 燃え上るカ―松岡曹長の遺家族を訪ねて	1943年6月號 1943年10月號
陳廖氏勤	［座談会］　「兵の母・兵の妻」と語る	1943年11月號
林陳氏意	［座談会］　「兵の母・兵の妻」と語る	1943年11月號
楊賴氏阿闓	［座談会］　「兵の母・兵の妻」と語る	1943年11月號
王廖氏阿蕊	［座談会］　「兵の母・兵の妻」と語る	1943年11月號
李氏詹秀	［座談会］　「兵の母・兵の妻」と語る	1943年11月號
林氏雪霞	［座談会］　「兵の母・兵の妻」と語る	1943年11月號
廖氏瓊珠	［座談会］　「兵の母・兵の妻」と語る	1943年11月號
陳氏時	［座談会］　「兵の母・兵の妻」と語る	1943年11月號
張氏蕊	［座談会］　「兵の母・兵の妻」と語る	1943年11月號
温水發	［座談会］　礦山の鄰組では日の丸競争　増産敢闘の金瓜石礦山	1943年11月號
呂阿岩	［座談会］　礦山の鄰組では日の丸競争　増産敢闘の金瓜石礦山	1943年11月號
徐永	［座談会］　礦山の鄰組では日の丸競争　増産敢闘の金瓜石礦山	1943年11月號
徐景榮	［座談会］　礦山の鄰組では日の丸競争　増産敢闘の金瓜石礦山	1943年11月號
張慈逢	［座談会］　台湾軍西中佐を圍む　適齢青年の錬成	1943年12月號
羅茂亮	［座談会］　台湾軍西中佐を圍む　適齢青年の錬成	1943年12月號
何禮杷	［座談会］　台湾軍西中佐を圍む　適齢青年の錬成	1943年12月號
陳炘	［座談会］　勝負はこの一年	1944年1月號

丁梅子	[座談会]　勝負はこの一年	1944年1月號
白氏玉燕	国語熱　徴兵制実施を目前に控えて	1944年1月號
陳家鵬	[特輯漫画]　決戦下の迎春	1944年1月號
葉宏甲	[特輯漫画]　決戦下の迎春	1944年1月號
華王兒	[特輯漫画]　決戦下の迎春	1944年1月號
周金波	[現地報告]　雨都に拾ふ總親和風景　不言の内 台一如「サクラヰさん」を訪ねて	1944年2月號
陳逢源	[座談会]　国語生活の新建設　徴兵に備へる	1944年2月號
李梅樹	[座談会]　国語生活の新建設　徴兵に備へる	1944年2月號
廖述寅	[座談会]　国語生活の新建設　徴兵に備へる	1944年2月號
傅氏緻	[座談会]　国語生活の新建設　徴兵に備へる	1944年2月號
陳氏春桂	[座談会]　国語生活の新建設　徴兵に備へる	1944年2月號
林茂生	不可能より可能へ [台湾要塞化と国民運動の強化]　本島青年に寄す [座談会]「心の要塞化」を談る—要塞台湾を裏づけるもの [座談会]　必勝の神機到る	1944年3月號 1944年6月號 1944年8月號 1944年11月號
林熊祥	[座談会]　決戦下の大稲埕（第一回）	1944年3月號
林熊次	次韻奉答耕南部長見存惠贈〔詩〕	1944年9月號
辜振甫	[座談会]　台湾を見直せ [座談会]　決戦下の大稲埕（第一回） [吾等の力で守り抜かん　実践協力会議議員に訊く]心の要塞化	1943年8月號 1944年3月號 1944年6月號
黄逢時	[座談会]　決戦下の大稲埕（第一回） [座談会]　決戦下の大稲埕（第二回）　如何にして社会環境を建直すか	1944年3月號 1944年4月號
黄逢平	[座談会]　決戦下の大稲埕（第二回）　如何にして社会環境を建直すか	1944年4月號
林宗賢	[座談会]　決戦下の大稲埕（第一回） [座談会]　決戦下の大稲埕（第二回）　如何にして社会環境を建直すか	1944年3月號 1944年4月號

施江南	台湾を背負ふ青年の体格　施博士に訊く（新島信宏撰）	1943年8月號
	[座談会]　決戦下の大稲埕（第一回）	1944年3月號
	[家庭の頁]　健民講座(1)　壮丁の衛生　トラホームの治療法	1944年3月號
	[家庭の頁]　健民講座(2)　マラリアと結核	1944年4月號
	[家庭の頁]　健民講座(3)　伝染病と労務衛生	1944年5月號
	[座談会]　正しい疏開	1945年3・4月合併號
賴海清	[座談会]　戦場精神の発現　陸軍記念日を迎へて	1943年3月號
	[座談会]　台湾軍西中佐を圍む　適齢青年の錬成	1943年12月號
	[座談会]　決戦下の大稲埕（第二回）　如何にして社会環境を建直すか	1944年4月號
呂赫若	[現地報告]　妻ありて兵強し　新しき誇り	1944年4月號
龍瑛宗	[決戦生活]　時	1944年4月號
陳定國	[決戦漫画]　反枢軸発明展	1944年4月號
林氏淑真	機械と共に	1944年4月號
羅萬俥	[座談会]　軍官民のみる台湾要塞化	1944年5月號
顏春和	四月十九日を期して展開　国語生活運動　言葉の指導は丁寧に	1944年5月號
	[座談会]「心の要塞化」を談る一要塞台湾を裏づけるもの	1944年8月號
朱盛淇	[吾等の力で守り抜かん　実践協力会議議員に訊く]果敢なる実践	1944年6月號
吳金錬	[台湾要塞化へ　奮然、立ち上った島民の逞しい実践面]　全島一を目ざす新竹州の敢闘振	1944年7月號
陳宗福	[台湾要塞化へ　奮然、立ち上った島民の逞しい実践面]　日夜が戦闘で皇奉運動即戦争　台東にて	1944年7月號
張尊仁	[台湾要塞化へ　奮然、立ち上った島民の逞しい実践面]　總崛起指令も当州には生温い　高雄州	1944年7月號
柯設偕	われらの国語[詩]	1944年8月號
陳榮淵	[少国民の眼に映った私達の奉公班]　先生から話された常会とは何だか違ふ	1944年8月號
林陳氏阿枝	[少国民の眼に映った私達の奉公班]　田の仕事も女ばかり　褒められた奉公班	1944年8月號

鄭清溪	[座談会]　徴兵台湾を語る	1944年9月號
周得春	サイパンの仇を討て	1944年9月號
范天馬	兵の道[詩]	1944年9月號
張朝福	[僕らも皇国の兵に　徴兵制実施に奮ひ起つ少国民]玉砕勇士に続く栄誉は僕達に	1944年9月號
葉發相	[僕らも皇国の兵に　徴兵制実施に奮ひ起つ少国民]僕は頑張るぞ兄の志を受けついで	1944年9月號
李氏綉蘭	[僕らも皇国の兵に　徴兵制実施に奮ひ起つ少国民]女子は鉄より固く郷土を守るのだ	1944年9月號

資料來源：作者整理

附錄二　《新建設》中的女性相關議題一覽

卷號	標題／撰文者
1942年10月號	母性保護と性病／真柄正直 戰爭と女性　桔梗俱樂部について／高田登代子
1942年11月號	[演劇]　進發する女性　桔梗俱樂部の理念／鷗汀生
1943年1月號	女性と愛情　子供の躾け方／長谷川美惠
1943年2月號	[桔梗俱樂部]　戰ふお正月債券　りに協力
1943年3月號	[新建設講座]　桔梗俱樂部の理念―確固たる精神の実践に [座談会]　若い女性の見た最近のマニラ 日章旗の下に―女性の立場から／楊氏千鶴 志願兵の母と語る／平田麗子
1943年4月號	[グラフ]　決戰女性 国民組織と婦人運動　台湾から帰りて／市川房枝 増産に挑む女性群　台南桔梗俱樂部一期作田植に挺身
1943年5月號	桔梗俱樂部〔動向〕 大日本婦人会の動き
1943年6月號	桔梗俱樂部〔動向〕 大日本婦人会〔動向〕 家庭の頁　空襲は必至―その心構へは／桔梗俱樂部 婦人防空服の裁ち方
1943年7月號	桔梗俱樂部〔動向〕 本島女性立上る!!帰還看護助手を囲んで 大日本婦人会〔動向〕 [家庭の頁]　ご存知ですか?　婦人標語服の活動衣―防空用に好適／吉見まつよ [連載漫画]　愛国婆さん①　硬貨供出の巻／洪朝明
1943年8月號	爆音　養女の解放[投稿] 初の婦人総常会　主婦にも意見あり　予期以上の成果を収む 大日本婦人会〔動向〕 桔梗俱樂部〔動向〕 [連載漫画]　愛国婆さん②　防空訓練の巻／洪朝明

1943年9月號	敵襲に備へて―桔梗倶樂部入営 戦ふ女性 / 林恭平 桔梗倶樂部三日入営　常在戦場の精神を女性の生活に 三日の体験し勤勞實践に挺身 / 河本隆子 前線將士の心を身につけて / 仁科幸子 大日本婦人会〔動向〕 [家庭の頁] 紅燈の巷から生産戦線へ　女性の勤勞動員 防空二重頭巾 桔梗倶樂部〔動向〕 [連載漫画]　愛国婆さん③　ヒカウキの巻き / 洪朝明
1943年10月號	内職賃を貯蓄に　婦人常会めぐり(1)台北市の巻 / 中央本部婦人委員幹事 大日本婦人会〔動向〕 桔梗倶樂部〔動向〕
1943年11月號	[座談会]　「兵の母・兵の妻」と語る [家庭の頁]　台所も決戦場　婦人常会めぐり②　台中州の巻 / 中央本部婦人委員会幹事 [連載漫画]　愛国婆さん④　歩け歩けの巻 / 洪朝明
1943年12月號	[女性進軍] / 編輯部 男子は戦場、女子は戦場へ　急げ戦闘配置断じて勝つ銃後第一線 戦場はあなたを待ってゐる　鉄と戦ふ産業戦士 食糧配給も女手で　"正しく、強く、柔く" 男子にかはり稲を刈る　家に居残る女なし 若鷲にあたふる歌一世の母にかはりて詠める[詩] / 矢野峰人 [連載漫画] 愛国婆さん⑤　一汁一菜の巻 / 洪朝明
1944年1月號	[今月の話題]　女子の勤勞動員と其の在り方 祖國と生死を共に　帰還看護助手武田ぎん子手記 [連載漫画]　愛国婆さん⑥　俄か雨の巻 / 洪朝明
1944年3月號	一學徒の送った母への手紙 / 草薙孚 家庭から必勝増産戦列へ　この手で航空機を 女性に檄す / 桔梗倶樂部
1944年4月號	生産陣地へ巣立ち女性群 通信戦線から / 金重豊子 機械と共に / 林氏淑真 出陣の覚悟 / 長谷徳和 [現地報告]　妻ありて兵強し　新しき誇り / 呂赫若
1944年5月號	台湾の要塞化と本島女性の使命 / 西北勝良 [連載漫画]　愛国婆さん⑦　デマ駆逐の巻 / 洪朝明

1944年7月號	地理的環境から婦人も総て起ち上がる / 太田政作 大日本婦人会の女子勤労動態調査 健兵の母よ斯くあれ　台南州玉井庄に兵の母を訪ふ　陳蔡氏丹さん語る
1944年9月號	女子は鉄より固く郷土を守るのだ / 李氏綉蘭
1944年11月號	續決戦服論―女性への提案 / 阿部定雄 女性ばかりの防空群 / 山野彦一 援護の花　傷痍軍人に嫁ぐ純情の乙女 / 後藤登美子 女性も神兵に続く　女子報国救護隊員として / 陳氏秋子
1945年1月號	挺身隊のお姉様へ / 藤井久子 婦人常会に就て　山本事務總長に呈す / 塚本克子 [座談会]　決戦下に於ける女性の職場 [桔梗倶樂部]　茶くみ運動
1945年3・4月 合併號	[對談]　女性の心構へ 共同炊事體驗談　勝ち抜く生活 一主婦の疏開話

資料來源：作者整理

附錄三 「國民外交」的思考源流

一、「國民外交」之意義及其源流

清末民初，中國的有識者間發展出一個新的語詞，即「國民外交」。此語源起於民族危急存亡的清末民初之際，中國的知識份子爲求國家能自主獨立，苦思出的產物，並以national diplomacy或people's diplomacy西譯之。由此可知，此一時期的國民外交富含民族與民權主義之特質。因此，現今台灣社會多改以people to people diplomacy西譯之，以合時宜。姑且不論這個譯法正確與否，但可確定的是，今天在台灣仍繼續沿用「國民外交」這個語詞；而在中國則多以「民間外交」或「人民外交」稱之。

雖然今天社會一般多視「國民外交」的意涵是指，透過國際民間之交往增進相互理解，進而帶動兩國邦宜之改善，促進世界和平，因此，若試以西語譯之，track two diplomacy（第二軌道外交）或citizen diplomacy，以別於track one diplomacy（第一軌道外交）或national diplomacy（即政府外交），可能比較恰當。

事實上，「國民外交」一語使用之初，其背後富含兩個層面的意義：一爲「各國人民間爲增進友誼，改善邦交的往來活動」，即所謂「people's diplomacy」；另一則是「政府代表國民的意志行使外交」，即所謂體現民意的外交，在法語則稱爲「diplomatie nationale」。事實上，這個語詞源自於明治日。清宣統元年（1909）9月《外交報》上刊載著一篇譯自日本的文章，其標題爲〈國民外交與官僚外交之別〉，可見當時國民外交觀念的產出與日本的影響應有關聯。

而民國20年（1931），商務印書館《語源》續編中便曾對「國民外交」一詞有所定義，即「國民對於外交當局處予監視地位，常造成健全之輿論督促之。當局者因以國民之利害休戚爲標準，而定其外交方針，是爲

國民外交」。

　接著，民國26年（1937）10月，東北大學教授王卓然、劉達人等編了一本《外交大辭典》，「國民外交」一詞亦收錄其中，並以罕見的英語語詞「national diplomacy」、「people's diplomacy」譯之。根據中國研究者周斌的研究指稱，這兩種譯法雖沒有在英文相關的書籍中出現過，但卻可在民國10年代日本國際法專家信夫淳平的大作中《外政監督と外交機關》找到，並主張中國語中「國民外交」一詞的使用，應該是受到日本社會的影響。

　信夫淳平曾師事在國際法與外交史上學有專精的有賀長雄博士，有賀的思考或許也可說是日本社會之於「國民外交」思想的源起。日本明治31年（1898），有賀長雄便曾透過〈外交秘密論〉一文，主張日本的外交應該從官廳外交（diplomacy bureaucratique）轉型成國民外交（diplomacy nationale），即以國民的精神爲原動力的外交，而非依從一時的多數政論之外交。日本明治42年，有賀又透過〈国民外交と官僚外交〉一文，強調國家是國民的國家，而外交則是國民的外交，政府有執行反應民意的國民外交之義務，這篇文章與《外交報》所刊載的〈國民外交與官僚外交之別〉，實爲殊途同歸。

　上述有賀長雄的兩篇大作受到中國有識者的重視，並曾被譯成中文而刊登於《外交報》上。受到盧梭「民權論」思想的影響，有賀長雄所主張的「國民外交」，即以國民精神爲原動力的外交，在中國知識界部分人士間頗受好評，當時梁啓超、蔣智由主編的《政論》雜誌中，透過〈國民的外交之時代〉強調，國家的外交「其著眼點不可專視爲政府的，而當視爲國民的。既視爲國民的，不可不以外交之問題先求得國民之同意，而以國民爲外交之後援」，即試圖把民權思想用於外交領域，主張政府應遵循民意辦理外交。

　然而，〈國民的外交之時代〉一文發表於清光緒33年（1907），當時的中國仍處於帝制時期，即使政府的外交需出自於國民共同之公意，但國民大眾又該如何向當局反應民意呢？在前述《外交大辭典》中則作了如

下解釋：以國民輿論或權能，監督並督促外交當局，使外交方針與國民意志一致，是謂之國民外交。而中國社會在何時才理解輿論是國民干預政府外交的重要手段呢？依周斌的研究之所見，在西方民主主義思想的抬頭以及媒體的推波助瀾下，早在十九世紀末至二十世紀初，中國社會已有了以內政、外交為問題意識，且具近代意義之輿論的出現。

　　清光緒34年（1908）4月21、22日，《大公報》上連載了一篇題為〈所謂國民的外交者何〉文中，不僅把「輿論」列入了國民的外交範疇，並強調應借鏡西方民主立憲國議會有協贊條約之權，並有質問彈劾外交行政之權的做法，成立國會作為國民大眾監督政府外交的機構。換言之，在民族危急存亡的關頭，中國社會知識界開始思考，透過國會將民意的反映有效貫徹於外交事務的執行上。

　　因此，民國元年（1912）中華民國成立後不久，翌年（1913）4月第一屆國會隨即設立。民國6年（1917）初，更有以陳銘鑑為首的四十多名議員，聯合學界、報界而成立「國民外交後援會」，作為協助與監督政府外交的外圍團體，此一團體亦是早期以「國民外交」四字命名的民間團體。到了民國8年（1919）初，更有以張言謇、熊希齡、林長民、梁秋水、邵飄萍等人所組成的北京「國民外交協會」成立。而依國民外交協會簡章所載，該協會是「以徵集國民外交意見，統一國民外交輿論，發揮國民外交精神為宗旨」。

　　換言之，自清末以來，戰前「國民外交」的概念可與「輿論」、「國會」等思考連結在一起，而國會的外交參與是外交民主化以及國民外交的核心要素。然而，今天所謂的「國民外交」則泛指各國人民間的一切友好往來活動，而鮮少強調政府外交應體現民意的層面。同時，不同於台灣社會稱之為「國民外交」，在中國則直接稱之為「民間外交」，錢其琛主編之《世界外交大辭典》中，對於民間外交則作了如下解釋：各國民間人士或民間機構之間有利於各自國家實現其對外政策目標的、具有非官方性質的國際交往。而其具體活動，當然也包括學人聚會、藝術展覽、體育比賽、戲劇音樂表演、觀光覽勝等。

而何以戰後「國民外交」的概念，比較傾向於國際民間相互交流的層面？這多少反應出戰後監督政府外交施策的機制，在一定層度上有弱體化傾向。另一方面，當清末民初中國的知識界已從民權的角度談國民外交時，國家外交的泉源及其力量的核心，不外乎就是「國民」，因此國際間不同國籍民眾的交流，勢必能有效改善兩國關係，進而促進世界和平，而這個觀念則起自於清宣統2年（1910）。該年11月15日，上海《民立報》報導國內各界熱情款待美國訪華實業團新聞時，以「國民外交之紀元」下結論。此後，無論是民國元年的「華法聯進會」、民國2年的「中美國民同盟會」等，諸如此類與海外民間團體親善聯誼等各項活動，輿論界皆給予正面肯定的評價。

《中國實業雜誌》社長李文權延續北京輿論界的說法，即「政治上之關係屬於國家交涉者居多，經濟上之關係屬於國民交涉者居多。而政治上之關係恆由經濟上之關係而益形密切。故國民交涉實足為政府外交之助力，國際親和之媒介」，並在民國4年至民國5年期間（1915-1916），連續發表〈國際貿易之根本在國民外交〉、〈論國民外交之不可少〉等文。

換言之，戰前中國社會的知識界對於「國民外交」的概念已從要求政府尊重民意辦理外交，進而昇華至以輿論、國會等模式促使國民參與外交，最後更衍生成國際民間個人或團體的往來交流，是改善邦交、促進世界和平的基本。而最後的這個層次，時至今日仍根植於「國民外交」的定義中。

二、「國民外交協會」創設之經緯

巴黎和會時期的北京「國民外交協會」

一如前述，民國8年（1919）2月16日「國民外交協會」在北京的石虎胡同正式成立，並通過協會簡章，選出梁啓超擔任協會理事長及協會在歐洲的代表。「國民外交協會」成員主要來自於教育界、新聞界，以及其他中上知識階層。其十名理事皆為社會名流，亦有不少出任過北京政府公

職，多半都是與輿論界或政府當局關係匪淺之士。然而，即使「國民外交協會」強調他們是沒有黨派與地域色彩之分，且的確也廣納當時北京各個團體成員，但支撐協會運作的重要骨幹仍以汪大燮、林長民等人爲首。

「國民外交協會」成立的一個重要契機，主要著眼於歐戰之後的巴黎和會，當時代表中國知識界思想的《晨報》，對和會寄予厚望。民國8年1月1日《晨報》的祝新社論中便強調「在世界開一新紀元，在吾國開一新生命，果能順應時變，力圖自新，則起死回生之機，又未必不在今日」！換言之，中國知識界試圖結合民意，監督政府外交，並藉此良機提升中國在國際社會的地位。於是以梁啓超、汪大燮爲首等《晨報》背後的一群所謂「研究系」人士，乃結合同時期並存的「國民外交後援會」、「戰後外交研究會」、「平和期成會」等民間團體，組織一個專爲研究外交團體，不涉內政的「國民外交協會」，目的是「將來唯一專條爲研究各外交問題及各種不平等條約，匯集眾意，請願政府，提出於巴黎和會」。

根據「國民外交協會」的緣起與主張，強調「每度交涉發生，政府臨事倉皇，不知如何應對，國民放棄天職，袖手而莫誰（略）」，且「我國民遵照美總統威爾遜氏民族自決之宣言際，茲千載一時之機，亦當然得表示公正之民意，策勵政府而助援之（略）」，由此可歸納出協會成立背後的兩個問題思考：一是社會一般認爲中國外交的長期失利，主因在於政府外交的流弊甚多，而國民外交運動的發展亦不充分；二是當時美國總統威爾遜所提之「民族自決」主張，可能成爲解決戰後國際問題的重要原則，此時「國民外交協會」的存在可謂是順應世界潮流。

「國民外交協會」對巴黎和會的期待，主要在於廢除不平等條約，求取國家的獨立自主，包括贊助國際聯盟、打破各國在華勢力、廢棄一切不平等條約、定期撤去領事裁判權、關稅平等、免除庚子賠款、收回租借地等。畢竟惟國家能獨立自主，中國才有與萬國對峙的條件。

在問題處理的手段上，「國民外交協會」多以街頭演講的形式，向一般民眾傳達理念；而遇有重大外交情資，則利用其機關報《晨報》造勢，以輿論力量給政府施壓；甚至直接去電巴黎給中國代表團成員、或其他國

家的代表，傳達中國的社會輿論。換言之，「國民外交協會」顧名思義，協會成員試圖透過民間路線，把他們對中國之於國際社會的角色扮演，傳達給一般民眾與海外社會。

九一八事變前的遼寧「國民外交協會」

清光緒31年（1905）日俄戰爭後，根據樸資茅斯條約的協議，長春以南俄羅斯在大陸東北的租借權，即旅順、大連一帶可轉換給日本。於是，透過長春至旅順的原「中東鐵路」，使大陸東北成為日本的原料供應地之一，更是工廠製品的銷售市場。翌年（1906），日方更把中東鐵路改名為「南滿鐵道」，並在東京成立南滿州鐵道株式會社（簡稱「滿鐵」），由後藤新平任總裁職，以為管理。清光緒33年（1907），為落實後藤總裁「大連中心主義」之構想，乃把「滿鐵」總部直接搬遷至中國大連。從此之後，日方汲汲於周邊地區設立銀行、工廠，並繼續修築鐵路、開挖礦藏。

然而，根據清俄之間當初的協議，旅順、大連的租借期只到民國12年（1923）為止，而清廷政權卻早在民國元年便已倒台。日方未雨綢繆，為了能延續租借權期限，在歐戰爆發後翌年的民國4年（1915）1月，便使日本駐華公使日置益向北洋政府領導人袁世凱提「二十一條要求」，其中也包括大連、旅順的租借期延長至民國86年（1997）一項。原本被定調為「密談」階段的對華「二十一條要求」，卻因故而提前曝光。「二十一條要求」經國際媒體大篇幅報導之後，群情譁然，引發中國內部反日情緒高漲，也為民國12年（1923）中國東北遼寧地區「收回旅、大的反日運動」埋下伏筆，觸動了遼寧一帶民眾的反日情結。

此後，遼寧社會與日方間各種衝突事件不斷，中國東北的民眾對外交民主化的要求愈益強烈，乃造就民國18年（1929）遼寧「國民外交協會」成立。但這個「國民外交協會」僅為期三年（民國18-20年），最後是在左派勢力，包括中國共產黨滿州省委趙尚志、反帝同盟中央黨團書記杜蘭亭等人擾亂下，被掛上「軍閥的走狗」等罪名，導致一向與東北當權

派走在一起的遼寧「國民外交協會」變得捉襟見肘。

遼寧「國民外交協會」主要成員有閻寶航（奉天基督教青年會總幹事）、金哲忱（商工總會會長）、王化一（省教育會會長）、杜重遠（商會副會長）、曹仲三（奉天省督學）等，皆是當時社會上知名人士或政府要員。而協會內部則分有七部門，包括總務部、組織部、國貨部、宣傳部、經濟部、交際部、糾察部等；另有機關誌《國民外交週報》，民國19年（1930）10月則改版為《國民外交半月刊》，繼續出刊，以為喉舌。

遼寧「國民外交協會」自民國18年成立之後，不斷擴大組織，並在各地成立分會，在民國20年（1931）九一八事變前夕，共有分會四十六處。最後，繼黑龍江「國民外交協會」、長春「國民外交協會」相繼成立後，遼寧「國民外交協會」乃改名為東北「國民外交協會」。

遼寧「國民外交協會」除了協助東北當局推展外交活動、向國民大眾宣導外交常識、推展對日「經濟不提攜」運動之外，更針對各項重大事件與日本的帝國主義勢力直接對抗。而在與日本帝國主義勢力交手的過程中，以民國18年10月第三屆「太平洋國際學會」的經驗為例，針對中國東北的議題，日方對該地社會各項問題所準備的報告書竟有十二冊之多，遼寧「國民外交協會」成員自省，痛感自己對中國東北的認識實在遠不如日方，對日本在東北的政策根本無從批判。因此會後，遼寧「國民外交協會」乃另成立「太平洋會議遼寧支部」，為下一屆的太平洋會議預作準備。由此顯見，遼寧「國民外交協會」扮演著近代中國東北當局外交事務的後盾與智囊等角色。

九一八事變後南京政府要員主導下的「國民外交協會」

民國20年9月九一八事變爆發，翌年（1932）3月，位於南京的國民政府之部分立法委員與監察委員等乃群起組織「國民外交協會」，意圖倡導抗日救國的主張，並對當局的「不抵抗」政策提出嚴厲批判。同年9月，機關誌《國民外交特刊》創刊，為其喉舌，翌月則更名為《國民外交

雜誌》，並以月刊形式出版。當時「國民外交協會」已有會員四百多人，因此《國民外交雜誌》幾乎不愁稿源與讀者群的問題。至於協會的活動與雜誌的經費需求，多數時候都由當時國民政府立法院委員劉盥訓（第114屆）奔走募集。

一如前述，「國民外交協會」的主要成員乃南京政府的立法委員與監察委員，他們雖不是政府的決策人員，但卻有一定的政治地位與社會知名度。他們之所以成立「國民外交協會」，契機之一是出自於對東北當局「日標不抵抗主義以媚之」，深感不滿。在〈國民外交協會宣言〉中，「國民外交協會」自我定位的重點有六：其一，各盡其責，長期抵抗；其二，支持政府抵抗，防止政府妥協；其三，加強對外宣傳，揭露事實真相；其四，既要防止新的擴張，又要收回原有失地；其五，要求政府督責張學良率師收復東北；其六，呼籲停止內訌，共禦外侮。由此可知，這個「國民外交協會」的本質，可謂是以「救國」為號召的一個民族主義團體。

「國民外交協會」透過其機關誌《國民外交雜誌》對當時國際環境與大陸局勢等中國社會的幾項議題，進行討論，其內容包括：(1)主張堅決對日抵抗，反對妥協；(2)主張中蘇復交；(3)對國民政府誤國政策提出嚴厲批評，主張應停止內爭，一致對外；(4)認為長期抵抗必須仰賴於民眾；(5)抵禦外侮的前提則是改革內政，致力於國家建設；(6)表達對共產黨問題之無預設立場的態度等。從《國民外交雜誌》所發表文章之各項議題中，可歸納出一個訊息，即九一八事變之後，「救亡圖存」與「擁護民族獨立」已成為中國社會內部的重要共識。

「國民外交協會」的思考雖然不一定與南京的國民政府當局立場一致，特別是在對蘇復交，以及不應視中國共產黨為匪類等議題上，但鑑於協會會員的政治背景與社會地位，在表象上當局仍給予一定程度的認可。然而，他們的建言多數時候往往是被當局漠視，而不會被採納。民國22年（1933）8月，在《國民外交雜誌》中一篇題為〈獨立評論〉的文章，便一針見血地指出中國社會的問題點，強調「中國沒有西方那樣的政黨，

也沒有長期一貫的政論雜誌，往往是內政外交有了變動，政論便勃然蠢起，風潮過後，又復消聲匿跡」！

若從國際情勢的角度思考當時中華民國的對外關係，不容諱言地，在《國民外交雜誌》的文章中，也提出不少值得重視的現代外交概念。例如，從中蘇復交的議題上，協會會員周緯（又名「周星樵」，立法委員）提出「意識型態不同的國家可以求同存異，正常合作往來」，這可謂是中國近代民族主義試圖走向理性、成熟路線的一個表徵；又有會員田烱錦（又名「田云青」，監察委員）便從美國在亞太地區的崛起，而預測「美日將必一戰」，甚至「第二次世界大戰不可避免」，而「日本覆亡之際，中國才有在國際上崛起的機會」等言論出現。從這些可受時間檢驗的言論推知，「國民外交協會」的組成雖非政府決策人員，但因其職務之便而與政府關係緊密，對海內外形勢等各項議題的判讀比較能掌握要點，洞見觀瞻。

民國33年（1944）《國民外交雜誌》再次對「國民外交」一詞做了如下的定義，即「外交是國際間的交際和交涉。其作用在敦睦兩國間的友誼、促進彼此間的合作，這種工作普通都由各國互派的使節，如大使、公使、特使來擔任。到了近世，除了政府所派的正式使節外，國民也自動起來分擔這種責任，以期普遍增進兩國間之合作互助，這就叫國民外交」。

回顧「國民外交」一詞，這是源自於近代日本社會的一個概念，起自於二十世紀之初，但伴隨歲月的推移，在不同時期卻有著不同的歷史內涵。而不同於初始之際，「國民外交」存在的終極目的是追求國家獨立與民族解放，實質上近乎於群眾運動；在1910年代以後到1920年代期間，國民外交的內容與形式漸趨穩健與成熟，重點在於政府並非是外交活動中的唯一，國民也成爲外交主體的一部分。民國20年代中國國民黨的政權確立之後，國民外交的概念又有了新的轉型，而這個轉變在中日戰爭爆發後，更爲顯著。何謂「國民外交」呢？其特點有三：第一，民眾成爲外交上的主體；其二，有影響力的民間人士或團體配合政府的對外政策，間接成爲國家外交之一員，充分顯現出半官方的特質；其三，交往的主體是

民間人士或團體，因此不受正式的外交禮儀或層級所約束，而多了一分靈活度與多樣性。

換言之，民國20年代以後，國民大眾透過自己的交流平台，而成為外交活動中的主體，展現出民間活力的積極性與主動性。伴隨二十世紀政治的民主化發展，這種政府尊重國民在外交上的主體意識，並有效促使國民大眾的外交行徑受到合理引導的國民外交模式，又繼續沿用至戰後，而國民與國家之間的關係，套用南京「國民外交協會」機關誌《國民外交雜誌》〈發刊辭〉之所謂的，「二十世紀以前國家的興亡，取決於君相，二十世紀以後國家的興亡，則取決於民眾」。

一如前述，「國民外交」的概念起自於清末民初，在初始之際強調政府辦理外交應首重民意與國家尊嚴，富含民權與民族主義之特質，但其後則逐漸衍生為透過民間個人或團體之相互交流，強化國際間邦誼關係，以有效達成世界和平之目標。

而戰後台灣社會國民外交之發展歷程可分為五大階段，1950年代在海內外「冷戰」潮流下，「反共抗俄」乃成為國民外交之終極目標；而1960年代配合台灣的社會經濟朝往「進口替代」工業化的方向轉型，透過國民外交之運作而有效促使台灣社會與世界經濟相結；但自1970年代以後，台灣社會初嘗被國際社會孤立之苦澀，如何避免國家被海外世界邊緣化，在堅持「一個中國」前提下，各種彈性作法則成為國民外交之對策；而1980年代中期以後，伴隨台灣社會在地人士有機會接掌總統職務，亦給走入瓶頸的對外關係注入一股新思惟，重返聯合國、擴展國際空間、以政治實體獲取國際社會之承認等務實作法，則成為國民外交的思考主流；1990年代之後，網際網絡的躍進發展逐漸打破國界的桎梏，開創天涯若比鄰之紀元，面對全球化時代的來臨，動員全民的力量則成為台灣社會國民外交的主流思考，既可突破政府外交之困境，亦可有效避免外交預算在政黨惡鬥下被凍結，亦孕育出二十一世紀初全民外交的新思惟。

參考文獻

1. 左雙文，〈九一八事變後的《國民外交雜誌》〉，《史學月刊》，3期（2007. 03）。

2. 印少雲，〈近代史上的國民外交〉，《甘肅社會科學》，3期（2003. 03）。

3. 周斌，〈清末民初「國民外交」一詞的形成及其涵義述論〉，《安徽史學》，5期（2008. 09）。

4. 易丙蘭，〈巴黎和會時期研究系的國民外交活動研究〉，《大連大學學報》，29卷2期（2008. 04）。

5. 張萬杰，〈國民外交運動的一次新探索—遼寧國民外交協會的緣起及其活動述評〉，《遼寧大學學報（哲學社會科學版）》，37卷1期（2009. 01）。

6. 張萬杰，〈遼寧國民外交協會外交活動評述〉，《遼寧學院學報（社會科學版）》，10卷5期（2008. 10）。

附錄四　美國政府的台灣關係法（原文）

January 1, 1979

TAIWAN RELATIONS ACT

Public Law 96-8 96th Congress

An Act

To help maintain peace, security, and stability in the Western Pacific and to promote the foreign policy of the United States by authorizing the continuation of commercial, cultural, and other relations between the people of the United States and the people on Taiwan, and for other purposes.

Be it enacted by the Senate and House of Representatives of the United States of America in Congress assembled,

Short Title

Section 1. This Act may be cited as the "Taiwan Relations Act".

Findings and Declaration of Policy

Section. 2.

1.　The President- having terminated governmental relations between the United States and the governing authorities on Taiwan recognized by the United States as the Republic of China prior to January 1, 1979, the Congress finds that the enactment of this Act is necessary--

　　1. to help maintain peace, security, and stability in the Western Pacific; and

　　2. to promote the foreign policy of the United States by authorizing the continuation of commercial, cultural, and other relations between the people of the United States and the people on Taiwan.

2.　It is the policy of the United States--

　　1. to preserve and promote extensive, close, and friendly commercial, cultural, and other relations between the people of the United States and the people on Taiwan, as well as the people on the China

mainland and all other peoples of the Western Pacific area;

2. to declare that peace and stability in the area are in the political, security, and economic interests of the United States, and are matters of international concern;

3. to make clear that the United States decision to establish diplomatic relations with the People's Republic of China rests upon the expectation that the future of Taiwan will be determined by peaceful means;

4. to consider any effort to determine the future of Taiwan by other than peaceful means, including by boycotts or embargoes, a threat to the peace and security of the Western Pacific area and of grave concern to the United States;

5. to provide Taiwan with arms of a defensive character; and

6. to maintain the capacity of the United States to resist any resort to force or other forms of coercion that would jeopardize the security, or the social or economic system, of the people on Taiwan.

3.　Nothing contained in this Act shall contravene the interest of the United States in human rights, especially with respect to the human rights of all the approximately eighteen million inhabitants of Taiwan. The preservation and enhancement of the human rights of all the people on Taiwan are hereby reaffirmed as objectives of the United States.

Implementation of United States Policy with Regard to Taiwan

Section. 3.

1.　In furtherance of the policy set forth in section 2 of this Act, the United States will make available to Taiwan such defense articles and defense services in such quantity as may be necessary to enable Taiwan to maintain a sufficient self-defense capability.

2.　The President and the Congress shall determine the nature and quantity of such defense articles and services based solely upon their judgment of the needs of Taiwan, in accordance with procedures established by law. Such determination of Taiwan's defense needs shall include review by United States military authorities in connection with recommendations to the President and the Congress.

3.　The President is directed to inform the Congress promptly of any threat to the security or the social or economic system of the people on Taiwan and any danger to the interests of the United States arising therefrom. The President and the Congress shall determine, in accordance with constitutional processes, appropriate action by the United States in response to any such danger.

Application of Laws; International Agreements

Section. 4.

1.   The absence of diplomatic relations or recognition shall not affect the application of the laws of the United States with respect to Taiwan, and the laws of the United States shall apply with respect to Taiwan in the manner that the laws of the United States applied with respect to Taiwan prior to January 1, 1979.

2.   The application of subsection (a) of this section shall include, but shall not be limited to, the following:

1. Whenever the laws of the United States refer or relate to foreign countries, nations, states, governments, or similar entities, such terms shall include and such laws shall apply with such respect to Taiwan.

2. Whenever authorized by or pursuant to the laws of the United States to conduct or carry out programs, transactions, or other relations with respect to foreign countries, nations, states, governments, or similar entities, the President or any agency of the United States Government is authorized to conduct and carry out, in accordance with section 6 of this Act, such programs, transactions, and other relations with respect to Taiwan (including, but not limited to, the performance of services for the United States through contracts with commercial entities on Taiwan), in accordance with the applicable laws of the United States.

3.

1.   The absence of diplomatic relations and recognition with respect to Taiwan shall not abrogate, infringe, modify, deny, or otherwise affect in any way any rights or obligations (including but not limited to those involving contracts, debts, or property interests of any kind) under the laws of the United States heretofore or hereafter acquied by or with respect to Taiwan.

2.   For all purposes under the laws of the United States, including actions in any court in the United States, recognition of the People's Republic of China shall not affect in any way the ownership of or other rights or interests in properties, tangible and intangible, and other things of value, owned or held on or prior to December 31, 1978, or thereafter acquired or earned by the governing authorities on Taiwan.

4. Whenever the application of the laws of the United States depends upon the law that is or was

applicable on Taiwan or compliance therewith, the law applied by the people on Taiwan shall be considered the applicable law for that purpose.

<u>5</u>. Nothing in this Act, nor the facts of the President's action in extending diplomatic recognition to the People's Republic of China, the absence of diplomatic relations between the people on Taiwan and the United States, or the lack of recognition by the United States, and attendant circumstances thereto, shall be construed in any administrative or judicial proceeding as a basis for any United States Government agency, commission, or department to make a finding of fact or determination of law, under the Atomic Energy Act of 1954 and the Nuclear Non-Proliferation Act of 1978, to deny an export license application or to revoke an existing export license for nuclear exports to Taiwan.

6. For purposes of the Immigration and Nationality Act, Taiwan may be treated in the manner specified in the first sentence of section 202(b) of that Act.

<u>7</u>. The capacity of Taiwan to sue and be sued in courts in the United States, in accordance with the laws of the United States, shall not be abrogated, infringed, modified, denied, or otherwise affected in any way by the absence of diplomatic relations or recognition.

<u>8</u>. No requirement, whether expressed or implied, under the laws of the United States with respect to maintenance of diplomatic relations or recognition shall be applicable with respect to Taiwan.

3.　For all purposes, including actions in any court in the United States, the Congress approves the continuation in force of all treaties and other international agreements, including multilateral conventions, entered into by the United States and the governing authorities on Taiwan recognized by the United States as the Republic of China prior to January 1, 1979, and in force between them on December 31, 1978, unless and until terminated in accordance with law.

4.　Nothing in this Act may be construed as a basis for supporting the exclusion or expulsion of Taiwan from continued membership in any international financial institution or any other international organization.

Overseas Private Investment Corporation

Section. 5.

1.　During the three-year period beginning on the date of enactment of this Act, the $1,000 per capita income restriction in insurance, clause (2) of the second undesignated paragraph of section 231 of the reinsurance, Foreign Assistance Act of 1961 shall not restrict the activities of the Overseas Private Investment Corporation in determining whether to provide any insurance, reinsurance, loans, or guaranties with respect to investment projects on Taiwan.

2.   Except as provided in subsection (a) of this section, in issuing insurance, reinsurance, loans, or guaranties with respect to investment projects on Taiwan, the Overseas Private Insurance Corporation shall apply the same criteria as those applicable in other parts of the world.

The American Institute of Taiwan

Section. 6.

1.   Programs, transactions, and other relations conducted or carried out by the President or any agency of the United States Government with respect to Taiwan shall, in the manner and to the extent directed by the President, be conducted and carried out by or through--

1. The American Institute in Taiwan, a nonprofit corporation incorporated under the laws of the District of Columbia, or

2. such comparable successor nongovermental entity as the President may designate, (hereafter in this Act referred to as the "Institute").

2.   Whenever the President or any agency of the United States Government is authorized or required by or pursuant to the laws of the United States to enter into, perform, enforce, or have in force an agreement or transaction relative to Taiwan, such agreement or transaction shall be entered into, performed, and enforced, in the manner and to the extent directed by the President, by or through the Institute.

3.   To the extent that any law, rule, regulation, or ordinance of the District of Columbia, or of any State or political subdivision thereof in which the Institute is incorporated or doing business, impedes or otherwise interferes with the performance of the functions of the Institute pursuant to this Act; such law, rule, regulation, or ordinance shall be deemed to be preempted by this Act.

Services by the Institute to United States Citizens on Taiwan Page 5

Section. 7.

1. The Institute may authorize any of its employees on Taiwan--

1. to administer to or take from any person an oath, affirmation, affidavit, or deposition, and to perform any notarial act which any notary public is required or authorized by law to perform within the United

States;

2. To act as provisional conservator of the personal estates of deceased United States citizens; and

3. to assist and protect the interests of United States persons by performing other acts such as are authorized to be performed outside the United States for consular purposes by such laws of the United States as the President may specify.

2. Acts performed by authorized employees of the Institute under this section shall be valid, and of like force and effect within the United States, as if performed by any other person authorized under the laws of the United States to perform such acts.

Tax Exempt Status of the Institute

Section. 8.

1. The Institute, its property, and its income are exempt from all taxation now or hereafter imposed by the United States (except to the extent that section 11(a)(3) of this Act requires the imposition of taxes imposed under chapter 21 of the Internal Revenue Code of 1954, relating to the Federal Insurance Contributions Act) or by State or local taxing authority of the United States.

2. For purposes of the Internal Revenue Code of 1954, the Institute shall be treated as an organization described in sections 170(b)(1)(A), 170(c), 2055(a), 2106(a)(2)(A),, 2522(a), and 2522(b).

FURNISHING PROPERTY AND SERVICES TO AND OBTAINING SERVICES FROM THE INSTITUTE

Section. 9.

1. Any agency of the United States Government is authorized to sell, loan, or lease property (including interests therein) to, and to perform administrative and technical support functions and services for the operations of, the Institute upon such terms and conditions as the President may direct. Reimbursements to agencies under this subsection shall be credited to the current applicable appropriation of the agency concerned.

2. Any agency of the United States Government is authorized to acquire and accept services from the Institute upon such terms and conditions as the President may direct. Whenever the President determines it to be in furtherance of the purposes of this Act, the procurement of services by such agencies from the Institute may be effected without regard to such laws of the United States normally applicable to the

acquisition of services by such agencies as the President may specify by Executive order.

3.   Any agency of the United States Government making funds available to the Institute in accordance with this Act shall make arrangements with the Institute for the Comptroller General of the United States to have access to the; books and records of the Institute and the opportunity to audit the operations of the Institute.

Taiwan Instrumentality

Section. 10.

1.   Whenever the President or any agency of the United States Government is authorized or required by or pursuant to the laws of the United States to render or provide to or to receive or accept from Taiwan, any performance, communication, assurance, undertaking, or other action, such action shall, in the manner and to the. extent directed by the President, be rendered or Provided to, or received or accepted from, an instrumentality established by Taiwan which the President determines has the necessary authority under the laws applied by the people on Taiwan to provide assurances and take other actions on behalf of Taiwan in accordance with this Act.

2.   The President is requested to extend to the instrumentality established by Taiwan the same number of offices and complement of personnel as were previously operated in the United States by the governing authorities on Taiwan recognized as the Republic of China prior to January 1, 1979.

3.   Upon the granting by Taiwan of comparable privileges and immunities with respect to the Institute and its appropriate personnel, the President is authorized to extend with respect to the Taiwan instrumentality and its appropriate; personnel, such privileges and immunities (subject to appropriate conditions and obligations) as may be necessary for the effective performance of their functions.

Separation of Government Personnel for Employment with the Institute

Section. 11.

1.

   1. Under such terms and conditions as the President may direct, any agency of the United States Government may separate from Government service for a specified period any officer or employee of that agency who accepts employment with the Institute.

   2. An officer or employee separated by an agency under paragraph (1) of this subsection for

employment with the Institute shall be entitled upon termination of such employment to reemployment or reinstatement with such agency (or a successor agency) in an appropriate position with the attendant rights, privileges, and benefits with the officer or employee would have had or acquired had he or she not been so separated, subject to such time period and other conditions as the President may prescribe.

    <u>3</u>. An officer or employee entitled to reemployment or reinstatement rights under paragraph (2) of this subsection shall, while continuously employed by the Institute with no break in continuity of service, continue to participate in any benefit program in which such officer or employee was participating prior to employment by the Institute, including programs for compensation for job-related death, injury, or illness; programs for health and life insurance; programs for annual, sick, and other statutory leave; and programs for retirement under any system established by the laws of the United States; except that employment with the Institute shall be the basis for participation in such programs only to the extent that employee deductions and employer contributions, as required, in payment for such participation for the period of employment with the Institute, are currently deposited in the program's or system's fund or depository. Death or retirement of any such officer or employee during approved service with the Institute and prior to reemployment or reinstatement shall be considered a death in or retirement from Government service for purposes of any employee or survivor benefits acquired by reason of service with an agency of the United States Government.

    <u>4</u>. Any officer or employee of an agency of the United States Government who entered into service with the Institute on approved leave of absence without pay prior to the enactment of this Act shall receive the benefits of this section for the period of such service.

2.   Any agency of the United States Government employing alien personnel on Taiwan may transfer such personnel, with accrued allowances, benefits, and rights, to the Institute without a break in service for purposes of retirement and other benefits, including continued participation in any system established by the laws of the United States for the retirement of employees in which the alien was participating prior to the transfer to the Institute, except that employment with the Institute shall be creditable for retirement purposes only to the extent that employee deductions and employer contributions.. as required, in payment for such participation for the period of employment with the Institute, are currently deposited in the system' s fund or depository.

3.   Employees of the Institute shall not be employees of the United States and, in representing the Institute, shall be exempt from section 207 of title 18, United States Code.

4.

$\underline{1}$. For purposes of sections 911 and 913 of the Internal Revenue Code of 1954, amounts paid by the Institute to its employees shall not be treated as earned income. Amounts received by employees of the Institute shall not be included in gross income, and shall be exempt from taxation, to the extent that they are equivalent to amounts received by civilian officers and employees of the Government of the United States as allowances and benefits which are exempt from taxation under section 912 of such Code.

$\underline{2}$. Except to the extent required by subsection (a)(3) of this section, service performed in the employ of the Institute shall not constitute employment for purposes of chapter 21 of such Code and title II of the Social Security Act.

Reporting Requirement

Section. 12.

1. The Secretary of State shall transmit to the Congress the text of any agreement to which the Institute is a party. However, any such agreement the immediate public disclosure of which would, in the opinion of the President, be prejudicial to the national security of the United States shall not be so transmitted to the Congress but shall be
transmitted to the Committee on Foreign Relations of the Senate and the Committee on Foreign Affairs of the House of Representatives under an appropriate injunction of secrecy to be removed only upon due notice from the President.

2. For purposes of subsection (a), the term "agreement" includes-

$\underline{1}$. any agreement entered into between the Institute and the governing authorities on Taiwan or the instrumentality established by Taiwan; and

$\underline{2}$. any agreement entered into between the Institute and an agency of the United States Government.

$\underline{3}$. Agreements and transactions made or to be made by or through the Institute shall be subject to the same congressional notification, review, and approval requirements and procedures as if such agreements and transactions were made by or through the agency of the United States Government on behalf of which the Institute is acting.

$\underline{4}$. During the two-year period beginning on the effective date of this Act, the Secretary of State shall transmit to the Speaker of the House and Senate House of Representatives and the Committee on Foreign

Relations of Foreign Relations the Senate, every six months, a report describing and reviewing economic relations between the United States and Taiwan, noting any interference with normal commercial relations.

RULES AND REGULATIONS

Section. 13.

The President is authorized to prescribe such rules and regulations as he may deem appropriate to carry out the purposes of this Act. During the three-year period beginning on the effective date speaker of this Act, such rules and regulations shall be transmitted promptly to the Speaker of the House of Representatives and to the Committee on Foreign Relations of the Senate. Such action shall.not, however, relieve the Institute of the responsibilities placed upon it by this Act.'

Congressional Oversight

Section. 14.

1.　The Committee on Foreign Affairs of the House of Representatives, the Committee on Foreign Relations of the Senate, and other appropriate committees of the Congress shall monitor-

1. the implementation of the provisions of this Act;

2. the operation and procedures of the Institute;

3. the legal and technical aspects of the continuing relationship between the United States and Taiwan; and

4. the implementation of the policies of the United States concerning security and cooperation in East Asia.

2.　Such committees shall report, as appropriate, to their respective Houses on the results of their monitoring.

Definitions

Section. 15. For purposes of this Act-

1.　the term "laws of the United States" includes any statute, rule, regulation, ordinance, order, or judicial rule of decision of the United States or any political subdivision thereof; and

2.　the term "Taiwan" includes, as the context may require, the islands of Taiwan and the Pescadores, the people on those islands, corporations and other entities and associations created or organized under the laws applied on those islands, and the governing authorities on Taiwan recognized by the United States as the Republic of China prior to January 1, 1979, and any successor governing authorities (including political subdivisions, agencies, and instrumentalities thereof).

Authorization of Appriations

Section. 16.

In addition to funds otherwise available to carry out the provisions of this Act, there are authorized to be appropriated to the Secretary of State for the fiscal year 1980 such funds as may be necessary to carry out such provisions. Such funds are authorized to remain available until expended.

Severability of Provisions

Section. 17.

If any provision of this Act or the application thereof to any person or circumstance is held invalid, the remainder of the Act and the application of such provision to any other person or circumstance shall not be affected thereby.

Effective Date

Section. 18.

This Act shall be effective as of January 1, 1979. Approved April 10, 1979.

附錄五　年表

年　代	事　件
1593年	豐臣秀吉遣原田右衛門前往高山國（福爾摩沙）
1598年	西班牙艦隊遠征福爾摩沙，失敗告終
1609年	有馬晴信奉德川家康之命，遣部屬千干石采女占領福爾摩沙未果
1610年	葡萄牙人計畫占領福爾摩沙
1616年	德川家康命村山等安占領福爾摩沙，失敗告終
1623年	荷蘭人進占台員，構築臨時堡壘
1626年	西班牙人占領福爾摩沙北部
1628年 （-1632）	日、荷之間在福爾摩沙因徵稅問題，引發濱田彌兵衛事件
1629年	荷蘭意圖驅離西班牙人，失敗告終
1642年	荷蘭再度驅離西班牙人大獲全勝，而在福爾摩沙擁有南北據點
1952年	福爾摩沙爆發郭懷一事件
1661年	國姓爺進擊福爾摩沙
1662年	國姓爺驅離荷蘭人，在福爾摩沙建立政權
1664年 （-1668）	荷蘭人占領北台灣的雞籠
1670年 （-1686）	英國東印度公司始與福爾摩沙的東寧王國進行交易
1674年 （1680）	東寧王國進擊大清國，失敗告終
1683年	清將施琅進擊台灣，東寧王國滅亡
1684年	清廷歷經台灣棄留論爭後，確立將台灣納入大清版圖
1715年	清康熙帝派人赴台，丈量台地西部

1771年	波蘭人貝納奧斯基（Maurice August Ben-yowsky）在台灣東部探險（《台灣通史》），翌年則建議法王路易五世殖民台灣
1809年	梅布倫向法國皇帝拿破崙獻策，建議以台灣為殖民地
1841年（-1842）	因清英鴉片戰爭爆發，英艦試圖窺探台地港灣，艦艇在台灣西岸觸礁，倖存者遭致清吏處死
1843年	鴉片戰爭清廷敗北，英方追究台灣兵備道姚瑩、台灣總兵達洪阿等須為處死英俘負責，革職處分
1847年（-1854）	英、美海軍來台調查台地的煤礦資源
1850年	英國向清廷申請要求開發台地煤礦
1854年	美籍人士哈里斯建議美國國務院購買台灣
1855年	美國東印度艦隊提督培里，建議國務院占領台灣美籍企業威廉·安生公司向清廷取得台地貿易通商權，並派人進駐台地
1857年	美國政府全權派克三度建議國務院占領台灣
1858年	台灣的安平、滬尾開港
1859年（-1860）	普魯士地理學者李希霍芬（Ferdinandvon Richthofen）渡台，探勘滬尾地質，普魯士船艦人員（Preussische Expedition）與原住民發生衝突
1862年（-1869）	美籍船羅發號事件，最後以瑯橋十八社大酋長卓杞篤與美國政府「締結」船難救助相關親善約定告終
1870年	英國蘇格蘭長老教會傳教士甘為霖（William Campbell）在南台灣傳教
1871年	英國加拿大長老教會傳教士馬偕（偕叡理、George Leslie Mackay）在北台灣傳教 琉球八重山群島民眾在台灣南部海岸遭原住民殺害，引發日本史上的台灣事件
1872年	台灣事件促使美國外交人員李仙得被日本政府聘雇為外務省顧問
1874年	日本因台灣事件而出兵台灣，進而釀成台灣史上的牡丹社事件，最後以日清簽訂北京專約而告終
1884年（-1885）	清法因越南的北黎衝突，進而演變成法國進擊北台灣的雞籠
1887年	台灣獨立設省，清廷派遣劉銘傳出任台灣巡撫
1894年（-1895）	日清甲午戰爭爆發，清廷連連失利的情況下，被迫割讓台灣，在德、俄、法三國強烈要求下，日本正式聲明台灣海峽自由航行，且承諾不將台地再轉手他國

1897年	台灣民眾國籍選擇之期限結束
1904年	日俄戰爭爆發，台灣社會公告史上首次之戒嚴令 俄羅斯計畫占領台灣
1928年 （-1947）	中國共產黨發表聲明支持台灣民族獨立運動
1943年	美、英雙方在白宮舉行會談，討論台灣戰後的歸屬問題 英、美、中三國發表攸關戰後處理的開羅宣言
1945年	同盟國發表波茨坦公告，公告內容規範今後日本之於版圖的主權，根據第八條內容規定，「開羅宣言之條件必將實施，而日本之主權必將侷限於本州、北海道、九州、四國及吾人所決定其他小島之內」 在美軍的掩護下，中國的第六十二軍與第七十軍分別登陸北台灣的基隆與南台灣的高雄
1947年	美國派遣魏德邁將軍（Albert Coady Wedemeyer）抵台調查二二八事件之經緯與民眾的期待
1949年	中國的國民黨政府播遷至台，美國國務院決定放棄台灣，秘密發佈「台灣政策情報指針」
1950年	美國總統杜魯門發表「一‧五聲明」，表明不介入台灣原則，國務卿艾契遜（D. Acheson）聲明強調台灣將被定位在美國西太平洋防衛圈之外 因應朝鮮戰爭，美國總統杜魯門發表「六‧二七聲明」，宣告台灣中立化方針，明言台灣的法律地位未定，而台灣地位未來的決定，須待對日和約的簽訂或經聯合國的考慮後再決議
1951年	舊金山對日和約簽署，不僅台灣的後續歸屬問題依舊模糊，且台北當局亦無法參與其中
1952年	在美國政府的仲介下，日台雙方簽署日華和平條約 美國國防部把台灣劃入太平洋艦隊部署的範圍內，並強調今後將繼續防衛台灣，此舉與美國國家安全會議之見解相同
1953年	美國總統艾森豪透過國會咨文，宣告解除台灣中立化政策
1954年	中國發佈「台灣解放宣言」之聲明，大規模砲擊金門 美國與台北當局簽署「台美共同防禦條約」，並定位該條約為防衛性質
1955年	台北當局坐失中國沿海的一江山與大陳島 美國國會通過「台灣決議案（Formosa Resolution）」 以英國為首，列強普遍認為台灣地位未定，但中國大陸沿岸島嶼則應劃入中國的版圖，英國外相艾登（Robert Anthony Eden）在下議院提出上述見解 周恩來倡議進行第三次的國共合作

1956年	中國公佈美中日內瓦會談內容，凸顯台灣問題乃雙方間的絆腳石
1957年	日本首相岸信介訪問台灣 台灣社會發生反美暴動的劉自然事件 雷震等針對「反攻大陸」策略提出批判
1958年	中國猛烈砲擊中國大陸沿岸島嶼，引發八二三砲戰台海危機，其後中國國防部長彭德懷發表「告台灣同胞書」，呼籲國共合作 在美國的斡旋下，台北當局發表不以武力反攻大陸的立場
1959年	日本前首相吉田茂訪問台灣 美國參議員甘迺迪提出金門、馬祖非武裝或中立化的主張
1960年	美國參議員甘迺迪主張台灣防衛線應以台灣周邊海域為準 雜誌《自由中國》負責人雷震與台灣本土政治菁英意圖籌組反對黨，遭國民黨政府逮捕，引發了雷震案
1961年	世界強權英、美、加等國均思考如何為台灣問題解套，而有「一中一台」、「繼承國家理論」、「台灣住民自決」等版本提出 因外蒙古承認的問題，引發美國政府與台北當局間的齟齬，聯合國大會決議「中國代表權」問題為重要議題
1962年	台灣的國民黨政府計畫反攻大陸 美國政府以〈1943年中美關係外交文件〉的發表，批判國民黨政府的腐敗與無能 台北當局遣蔣經國赴美，瞭解美國的台灣政策
1963年	日本內閣會議通過由日本倉敷縲縈公司出售製造維尼龍工廠整廠設備給中國的案子，價格二千萬美元，其中須即刻付款部分僅五百萬美元，其餘一千五百萬元則由日本進出口銀行貸款，准許中國分五年分期支付，年息六分，台北當局對此深感不滿，乃向日方提出嚴重抗議
1964年	台北當局與法國斷交 吉田茂以特使身分赴台，停留五天，三度晉見蔣介石總統長談。吉田茂回國後，總統府秘書長張群，將會談紀錄和總結寫下，完成「中共對策要綱案」，並再寄送給吉田茂。其後，吉田茂覆函張群秘書長，表示對要綱毫無異議，該覆函係由日本外務省起草，經池田首相核定後才以吉田具名，效力等同於政府間之公文，即史上所謂的〈吉田書簡〉
1965年	聯合國大會投票表決中國加入決議案，47票對47票
1966年	聯合國大會對中國代表權問題進行投票，66票對48票通過美國等15國提出之重要問題案
1967年	日本首相佐藤榮作訪台

1968年	蔣介石總統威嚇日本若捨棄〈吉田書簡〉，則等同於廢除「日華和平條約」
1969年	日本首相佐藤榮作與美國尼克森總統發表聯合公報，聲明「台灣之於日本的安全乃是極其重要之因素」 美國政府將第七艦隊定期巡防台灣海峽之任務，改為不定期巡防
1970年	蔣介石總統抨擊台灣獨立運動是中國的陰謀 釣魚台問題引發國際紛爭 台北當局與加拿大政府斷交 台北當局與義大利斷交 聯合國大會表決「中國招請、國府追放」之提案，贊成票過半數 美國總統尼克森與嚴家淦副總統晤談
1971年	美國總統尼克森於外交咨文中，首次以「中華人民共和國稱呼中國，引發駐美大使周書楷的抗議 美國國務院聲明將釣魚台群島的施政權交付日本 美國總統尼克森計畫於1972年5月以前訪問中國，遭致國民黨政府的抨擊 美國參議院外交委員會廢止1955年1月通過的「台灣決議案」 台北當局中止與土耳其的邦誼 美國政府表明將於該年度支持中國加入聯合國 聯合國大會以76票對35票、17票棄權，通過阿爾巴尼亞的「中國招請、國府追放」提案，台灣的國民黨政府聲明退出聯合國，美國政府表達尊重聯合國的表決結果，但防衛台灣的義務不變 美國參議院外交委員會聲明琉球協定與釣魚台群島的歸屬無關

附錄六　延伸閱讀

Cabell Phillips，李宜培譯，《杜魯門總統任內錄》，今日世界出版社，香港九龍，1970年。

Edward H. House，陳政三譯，《征臺紀事》，原民文化事業有限公司，台北，2003年。

George H. Kerr，《面對危機的台灣（the Taiwan Confrontation Crisis）》，前衛出版社，台北，2007年。

James W. Davidson，臺灣銀行經濟研究室譯，《台灣之過去與現在》，臺灣銀行，台北，1972年。

Lambert van der Aalsvoort，林金源譯，《風中之葉福爾摩沙見聞錄》，經典雜誌社，台北，2002年。

Reginald Kann，鄭順德譯，《福爾摩沙考察報告》，中央研究院臺灣史研究所，台北，2001年。

W.A. Pickering，陳逸君譯，《歷險福爾摩沙》，原民文化事業有限公司，台北，1999年。

大路會編，《大路水野遵先生》，大路會事務所，台北，1930年。

中村孝志，翁家音、吳密察、許賢瑤等編，《荷蘭時代台灣史研究》上下卷，稻鄉出版社，新北，2002年。

中國國民黨中央委員會第三組，《十年來的海外僑胞》，海外出版社，台北，1960年。

文馨瑩，《經濟奇蹟的背後：台灣美援經驗的政經分析》，自立報系出版部，台北，1990年。

毛利敏彥，《台湾出兵》，中央公論社，東京，1996年。

王詩琅，《清廷台灣棄留之議》，德馨出版社，高雄，1979年。

台灣總督府官房情報課編，《大東亞戰爭と台湾》，臺灣總督府，台北，
　　1943年。

甘為霖，李雄揮譯，《荷據下的福爾摩沙》，前衛出版社，台北，2003
　　年。

伊藤正德，《帝國陸軍の最後》進攻篇，文藝春秋新社，東京，1960
　　年。

朱士嘉，《十九世紀美國侵華檔案史料選輯》上下冊，中華書局，香港，
　　1959年。

佐佐木正哉編，《鴉片戰爭前中英交涉文書》，嚴南堂，東京，1967
　　年。

吳密察，《台灣近代史研究》，稻鄉出版社，台北，1994年。

李毓中、吳孟真譯著，《西班牙人在臺灣1626-1642》，國史館臺灣文獻
　　館，南投，2006年。

季茱莉譯，《北圻回憶錄：清法戰爭與福爾摩沙1884-1885》，國立臺灣
　　歷史博物館，台南，2013年。

岩生成一編，《十七世紀台灣英國貿易史料》，臺灣銀行，台北，1959
　　年。

拓殖大學創立百年史編纂室編，《台湾と拓殖大学》，拓殖大學，東京，
　　2005年。

林呈蓉，《水野遵：一個台灣未來的擘畫者》，台灣書房，台北，2011
　　年。

林呈蓉，《牡丹社事件的真相》，博楊文化事業有限公司，新北，2006
　　年。

胡慧玲，《十字架之路：高俊明牧師回憶錄》，望春風文化事業股份有限
　　公司，台北，2001年。

若林正丈編，《矢內原忠雄「帝國主義下の台湾」精讀》，岩波書店，東
　　京，2001年。

高文閣，《台灣與大陸風雲四十年》，吉林文史出版社，中國長春，

1991年。

高朝，《中華民國外交關係之演變》，五南圖書公司，台北，1993年。

曹永和，《臺灣早期歷史研究》，聯經出版事業公司，台北，1979年。

許伯埏，《許丙‧許伯埏回想錄》，中央研究院近代史研究所，台北，
　　1996年。

許曹德，《許曹德回憶錄》，前衛出版社，台北，1990年。

陳春生，《明鄭復國論》，台灣大學政治研究所碩士論文，台北，1970
　　年。

陳純瑩，《明鄭對台灣的經營》，台灣師範大學歷史研究所碩士論文，台
　　北，1986年。

彭佩琪，〈國民黨政府在美僑社的僑務工作（1949-1960）〉，國立臺灣
　　師範大學歷史所碩士論文，台北，2008年。

彭明敏、黃昭堂，蔡秋雄譯，《台灣在國際法上的地位》，玉山社，臺
　　北，1995年。

新城俊昭編，《高等學校琉球‧沖繩史》，沖繩歷史教育研究會，那霸，
　　2002年。

戴天昭，《台灣國際政治史》，前衛出版社，台北。

薛化元，《「自由中國」與民主憲政》，稻鄉出版社，新北，1996年。

鶴見祐輔，《正傳後藤新平》，藤原書店，東京，2005年。

鶴見祐輔，《後藤新平》全四卷，勁草書房，東京，1967年。

Reginald Kann，鄭順德譯《福爾摩沙考察報告》（中央研究院臺灣史研
　　究所，台北），2001年。

費德廉，羅效德譯《看見十九世紀台灣：十四位西方旅行者的福爾摩沙故
　　事》，如果出版社，台北，2006年。

費德廉、蘇約翰／主編，《李仙得臺灣記行》，國立臺灣歷史博物館，台
　　南，2013年。

臺灣銀行經濟研究室編，《臺灣對外關係史料》，臺灣省文獻委員會，南
　　投，1997年。

馬偕博士・林晚生譯，《福爾摩沙紀事：馬偕台灣回憶錄》，前衛出版社，台北，2007年。

許世楷，《日本統治下的台灣》，玉山社，台北，2006年。

蘇瑤崇編，《台灣終戰事務處理資料集》，台灣書房出版有限公司，台北，2007年。

蘇瑤崇編，《最後的臺灣總督府》，星晨出版有限公司，台北，2004年。

Chih-Ming Ka，"*Japanese Colonialism in Taiwan*"，南天書局出版有限公司，台北，1996年。

Robert L. Jarman edited, "*Taiwan Political & Economic Reports 1861-1960*"、Archive Editions Limited, London, 1997.

國家圖書館出版品預行編目資料

台灣涉外關係史概說／林呈蓉著 －－初版.
－－臺北市：五南, 2015.03
　面；　公分. －－（台灣BOOK；09）
ISBN 978-957-11-7955-1（平裝）
1.中華民國外交　2.外交史
578.2　　　　　　　　　　103025739

台灣BOOK　09

1XAI　　**台灣涉外關係史概說**

作　　　者－ 林呈蓉（121.8）

總 編 輯－ 王翠華

副 總 編－ 蘇美嬌

校　　　對－ 許宸瑞

封面設計－ 果實文化設計工作室

出 版 者－ 五南圖書出版股份有限公司

發 行 人－ 楊榮川

地　　　址：106台北市大安區和平東路二段339號4樓

電　　　話：(02)2705-5066　　傳　　真：(02)2706-6100

網　　　址：http://www.wunan.com.tw

電子郵件：wunan@wunan.com.tw

劃撥帳號：01068953

戶　　　名：五南圖書出版股份有限公司

台中市駐區辦公室/台中市中區中山路6號

電　　　話：(04)2223-0891　　傳　　真：(04)2223-3549

高雄市駐區辦公室/高雄市新興區中山一路290號

電　　　話：(07)2358-702　　傳　　真：(07)2350-236

法律顧問　林勝安律師事務所　林勝安律師

出版日期　2015年4月初版一刷

定　　　價　新臺幣380元